消防安全法律法规汇编

XIAO FANG AN QUAN
FA LV FA GUI HUI BIAN

国家电网有限公司安全监察部　编

中国电力出版社
CHINA ELECTRIC POWER PRESS

图书在版编目（CIP）数据

消防安全法律法规汇编 / 国家电网有限公司安全监察部编 . — 北京: 中国电力出版社，
2023.11（2024.1重印）
ISBN 978-7-5198-8311-9

Ⅰ . ①消… Ⅱ . ①国… Ⅲ . ①消防法—中国 Ⅳ . ① D922.14

中国国家版本馆 CIP 数据核字（2023）第 211670 号

出版发行：中国电力出版社
地　　址：北京市东城区北京站西街 19 号（邮政编码 100005）
网　　址：http://www.cepp.sgcc.com.cn
责任编辑：王冠一（010-63412726）　柳　璐
责任校对：黄　蓓　于　维
装帧设计：赵丽媛　宝蕾元
责任印制：钱兴根

印　　刷：固安县铭成印刷有限公司
版　　次：2023 年 11 月第一版
印　　次：2024 年 1 月北京第二次印刷
开　　本：710 毫米 ×1000 毫米　16 开本
印　　张：25
字　　数：288 千字
定　　价：98.00 元

消防安全法律法规汇编
编委会

主　编	王　罡
副主编	郝玉国　刘宝升　李洪斌

编　委	帅　伟	马之力	王　巍	聂江龙	王安民
	李义河	弥海峰	付　娟	孙永生	贺　彬
	吴志敏	陈永福	郭鹏宇	孔凡伟	郝振昆
	于　军	励　君	李明伟	刘　庭	宋　宇
	吕岳阳	斌　田	冰　袁天宇		

前　　言

　　消防安全关乎人民群众生命财产安全和社会安全稳定，企业提升自身消防安全水平，基础在于开展切实有效的消防安全管理工作，而管理工作的合法合规又是切实提升管理质效的关键因素。

　　近年来，《中华人民共和国消防法》的修订与消防相关法规、规章及规范性文件的持续完善，为消防工作的合法合规开展提供了基本准绳和重要依据。为切实提升各单位消防安全管理水平，强化人员对消防安全法律法规、规章制度的理解、掌握和运用，国家电网有限公司组织相关专业人员搜集各项资料，并从中遴选出与公司各级单位工作相关内容，编制完成了《消防安全法律法规汇编》。

　　本书分为国家法律、行政法规、部门/机构规章、规范性文件四大部分，系统收录了1部国家法律、3部行政法规、14部部门/机构规章及12项规范性文件，均为现行有效版本。

　　本书收录的内容，对包括电力企业在内的各类企业依法合规落实消防安全责任、开展消防安全日常管理、强化消防安全监督、加强消防技术服务机构和相关从业人员管理等具有极强的指导意义。书中收录了国家消防法律法规及规章文件的清单，便于读者检索查阅。

　　本书在编制和出版过程中，得到国网甘肃电力、国网天津电力和英大传媒集团大力协助，在此一并致谢。希望本书对各位读者有所启发助益。

编　者

2023 年 11 月

C ONTENTS ———————————————— 目录

规范性文件

附录

国 家 法 律

中华人民共和国消防法

中华人民共和国主席令第八十一号

《全国人民代表大会常务委员会关于修改〈中华人民共和国道路交通安全法〉等八部法律的决定》已由中华人民共和国第十三届全国人民代表大会常务委员会第二十八次会议于 2021 年 4 月 29 日通过，现予公布，自公布之日起施行。

中华人民共和国主席　习近平

2021 年 4 月 29 日

第一章　总　　则

第一条　为了预防火灾和减少火灾危害，加强应急救援工作，保护人身、财产安全，维护公共安全，制定本法。

第二条　消防工作贯彻预防为主、防消结合的方针，按照政府统一领导、部门依法监管、单位全面负责、公民积极参与的原则，实行消防安全责任制，建立健全社会化的消防工作网络。

第三条　国务院领导全国的消防工作。地方各级人民政府负责本行政区域内的消防工作。

各级人民政府应当将消防工作纳入国民经济和社会发展计划，保障消防工作与经济社会发展相适应。

第四条　国务院应急管理部门对全国的消防工作实施监督管理。县级以上地方人民政府应急管理部门对本行政区域内的消防工作实施监督管理，并由本级人民政府消防救援机构负责实施。军事设施的消防工作，由其主管单位监督管理，消防救援机构协助；矿井地下部分、核电厂、海上石油天然气设施的消防工作，由其主管单位监督管理。

县级以上人民政府其他有关部门在各自的职责范围内，依照本法和其他相关法律、法规的规定做好消防工作。

法律、行政法规对森林、草原的消防工作另有规定的，从其规定。

第五条　任何单位和个人都有维护消防安全、保护消防设施、预防火灾、报告火警的义务。任何单位和成年人都有参加有组织的灭火工作的义务。

第六条　各级人民政府应当组织开展经常性的消防宣传教育，提高公民的消防安全意识。

机关、团体、企业、事业等单位，应当加强对本单位人员的消防宣传教育。

应急管理部门及消防救援机构应当加强消防法律、法规的宣传，并督促、指导、协助有关单位做好消防宣传教育工作。

教育、人力资源行政主管部门和学校、有关职业培训机构应当将消防知识纳入教育、教学、培训的内容。

新闻、广播、电视等有关单位，应当有针对性地面向社会进行消防宣传教育。

工会、共产主义青年团、妇女联合会等团体应当结合各自工作对象的特点，组织开展消防宣传教育。

村民委员会、居民委员会应当协助人民政府以及公安机关、应急管理等部门，加强消防宣传教育。

第七条　国家鼓励、支持消防科学研究和技术创新，推广使用先进的消防和应急救援技术、设备；鼓励、支持社会力量开展消防公益活动。

对在消防工作中有突出贡献的单位和个人，应当按照国家有关规定给予表彰和奖励。

第二章　火灾预防

第八条　地方各级人民政府应当将包括消防安全布局、消防站、消防供水、消防通信、消防车通道、消防装备等内容的消防规划纳入城乡规划，并负责组织实施。

城乡消防安全布局不符合消防安全要求的，应当调整、完善；公共消防设施、消防装备不足或者不适应实际需要的，应当增建、改建、配置或者进行技术改造。

第九条　建设工程的消防设计、施工必须符合国家工程建设消防技术标准。建设、设计、施工、工程监理等单位依法对建设工程的消防设计、施工质量负责。

第十条　对按照国家工程建设消防技术标准需要进行消防设计的建设工程，实行建设工程消防设计审查验收制度。

第十一条　国务院住房和城乡建设主管部门规定的特殊建设工程，建设单位应当将消防设计文件报送住房和城乡建设主管部门审查，住房和城乡建设主管部门依法对审查的结果负责。

前款规定以外的其他建设工程，建设单位申请领取施工许可证或者申请批准开工报告时应当提供满足施工需要的消防设计图纸及技术资料。

第十二条　特殊建设工程未经消防设计审查或者审查不合格的，建设单位、施工单位不得施工；其他建设工程，建设单位未提供满足施工需要的消防设计图纸及技术资料的，有关部门不得发放施工许可证或者批准开工报告。

第十三条 国务院住房和城乡建设主管部门规定应当申请消防验收的建设工程竣工，建设单位应当向住房和城乡建设主管部门申请消防验收。

前款规定以外的其他建设工程，建设单位在验收后应当报住房和城乡建设主管部门备案，住房和城乡建设主管部门应当进行抽查。

依法应当进行消防验收的建设工程，未经消防验收或者消防验收不合格的，禁止投入使用；其他建设工程经依法抽查不合格的，应当停止使用。

第十四条 建设工程消防设计审查、消防验收、备案和抽查的具体办法，由国务院住房和城乡建设主管部门规定。

第十五条 公众聚集场所投入使用、营业前消防安全检查实行告知承诺管理。公众聚集场所在投入使用、营业前，建设单位或者使用单位应当向场所所在地的县级以上地方人民政府消防救援机构申请消防安全检查，作出场所符合消防技术标准和管理规定的承诺，提交规定的材料，并对其承诺和材料的真实性负责。

消防救援机构对申请人提交的材料进行审查；申请材料齐全、符合法定形式的，应当予以许可。消防救援机构应当根据消防技术标准和管理规定，及时对作出承诺的公众聚集场所进行核查。

申请人选择不采用告知承诺方式办理的，消防救援机构应当自受理申请之日起十个工作日内，根据消防技术标准和管理规定，对该场所进行检查。经检查符合消防安全要求的，应当予以许可。

公众聚集场所未经消防救援机构许可的，不得投入使用、营业。消防安全检查的具体办法，由国务院应急管理部门制定。

第十六条 机关、团体、企业、事业等单位应当履行下列消防安全职责：

（一）落实消防安全责任制，制定本单位的消防安全制度、消防安全操作规程，制定灭火和应急疏散预案；

（二）按照国家标准、行业标准配置消防设施、器材，设置消防安全标志，并定期组织检验、维修，确保完好有效；

（三）对建筑消防设施每年至少进行一次全面检测，确保完好有效，检测记录应当完整准确，存档备查；

（四）保障疏散通道、安全出口、消防车通道畅通，保证防火防烟分区、防火间距符合消防技术标准；

（五）组织防火检查，及时消除火灾隐患；

（六）组织进行有针对性的消防演练；

（七）法律、法规规定的其他消防安全职责。

单位的主要负责人是本单位的消防安全责任人。

第十七条　县级以上地方人民政府消防救援机构应当将发生火灾可能性较大以及发生火灾可能造成重大的人身伤亡或者财产损失的单位，确定为本行政区域内的消防安全重点单位，并由应急管理部门报本级人民政府备案。

消防安全重点单位除应当履行本法第十六条规定的职责外，还应当履行下列消防安全职责：

（一）确定消防安全管理人，组织实施本单位的消防安全管理工作；

（二）建立消防档案，确定消防安全重点部位，设置防火标志，实行严格管理；

（三）实行每日防火巡查，并建立巡查记录；

（四）对职工进行岗前消防安全培训，定期组织消防安全培训和消防演练。

第十八条 同一建筑物由两个以上单位管理或者使用的，应当明确各方的消防安全责任，并确定责任人对共用的疏散通道、安全出口、建筑消防设施和消防车通道进行统一管理。

住宅区的物业服务企业应当对管理区域内的共用消防设施进行维护管理，提供消防安全防范服务。

第十九条 生产、储存、经营易燃易爆危险品的场所不得与居住场所设置在同一建筑物内，并应当与居住场所保持安全距离。

生产、储存、经营其他物品的场所与居住场所设置在同一建筑物内的，应当符合国家工程建设消防技术标准。

第二十条 举办大型群众性活动，承办人应当依法向公安机关申请安全许可，制定灭火和应急疏散预案并组织演练，明确消防安全责任分工，确定消防安全管理人员，保持消防设施和消防器材配置齐全、完好有效，保证疏散通道、安全出口、疏散指示标志、应急照明和消防车通道符合消防技术标准和管理规定。

第二十一条 禁止在具有火灾、爆炸危险的场所吸烟、使用明火。因施工等特殊情况需要使用明火作业的，应当按照规定事先办理审批手续，采取相应的消防安全措施；作业人员应当遵守消防安全规定。

进行电焊、气焊等具有火灾危险作业的人员和自动消防系统的操作人员，必须持证上岗，并遵守消防安全操作规程。

第二十二条 生产、储存、装卸易燃易爆危险品的工厂、仓库和专用车站、码头的设置，应当符合消防技术标准。易燃易爆气体和液体的充装站、供应站、调压站，应当设置在符合消防安全要求的位置，并符合防火防爆要求。

已经设置的生产、储存、装卸易燃易爆危险品的工厂、仓库和专用车站、码头，易燃易爆气体和液体的充装站、供应站、调压站，不再符合前款规定的，地方人民政府应当组织、协调有关部门、单位限期解决，消除安全隐患。

第二十三条　生产、储存、运输、销售、使用、销毁易燃易爆危险品，必须执行消防技术标准和管理规定。

进入生产、储存易燃易爆危险品的场所，必须执行消防安全规定。禁止非法携带易燃易爆危险品进入公共场所或者乘坐公共交通工具。

储存可燃物资仓库的管理，必须执行消防技术标准和管理规定。

第二十四条　消防产品必须符合国家标准；没有国家标准的，必须符合行业标准。禁止生产、销售或者使用不合格的消防产品以及国家明令淘汰的消防产品。

依法实行强制性产品认证的消防产品，由具有法定资质的认证机构按照国家标准、行业标准的强制性要求认证合格后，方可生产、销售、使用。实行强制性产品认证的消防产品目录，由国务院产品质量监督部门会同国务院应急管理部门制定并公布。

新研制的尚未制定国家标准、行业标准的消防产品，应当按照国务院产品质量监督部门会同国务院应急管理部门规定的办法，经技术鉴定符合消防安全要求的，方可生产、销售、使用。

依照本条规定经强制性产品认证合格或者技术鉴定合格的消防产品，国务院应急管理部门应当予以公布。

第二十五条　产品质量监督部门、工商行政管理部门、消防救援机构应当按照各自职责加强对消防产品质量的监督检查。

第二十六条　建筑构件、建筑材料和室内装修、装饰材料的防火性能必须符合国家标准；没有国家标准的，必须符合行业标准。

人员密集场所室内装修、装饰，应当按照消防技术标准的要求，使用不燃、难燃材料。

第二十七条　电器产品、燃气用具的产品标准，应当符合消防安全的要求。

电器产品、燃气用具的安装、使用及其线路、管路的设计、敷设、维护保养、检测，必须符合消防技术标准和管理规定。

第二十八条　任何单位、个人不得损坏、挪用或者擅自拆除、停用消防设施、器材，不得埋压、圈占、遮挡消火栓或者占用防火间距，不得占用、堵塞、封闭疏散通道、安全出口、消防车通道。人员密集场所的门窗不得设置影响逃生和灭火救援的障碍物。

第二十九条　负责公共消防设施维护管理的单位，应当保持消防供水、消防通信、消防车通道等公共消防设施的完好有效。在修建道路以及停电、停水、截断通信线路时有可能影响消防队灭火救援的，有关单位必须事先通知当地消防救援机构。

第三十条　地方各级人民政府应当加强对农村消防工作的领导，采取措施加强公共消防设施建设，组织建立和督促落实消防安全责任制。

第三十一条　在农业收获季节、森林和草原防火期间、重大节假日期间以及火灾多发季节，地方各级人民政府应当组织开展有针对性的消防宣传教育，采取防火措施，进行消防安全检查。

第三十二条　乡镇人民政府、城市街道办事处应当指导、支持和帮助村民委员会、居民委员会开展群众性的消防工作。村民委员会、居民委员会应当确定消防安全管理人，组织制定防火安全公约，进行防火安全检查。

第三十三条　国家鼓励、引导公众聚集场所和生产、储存、运输、销售易燃易爆危险品的企业投保火灾公众责任保险；鼓励保险公司承保火灾公众责任保险。

第三十四条　消防设施维护保养检测、消防安全评估等消防技术服务机构应当符合从业条件，执业人员应当依法获得相应的资格；依照法律、行政法规、国家标准、行业标准和执业准则，接受委托提供消防技术服务，并对服务质量负责。

第三章　消防组织

第三十五条　各级人民政府应当加强消防组织建设，根据经济社会发展的需要，建立多种形式的消防组织，加强消防技术人才培养，增强火灾预防、扑救和应急救援的能力。

第三十六条　县级以上地方人民政府应当按照国家规定建立国家综合性消防救援队、专职消防队，并按照国家标准配备消防装备，承担火灾扑救工作。

乡镇人民政府应当根据当地经济发展和消防工作的需要，建立专职消防队、志愿消防队，承担火灾扑救工作。

第三十七条　国家综合性消防救援队、专职消防队按照国家规定承担重大灾害事故和其他以抢救人员生命为主的应急救援工作。

第三十八条　国家综合性消防救援队、专职消防队应当充分发挥火灾扑救和应急救援专业力量的骨干作用；按照国家规定，组织实施专业技能训练，配备并维护保养装备器材，提高火灾扑救和应急救援的能力。

第三十九条　下列单位应当建立单位专职消防队，承担本单位的火灾扑救工作：

（一）大型核设施单位、大型发电厂、民用机场、主要港口；

（二）生产、储存易燃易爆危险品的大型企业；

（三）储备可燃的重要物资的大型仓库、基地；

（四）第一项、第二项、第三项规定以外的火灾危险性较大、距离国家综合性消防救援队较远的其他大型企业；

（五）距离国家综合性消防救援队较远、被列为全国重点文物保护单位的古建筑群的管理单位。

第四十条　专职消防队的建立，应当符合国家有关规定，并报当地消防救援机构验收。

专职消防队的队员依法享受社会保险和福利待遇。

第四十一条　机关、团体、企业、事业等单位以及村民委员会、居民委员会根据需要，建立志愿消防队等多种形式的消防组织，开展群众性自防自救工作。

第四十二条　消防救援机构应当对专职消防队、志愿消防队等消防组织进行业务指导；根据扑救火灾的需要，可以调动指挥专职消防队参加火灾扑救工作。

第四章　灭火救援

第四十三条　县级以上地方人民政府应当组织有关部门针对本行政区域内的火灾特点制定应急预案，建立应急反应和处置机制，为火灾扑救和应急救援工作提供人员、装备等保障。

第四十四条　任何人发现火灾都应当立即报警。任何单位、个人都应当无偿为报警提供便利，不得阻拦报警。严禁谎报火警。

人员密集场所发生火灾，该场所的现场工作人员应当立即组织、引导在场人员疏散。

任何单位发生火灾，必须立即组织力量扑救。邻近单位应当给予支援。

消防队接到火警，必须立即赶赴火灾现场，救助遇险人员，排除险情，扑灭火灾。

第四十五条 消防救援机构统一组织和指挥火灾现场扑救，应当优先保障遇险人员的生命安全。

火灾现场总指挥根据扑救火灾的需要，有权决定下列事项：

（一）使用各种水源；

（二）截断电力、可燃气体和可燃液体的输送，限制用火用电；

（三）划定警戒区，实行局部交通管制；

（四）利用临近建筑物和有关设施；

（五）为了抢救人员和重要物资，防止火势蔓延，拆除或者破损毗邻火灾现场的建筑物、构筑物或者设施等；

（六）调动供水、供电、供气、通信、医疗救护、交通运输、环境保护等有关单位协助灭火救援。

根据扑救火灾的紧急需要，有关地方人民政府应当组织人员、调集所需物资支援灭火。

第四十六条 国家综合性消防救援队、专职消防队参加火灾以外的其他重大灾害事故的应急救援工作，由县级以上人民政府统一领导。

第四十七条 消防车、消防艇前往执行火灾扑救或者应急救援任务，在确保安全的前提下，不受行驶速度、行驶路线、行驶方向和指挥信号的限制，其他车辆、船舶以及行人应当让行，不得穿插超越；收费公路、桥梁免收车辆通行费。交通管理指挥人员应当保证消防车、消防艇迅速通行。赶赴火灾现场或者应急救援现场的消防人员和调集的消防装备、物资，需要铁路、水路或者航空运输的，有关单位应当优先运输。

第四十八条　消防车、消防艇以及消防器材、装备和设施，不得用于与消防和应急救援工作无关的事项。

第四十九条　国家综合性消防救援队、专职消防队扑救火灾、应急救援，不得收取任何费用。

单位专职消防队、志愿消防队参加扑救外单位火灾所损耗的燃料、灭火剂和器材、装备等，由火灾发生地的人民政府给予补偿。

第五十条　对因参加扑救火灾或者应急救援受伤、致残或者死亡的人员，按照国家有关规定给予医疗、抚恤。

第五十一条　消防救援机构有权根据需要封闭火灾现场，负责调查火灾原因，统计火灾损失。

火灾扑灭后，发生火灾的单位和相关人员应当按照消防救援机构的要求保护现场，接受事故调查，如实提供与火灾有关的情况。

消防救援机构根据火灾现场勘验、调查情况和有关的检验、鉴定意见，及时制作火灾事故认定书，作为处理火灾事故的证据。

第五章　监督检查

第五十二条　地方各级人民政府应当落实消防工作责任制，对本级人民政府有关部门履行消防安全职责的情况进行监督检查。

县级以上地方人民政府有关部门应当根据本系统的特点，有针对性地开展消防安全检查，及时督促整改火灾隐患。

第五十三条　消防救援机构构应当对机关、团体、企业、事业等单位遵守消防法律、法规的情况依法进行监督检查。公安派出所可以负责日常消防监督检查、开展消防宣传教育，具体办法由国务院公安部门规定。

消防救援机构、公安派出所的工作人员进行消防监督检查，应当出示证件。

第五十四条 消防救援机构在消防监督检查中发现火灾隐患的，应当通知有关单位或者个人立即采取措施消除隐患；不及时消除隐患可能严重威胁公共安全的，消防救援机构应当依照规定对危险部位或者场所采取临时查封措施。

第五十五条 消防救援机构在消防监督检查中发现城乡消防安全布局、公共消防设施不符合消防安全要求，或者发现本地区存在影响公共安全的重大火灾隐患的，应当由应急管理部门书面报告本级人民政府。

接到报告的人民政府应当及时核实情况，组织或者责成有关部门、单位采取措施，予以整改。

第五十六条 住房和城乡建设主管部门、消防救援机构及其工作人员应当按照法定的职权和程序进行消防设计审查、消防验收、备案抽查和消防安全检查，做到公正、严格、文明、高效。

住房和城乡建设主管部门、消防救援机构及其工作人员进行消防设计审查、消防验收、备案抽查和消防安全检查等，不得收取费用，不得利用职务谋取利益；不得利用职务为用户、建设单位指定或者变相指定消防产品的品牌、销售单位或者消防技术服务机构、消防设施施工单位。

第五十七条 住房和城乡建设主管部门、消防救援机构及其工作人员执行职务，应当自觉接受社会和公民的监督。

任何单位和个人都有权对住房和城乡建设主管部门、消防救援机构及其工作人员在执法中的违法行为进行检举、控告。收到检举、控告的机关，应当按照职责及时查处。

第六章 法律责任

第五十八条 违反本法规定，有下列行为之一的，由住房和城乡建设主管部门、消防救援机构按照各自职权责令停止施工、停止使用或者停产停业，并处三万元以上三十万元以下罚款：

（一）依法应当进行消防设计审查的建设工程，未经依法审查或者审查不合格，擅自施工的；

（二）依法应当进行消防验收的建设工程，未经消防验收或者消防验收不合格，擅自投入使用的；

（三）本法第十三条规定的其他建设工程验收后经依法抽查不合格，不停止使用的；

（四）公众聚集场所未经消防救援机构许可，擅自投入使用、营业的，或者经核查发现场所使用、营业情况与承诺内容不符的。

核查发现公众聚集场所使用、营业情况与承诺内容不符，经责令限期改正，逾期不整改或者整改后仍达不到要求的，依法撤销相应许可。

建设单位未依照本法规定在验收后报住房和城乡建设主管部门备案的，由住房和城乡建设主管部门责令改正，处五千元以下罚款。

第五十九条 违反本法规定，有下列行为之一的，由住房和城乡建设主管部门责令改正或者停止施工，并处一万元以上十万元以下罚款：

（一）建设单位要求建筑设计单位或者建筑施工企业降低消防技术标准设计、施工的；

（二）建筑设计单位不按照消防技术标准强制性要求进行消防设计的；

（三）建筑施工企业不按照消防设计文件和消防技术标准施工，

降低消防施工质量的；

（四）工程监理单位与建设单位或者建筑施工企业串通，弄虚作假，降低消防施工质量的。

第六十条 单位违反本法规定，有下列行为之一的，责令改正，处五千元以上五万元以下罚款：

（一）消防设施、器材或者消防安全标志的配置、设置不符合国家标准、行业标准，或者未保持完好有效的；

（二）损坏、挪用或者擅自拆除、停用消防设施、器材的；

（三）占用、堵塞、封闭疏散通道、安全出口或者有其他妨碍安全疏散行为的；

（四）埋压、圈占、遮挡消火栓或者占用防火间距的；

（五）占用、堵塞、封闭消防车通道，妨碍消防车通行的；

（六）人员密集场所在门窗上设置影响逃生和灭火救援的障碍物的；

（七）对火灾隐患经消防救援机构通知后不及时采取措施消除的。

个人有前款第二项、第三项、第四项、第五项行为之一的，处警告或者五百元以下罚款。

有本条第一款第三项、第四项、第五项、第六项行为，经责令改正拒不改正的，强制执行，所需费用由违法行为人承担。

第六十一条 生产、储存、经营易燃易爆危险品的场所与居住场所设置在同一建筑物内，或者未与居住场所保持安全距离的，责令停产停业，并处五千元以上五万元以下罚款。

生产、储存、经营其他物品的场所与居住场所设置在同一建筑物内，不符合消防技术标准的，依照前款规定处罚。

第六十二条 有下列行为之一的，依照《中华人民共和国治安管理处罚法》的规定处罚：

（一）违反有关消防技术标准和管理规定生产、储存、运输、销售、使用、销毁易燃易爆危险品的；

（二）非法携带易燃易爆危险品进入公共场所或者乘坐公共交通工具的；

（三）谎报火警的；

（四）阻碍消防车、消防艇执行任务的；

（五）阻碍消防救援机构的工作人员依法执行职务的。

第六十三条　违反本法规定，有下列行为之一的，处警告或者五百元以下罚款；情节严重的，处五日以下拘留：

（一）违反消防安全规定进入生产、储存易燃易爆危险品场所的；

（二）违反规定使用明火作业或者在具有火灾、爆炸危险的场所吸烟、使用明火的。

第六十四条　违反本法规定，有下列行为之一，尚不构成犯罪的，处十日以上十五日以下拘留，可以并处五百元以下罚款；情节较轻的，处警告或者五百元以下罚款：

（一）指使或者强令他人违反消防安全规定，冒险作业的；

（二）过失引起火灾的；

（三）在火灾发生后阻拦报警，或者负有报告职责的人员不及时报警的；

（四）扰乱火灾现场秩序，或者拒不执行火灾现场指挥员指挥，影响灭火救援的；

（五）故意破坏或者伪造火灾现场的；

（六）擅自拆封或者使用被消防救援机构查封的场所、部位的。

第六十五条　违反本法规定，生产、销售不合格的消防产品或者国家明令淘汰的消防产品的，由产品质量监督部门或者工商行政管理部门依照《中华人民共和国产品质量法》的规定从重处罚。

人员密集场所使用不合格的消防产品或者国家明令淘汰的消防产品的，责令限期改正；逾期不改正的，处五千元以上五万元以下罚款，并对其直接负责的主管人员和其他直接责任人员处五百元以上二千元以下罚款；情节严重的，责令停产停业。

消防救援机构对于本条第二款规定的情形，除依法对使用者予以处罚外，应当将发现不合格的消防产品和国家明令淘汰的消防产品的情况通报产品质量监督部门、工商行政管理部门。产品质量监督部门、工商行政管理部门应当对生产者、销售者依法及时查处。

第六十六条　电器产品、燃气用具的安装、使用及其线路、管路的设计、敷设、维护保养、检测不符合消防技术标准和管理规定的，责令限期改正；逾期不改正的，责令停止使用，可以并处一千元以上五千元以下罚款。

第六十七条　机关、团体、企业、事业等单位违反本法第十六条、第十七条、第十八条、第二十一条第二款规定的，责令限期改正；逾期不改正的，对其直接负责的主管人员和其他直接责任人员依法给予处分或者给予警告处罚。

第六十八条　人员密集场所发生火灾，该场所的现场工作人员不履行组织、引导在场人员疏散的义务，情节严重，尚不构成犯罪的，处五日以上十日以下拘留。

第六十九条　消防设施维护保养检测、消防安全评估等消防技术服务机构，不具备从业条件从事消防技术服务活动或者出具虚假文件的，由消防救援机构责令改正，处五万元以上十万元以下罚款，并对直接负责的主管人员和其他直接责任人员处一万元以上五万元以下罚款；不按照国家标准、行业标准开展消防技术服务活动的，责令改正，处五万元以下罚款，并对直接负责的主管人员和其它直接责任人员处一万元以下罚款；有违法所得的，并处没收违法所得；给他人造成损失的，依法承担赔偿责任；情节严重的，依法责令停止执业或者吊销相应资格；造成重大损失的，由相关部门吊销营业执照，并对有关责任人员采取终身市场禁入措施。

前款规定的机构出具失实文件，给他人造成损失的，依法承担赔偿责任；造成重大损失的，由消防救援机构依法责令停止执业或者吊销相应资格，由相关部门吊销营业执照，并对有关责任人员采取终身市场禁入措施。

第七十条　本法规定的行政处罚，除应当由公安机关依照《中华人民共和国治安管理处罚法》的有关规定决定的外，由住房和城乡建设主管部门、消防救援机构按照各自职权决定。

被责令停止施工、停止使用、停产停业的，应当在整改后向作出决定的部门或者机构报告，经检查合格，方可恢复施工、使用、生产、经营。

当事人逾期不执行停产停业、停止使用、停止施工决定的，由作出决定的部门或者机构强制执行。

责令停产停业，对经济和社会生活影响较大的，由住房和城乡建设主管部门或者应急管理部门报请本级人民政府依法决定。

第七十一条　住房和城乡建设主管部门、消防救援机构的工作人员滥用职权、玩忽职守、徇私舞弊，有下列行为之一，尚不构成犯罪的，依法给予处分：

（一）对不符合消防安全要求的消防设计文件、建设工程、场所准予审查合格、消防验收合格、消防安全检查合格的；

（二）无故拖延消防设计审查、消防验收、消防安全检查，不在法定期限内履行职责的；

（三）发现火灾隐患不及时通知有关单位或者个人整改的；

（四）利用职务为用户、建设单位指定或者变相指定消防产品的品牌、销售单位或者消防技术服务机构、消防设施施工单位的；

（五）将消防车、消防艇以及消防器材、装备和设施用于与消防和应急救援无关的事项的；

（六）其他滥用职权、玩忽职守、徇私舞弊的行为。

产品质量监督、工商行政管理等其他有关行政主管部门的工作人员在消防工作中滥用职权、玩忽职守、徇私舞弊，尚不构成犯罪的，依法给予处分。

第七十二条　违反本法规定，构成犯罪的，依法追究刑事责任。

第七章　附　则

第七十三条　本法下列用语的含义：

（一）消防设施，是指火灾自动报警系统、自动灭火系统、消火栓系统、防烟排烟系统以及应急广播和应急照明、安全疏散设施等。

（二）消防产品，是指专门用于火灾预防、灭火救援和火灾防护、避难、逃生的产品。

（三）公众聚集场所，是指宾馆、饭店、商场、集贸市场、客运车站候车室、客运码头候船厅、民用机场航站楼、体育场馆、会堂以及公共娱乐场所等。

（四）人员密集场所，是指公众聚集场所，医院的门诊楼、病房楼，学校的教学楼、图书馆、食堂和集体宿舍，养老院，福利院，托儿所，幼儿园，公共图书馆的阅览室，公共展览馆、博物馆的展示厅，劳动密集型企业的生产加工车间和员工集体宿舍，旅游、宗教活动场所等。

第七十四条　本法自 2009 年 5 月 1 日起施行。

行政法规

森林防火条例

中华人民共和国国务院令第 541 号

《森林防火条例》已经 2008 年 11 月 19 日国务院第 36 次常务会议修订通过，现将修订后的《森林防火条例》公布，自 2009 年 1 月 1 日起施行。

总理 温家宝

二〇〇八年十二月一日

第一章 总 则

第一条 为了有效预防和扑救森林火灾，保障人民生命财产安全，保护森林资源，维护生态安全，根据《中华人民共和国森林法》，制定本条例。

第二条 本条例适用于中华人民共和国境内森林火灾的预防和扑救。但是，城市市区的除外。

第三条 森林防火工作实行预防为主、积极消灭的方针。

第四条 国家森林防火指挥机构负责组织、协调和指导全国的森林防火工作。

国务院林业主管部门负责全国森林防火的监督和管理工作，承担国家森林防火指挥机构的日常工作。

国务院其他有关部门按照职责分工，负责有关的森林防火工作。

第五条 森林防火工作实行地方各级人民政府行政首长负

责制。

县级以上地方人民政府根据实际需要设立的森林防火指挥机构，负责组织、协调和指导本行政区域的森林防火工作。

县级以上地方人民政府林业主管部门负责本行政区域森林防火的监督和管理工作，承担本级人民政府森林防火指挥机构的日常工作。

县级以上地方人民政府其他有关部门按照职责分工，负责有关的森林防火工作。

第六条 森林、林木、林地的经营单位和个人，在其经营范围内承担森林防火责任。

第七条 森林防火工作涉及两个以上行政区域的，有关地方人民政府应当建立森林防火联防机制，确定联防区域，建立联防制度，实行信息共享，并加强监督检查。

第八条 县级以上人民政府应当将森林防火基础设施建设纳入国民经济和社会发展规划，将森林防火经费纳入本级财政预算。

第九条 国家支持森林防火科学研究，推广和应用先进的科学技术，提高森林防火科技水平。

第十条 各级人民政府、有关部门应当组织经常性的森林防火宣传活动，普及森林防火知识，做好森林火灾预防工作。

第十一条 国家鼓励通过保险形式转移森林火灾风险，提高林业防灾减灾能力和灾后自我救助能力。

第十二条 对在森林防火工作中作出突出成绩的单位和个人，按照国家有关规定，给予表彰和奖励。

对在扑救重大、特别重大森林火灾中表现突出的单位和个人，可以由森林防火指挥机构当场给予表彰和奖励。

第二章　森林火灾的预防

第十三条　省、自治区、直辖市人民政府林业主管部门应当按照国务院林业主管部门制定的森林火险区划等级标准，以县为单位确定本行政区域的森林火险区划等级，向社会公布，并报国务院林业主管部门备案。

第十四条　国务院林业主管部门应当根据全国森林火险区划等级和实际工作需要，编制全国森林防火规划，报国务院或者国务院授权的部门批准后组织实施。

县级以上地方人民政府林业主管部门根据全国森林防火规划，结合本地实际，编制本行政区域的森林防火规划，报本级人民政府批准后组织实施。

第十五条　国务院有关部门和县级以上地方人民政府应当按照森林防火规划，加强森林防火基础设施建设，储备必要的森林防火物资，根据实际需要整合、完善森林防火指挥信息系统。

国务院和省、自治区、直辖市人民政府根据森林防火实际需要，充分利用卫星遥感技术和现有军用、民用航空基础设施，建立相关单位参与的航空护林协作机制，完善航空护林基础设施，并保障航空护林所需经费。

第十六条　国务院林业主管部门应当按照有关规定编制国家重大、特别重大森林火灾应急预案，报国务院批准。

县级以上地方人民政府林业主管部门应当按照有关规定编制森林火灾应急预案，报本级人民政府批准，并报上一级人民政府林业主管部门备案。

县级人民政府应当组织乡（镇）人民政府根据森林火灾应急预

案制定森林火灾应急处置办法；村民委员会应当按照森林火灾应急预案和森林火灾应急处置办法的规定，协助做好森林火灾应急处置工作。

县级以上人民政府及其有关部门应当组织开展必要的森林火灾应急预案的演练。

第十七条 森林火灾应急预案应当包括下列内容：

（一）森林火灾应急组织指挥机构及其职责；

（二）森林火灾的预警、监测、信息报告和处理；

（三）森林火灾的应急响应机制和措施；

（四）资金、物资和技术等保障措施；

（五）灾后处置。

第十八条 在林区依法开办工矿企业、设立旅游区或者新建开发区的，其森林防火设施应当与该建设项目同步规划、同步设计、同步施工、同步验收；在林区成片造林的，应当同时配套建设森林防火设施。

第十九条 铁路的经营单位应当负责本单位所属林地的防火工作，并配合县级以上地方人民政府做好铁路沿线森林火灾危险地段的防火工作。

电力、电信线路和石油天然气管道的森林防火责任单位，应当在森林火灾危险地段开设防火隔离带，并组织人员进行巡护。

第二十条 森林、林木、林地的经营单位和个人应当按照林业主管部门的规定，建立森林防火责任制，划定森林防火责任区，确定森林防火责任人，并配备森林防火设施和设备。

第二十一条 地方各级人民政府和国有林业企业、事业单位应当根据实际需要，成立森林火灾专业扑救队伍；县级以上地方人民政府应当指导森林经营单位和林区的居民委员会、村民委员会、企业、事业单位建立森林火灾群众扑救队伍。专业的和群众的火灾扑救队伍应当定期进行培训和演练。

第二十二条　森林、林木、林地的经营单位配备的兼职或者专职护林员负责巡护森林，管理野外用火，及时报告火情，协助有关机关调查森林火灾案件。

第二十三条　县级以上地方人民政府应当根据本行政区域内森林资源分布状况和森林火灾发生规律，划定森林防火区，规定森林防火期，并向社会公布。

森林防火期内，各级人民政府森林防火指挥机构和森林、林木、林地的经营单位和个人，应当根据森林火险预报，采取相应的预防和应急准备措施。

第二十四条　县级以上人民政府森林防火指挥机构，应当组织有关部门对森林防火区内有关单位的森林防火组织建设、森林防火责任制落实、森林防火设施建设等情况进行检查；对检查中发现的森林火灾隐患，县级以上地方人民政府林业主管部门应当及时向有关单位下达森林火灾隐患整改通知书，责令限期整改，消除隐患。

被检查单位应当积极配合，不得阻挠、妨碍检查活动。

第二十五条　森林防火期内，禁止在森林防火区野外用火。因防治病虫鼠害、冻害等特殊情况确需野外用火的，应当经县级人民政府批准，并按照要求采取防火措施，严防失火；需要进入森林防火区进行实弹演习、爆破等活动的，应当经省、自治区、直辖市人民政府林业主管部门批准，并采取必要的防火措施；中国人民解放军和中国人民武装警察部队因处置突发事件和执行其他紧急任务需要进入森林防火区的，应当经其上级主管部门批准，并采取必要的防火措施。

第二十六条 森林防火期内，森林、林木、林地的经营单位应当设置森林防火警示宣传标志，并对进入其经营范围的人员进行森林防火安全宣传。

森林防火期内，进入森林防火区的各种机动车辆应当按照规定安装防火装置，配备灭火器材。

第二十七条 森林防火期内，经省、自治区、直辖市人民政府批准，林业主管部门、国务院确定的重点国有林区的管理机构可以设立临时性的森林防火检查站，对进入森林防火区的车辆和人员进行森林防火检查。

第二十八条 森林防火期内，预报有高温、干旱、大风等高火险天气的，县级以上地方人民政府应当划定森林高火险区，规定森林高火险期。必要时，县级以上地方人民政府可以根据需要发布命令，严禁一切野外用火；对可能引起森林火灾的居民生活用火应当严格管理。

第二十九条 森林高火险期内，进入森林高火险区的，应当经县级以上地方人民政府批准，严格按照批准的时间、地点、范围活动，并接受县级以上地方人民政府林业主管部门的监督管理。

第三十条 县级以上人民政府林业主管部门和气象主管机构应当根据森林防火需要，建设森林火险监测和预报台站，建立联合会商机制，及时制作发布森林火险预警预报信息。

气象主管机构应当无偿提供森林火险天气预报服务。广播、电视、报纸、互联网等媒体应当及时播发或者刊登森林火险天气预报。

第三章　森林火灾的扑救

第三十一条　县级以上地方人民政府应当公布森林火警电话，建立森林防火值班制度。

任何单位和个人发现森林火灾，应当立即报告。接到报告的当地人民政府或者森林防火指挥机构应当立即派人赶赴现场，调查核实，采取相应的扑救措施，并按照有关规定逐级报上级人民政府和森林防火指挥机构。

第三十二条　发生下列森林火灾，省、自治区、直辖市人民政府森林防火指挥机构应当立即报告国家森林防火指挥机构，由国家森林防火指挥机构按照规定报告国务院，并及时通报国务院有关部门：

（一）国界附近的森林火灾；

（二）重大、特别重大森林火灾；

（三）造成 3 人以上死亡或者 10 人以上重伤的森林火灾；

（四）威胁居民区或者重要设施的森林火灾；

（五）24 小时尚未扑灭明火的森林火灾；

（六）未开发原始林区的森林火灾；

（七）省、自治区、直辖市交界地区危险性大的森林火灾；

（八）需要国家支援扑救的森林火灾。

本条第一款所称“以上”包括本数。

第三十三条　发生森林火灾，县级以上地方人民政府森林防火指挥机构应当按照规定立即启动森林火灾应急预案；发生重大、特别重大森林火灾，国家森林防火指挥机构应当立即启动重大、特别重大森林火灾应急预案。

森林火灾应急预案启动后，有关森林防火指挥机构应当在核实火灾准确位置、范围以及风力、风向、火势的基础上，根据火灾现场天气、地理条件，合理确定扑救方案，划分扑救地段，确定扑救责任人，并指定负责人及时到达森林火灾现场具体指挥森林火灾的扑救。

第三十四条 森林防火指挥机构应当按照森林火灾应急预案，统一组织和指挥森林火灾的扑救。

扑救森林火灾，应当坚持以人为本、科学扑救，及时疏散、撤离受火灾威胁的群众，并做好火灾扑救人员的安全防护，尽最大可能避免人员伤亡。

第三十五条 扑救森林火灾应当以专业火灾扑救队伍为主要力量；组织群众扑救队伍扑救森林火灾的，不得动员残疾人、孕妇和未成年人以及其他不适宜参加森林火灾扑救的人员参加。

第三十六条 武装警察森林部队负责执行国家赋予的森林防火任务。武装警察森林部队执行森林火灾扑救任务，应当接受火灾发生地县级以上地方人民政府森林防火指挥机构的统一指挥；执行跨省、自治区、直辖市森林火灾扑救任务的，应当接受国家森林防火指挥机构的统一指挥。

中国人民解放军执行森林火灾扑救任务的，依照《军队参加抢险救灾条例》的有关规定执行。

第三十七条 发生森林火灾，有关部门应当按照森林火灾应急预案和森林防火指挥机构的统一指挥，做好扑救森林火灾的有关工作。

气象主管机构应当及时提供火灾地区天气预报和相关信息，并根据天气条件适时开展人工增雨作业。

交通运输主管部门应当优先组织运送森林火灾扑救人员和扑救物资。

通信主管部门应当组织提供应急通信保障。

民政部门应当及时设置避难场所和救灾物资供应点，紧急转移并妥善安置灾民，开展受灾群众救助工作。

公安机关应当维护治安秩序，加强治安管理。

商务、卫生等主管部门应当做好物资供应、医疗救护和卫生防疫等工作。

第三十八条　因扑救森林火灾的需要，县级以上人民政府森林防火指挥机构可以决定采取开设防火隔离带、清除障碍物、应急取水、局部交通管制等应急措施。

因扑救森林火灾需要征用物资、设备、交通运输工具的，由县级以上人民政府决定。扑火工作结束后，应当及时返还被征用的物资、设备和交通工具，并依照有关法律规定给予补偿。

第三十九条　森林火灾扑灭后，火灾扑救队伍应当对火灾现场进行全面检查，清理余火，并留有足够人员看守火场，经当地人民政府森林防火指挥机构检查验收合格，方可撤出看守人员。

第四章　灾后处置

第四十条　按照受害森林面积和伤亡人数，森林火灾分为一般森林火灾、较大森林火灾、重大森林火灾和特别重大森林火灾：

（一）一般森林火灾：受害森林面积在 1 公顷以下或者其他林地起火的，或者死亡 1 人以上 3 人以下的，或者重伤 1 人以上 10 人以下的；

（二）较大森林火灾：受害森林面积在 1 公顷以上 100 公顷以下的，或者死亡 3 人以上 10 人以下的，或者重伤 10 人以上 50 人以下的；

（三）重大森林火灾：受害森林面积在 100 公顷以上 1000 公顷

以下的，或者死亡 10 人以上 30 人以下的，或者重伤 50 人以上 100 人以下的；

（四）特别重大森林火灾：受害森林面积在 1000 公顷以上的，或者死亡 30 人以上的，或者重伤 100 人以上的。

本条第一款所称"以上"包括本数，"以下"不包括本数。

第四十一条 县级以上人民政府林业主管部门应当会同有关部门及时对森林火灾发生原因、肇事者、受害森林面积和蓄积、人员伤亡、其他经济损失等情况进行调查和评估，向当地人民政府提出调查报告；当地人民政府应当根据调查报告，确定森林火灾责任单位和责任人，并依法处理。

森林火灾损失评估标准，由国务院林业主管部门会同有关部门制定。

第四十二条 县级以上地方人民政府林业主管部门应当按照有关要求对森林火灾情况进行统计，报上级人民政府林业主管部门和本级人民政府统计机构，并及时通报本级人民政府有关部门。

森林火灾统计报告表由国务院林业主管部门制定，报国家统计局备案。

第四十三条 森林火灾信息由县级以上人民政府森林防火指挥机构或者林业主管部门向社会发布。重大、特别重大森林火灾信息由国务院林业主管部门发布。

第四十四条 对因扑救森林火灾负伤、致残或者死亡的人员，按照国家有关规定给予医疗、抚恤。

第四十五条 参加森林火灾扑救的人员的误工补贴和生活补助以及扑救森林火灾所发生的其他费用，按照省、自治区、直辖市人民政府规定的标准，由火灾肇事单位或者个人支付；起火原因不清的，由起火单位支付；火灾肇事单位、个人或者起火单位确实无力支付的部分，由当地人民政府支付。误工补贴和生活补助以及扑救森林火灾所发生的其他费用，可以由当地人民政府先行支付。

第四十六条　森林火灾发生后，森林、林木、林地的经营单位和个人应当及时采取更新造林措施，恢复火烧迹地森林植被。

第五章　法律责任

第四十七条　违反本条例规定，县级以上地方人民政府及其森林防火指挥机构、县级以上人民政府林业主管部门或者其他有关部门及其工作人员，有下列行为之一的，由其上级行政机关或者监察机关责令改正；情节严重的，对直接负责的主管人员和其他直接责任人员依法给予处分；构成犯罪的，依法追究刑事责任：

（一）未按照有关规定编制森林火灾应急预案的；

（二）发现森林火灾隐患未及时下达森林火灾隐患整改通知书的；

（三）对不符合森林防火要求的野外用火或者实弹演习、爆破等活动予以批准的；

（四）瞒报、谎报或者故意拖延报告森林火灾的；

（五）未及时采取森林火灾扑救措施的；

（六）不依法履行职责的其他行为。

第四十八条　违反本条例规定，森林、林木、林地的经营单位或者个人未履行森林防火责任的，由县级以上地方人民政府林业主管部门责令改正，对个人处 500 元以上 5000 元以下罚款，对单位处 1 万元以上 5 万元以下罚款。

第四十九条　违反本条例规定，森林防火区内的有关单位或者个人拒绝接受森林防火检查或者接到森林火灾隐患整改通知书逾期不消除火灾隐患的，由县级以上地方人民政府林业主管部门责令改正，给予警告，对个人并处200元以上2000元以下罚款，对单位并处5000元以上1万元以下罚款。

第五十条　违反本条例规定，森林防火期内未经批准擅自在森林防火区内野外用火的，由县级以上地方人民政府林业主管部门责令停止违法行为，给予警告，对个人并处200元以上3000元以下罚款，对单位并处1万元以上5万元以下罚款。

第五十一条　违反本条例规定，森林防火期内未经批准在森林防火区内进行实弹演习、爆破等活动的，由县级以上地方人民政府林业主管部门责令停止违法行为，给予警告，并处5万元以上10万元以下罚款。

第五十二条　违反本条例规定，有下列行为之一的，由县级以上地方人民政府林业主管部门责令改正，给予警告，对个人并处200元以上2000元以下罚款，对单位并处2000元以上5000元以下罚款：

（一）森林防火期内，森林、林木、林地的经营单位未设置森林防火警示宣传标志的；

（二）森林防火期内，进入森林防火区的机动车辆未安装森林防火装置的；

（三）森林高火险期内，未经批准擅自进入森林高火险区活动的。

第五十三条　违反本条例规定，造成森林火灾，构成犯罪的，依法追究刑事责任；尚不构成犯罪的，除依照本条例第四十八条、

第四十九条、第五十条、第五十一条、第五十二条的规定追究法律责任外，县级以上地方人民政府林业主管部门可以责令责任人补种树木。

第六章　附　则

第五十四条　森林消防专用车辆应当按照规定喷涂标志图案，安装警报器、标志灯具。

第五十五条　在中华人民共和国边境地区发生的森林火灾，按照中华人民共和国政府与有关国家政府签订的有关协定开展扑救工作；没有协定的，由中华人民共和国政府和有关国家政府协商办理。

第五十六条　本条例自 2009 年 1 月 1 日起施行。

草原防火条例

中华人民共和国国务院令第 542 号

《草原防火条例》已经 2008 年 11 月 19 日国务院第 36 次常务会议修订通过，现将修订后的《草原防火条例》公布，自 2009 年 1 月 1 日起施行。

总理　温家宝

二〇〇八年十一月二十九日

第一章　总　则

第一条　为了加强草原防火工作，积极预防和扑救草原火灾，保护草原，保障人民生命和财产安全，根据《中华人民共和国草原法》，制定本条例。

第二条　本条例适用于中华人民共和国境内草原火灾的预防和扑救。但是，林区和城市市区的除外。

第三条　草原防火工作实行预防为主、防消结合的方针。

第四条　县级以上人民政府应当加强草原防火工作的组织领导，将草原防火所需经费纳入本级财政预算，保障草原火灾预防和扑救工作的开展。

草原防火工作实行地方各级人民政府行政首长负责制和部门、单位领导负责制。

第五条　国务院草原行政主管部门主管全国草原防火工作。

县级以上地方人民政府确定的草原防火主管部门主管本行政区

域内的草原防火工作。

县级以上人民政府其他有关部门在各自的职责范围内做好草原防火工作。

第六条 草原的经营使用单位和个人，在其经营使用范围内承担草原防火责任。

第七条 草原防火工作涉及两个以上行政区域或者涉及森林防火、城市消防的，有关地方人民政府及有关部门应当建立联防制度，确定联防区域，制定联防措施，加强信息沟通和监督检查。

第八条 各级人民政府或者有关部门应当加强草原防火宣传教育活动，提高公民的草原防火意识。

第九条 国家鼓励和支持草原火灾预防和扑救的科学技术研究，推广先进的草原火灾预防和扑救技术。

第十条 对在草原火灾预防和扑救工作中有突出贡献或者成绩显著的单位、个人，按照国家有关规定给予表彰和奖励。

第二章　草原火灾的预防

第十一条 国务院草原行政主管部门根据草原火灾发生的危险程度和影响范围等，将全国草原划分为极高、高、中、低四个等级的草原火险区。

第十二条 国务院草原行政主管部门根据草原火险区划和草原防火工作的实际需要，编制全国草原防火规划，报国务院或者国务院授权的部门批准后组织实施。

县级以上地方人民政府草原防火主管部门根据全国草原防火规划，结合本地实际，编制本行政区域的草原防火规划，报本级人民政府批准后组织实施。

第十三条 草原防火规划应当主要包括下列内容：

（一）草原防火规划制定的依据；

（二）草原防火组织体系建设；

（三）草原防火基础设施和装备建设；

（四）草原防火物资储备；

（五）保障措施。

第十四条 县级以上人民政府应当组织有关部门和单位，按照草原防火规划，加强草原火情瞭望和监测设施、防火隔离带、防火道路、防火物资储备库（站）等基础设施建设，配备草原防火交通工具、灭火器械、观察和通信器材等装备，储存必要的防火物资，建立和完善草原防火指挥信息系统。

第十五条 国务院草原行政主管部门负责制订全国草原火灾应急预案，报国务院批准后组织实施。

县级以上地方人民政府草原防火主管部门负责制订本行政区域的草原火灾应急预案，报本级人民政府批准后组织实施。

第十六条 草原火灾应急预案应当主要包括下列内容：

（一）草原火灾应急组织机构及其职责；

（二）草原火灾预警与预防机制；

（三）草原火灾报告程序；

（四）不同等级草原火灾的应急处置措施；

（五）扑救草原火灾所需物资、资金和队伍的应急保障；

（六）人员财产撤离、医疗救治、疾病控制等应急方案。

草原火灾根据受害草原面积、伤亡人数、受灾牲畜数量以及对城乡居民点、重要设施、名胜古迹、自然保护区的威胁程度等，分为特别重大、重大、较大、一般四个等级。具体划分标准由国务院草原行政主管部门制定。

第十七条　县级以上地方人民政府应当根据草原火灾发生规律，确定本行政区域的草原防火期，并向社会公布。

第十八条　在草原防火期内，因生产活动需要在草原上野外用火的，应当经县级人民政府草原防火主管部门批准。用火单位或者个人应当采取防火措施，防止失火。

在草原防火期内，因生活需要在草原上用火的，应当选择安全地点，采取防火措施，用火后彻底熄灭余火。

除本条第一款、第二款规定的情形外，在草原防火期内，禁止在草原上野外用火。

第十九条　在草原防火期内，禁止在草原上使用枪械狩猎。

在草原防火期内，在草原上进行爆破、勘察和施工等活动的，应当经县级以上地方人民政府草原防火主管部门批准，并采取防火措施，防止失火。

在草原防火期内，部队在草原上进行实弹演习、处置突发性事件和执行其他任务，应当采取必要的防火措施。

第二十条　在草原防火期内，在草原上作业或者行驶的机动车辆，应当安装防火装置，严防漏火、喷火和闸瓦脱落引起火灾。在草原上行驶的公共交通工具上的司机和乘务人员，应当对旅客进行草原防火宣传。司机、乘务人员和旅客不得丢弃火种。

在草原防火期内，对草原上从事野外作业的机械设备，应当采取防火措施；作业人员应当遵守防火安全操作规程，防止失火。

第二十一条　在草原防火期内，经本级人民政府批准，草原防火主管部门应当对进入草原、存在火灾隐患的车辆以及可能引发草原火灾的野外作业活动进行草原防火安全检查。发现存在火灾隐患的，应当告知有关责任人员采取措施消除火灾隐患；拒不采取措施消除火灾隐患的，禁止进入草原或者草原上从事野外作业活动。

第二十二条 在草原防火期内，出现高温、干旱、大风等高火险天气时，县级以上地方人民政府应当将极高草原火险区、高草原火险区以及一旦发生草原火灾可能造成人身重大伤亡或者财产重大损失的区域划为草原防火管制区，规定管制期限，及时向社会公布，并报上一级人民政府备案。

在草原防火管制区内，禁止一切野外用火。对可能引起草原火灾的非野外用火，县级以上地方人民政府或者草原防火主管部门应当按照管制要求，严格管理。

进入草原防火管制区的车辆，应当取得县级以上地方人民政府草原防火主管部门颁发的草原防火通行证，并服从防火管制。

第二十三条 草原上的农（牧）场、工矿企业和其他生产经营单位，以及驻军单位、自然保护区管理单位和农村集体经济组织等，应当在县级以上地方人民政府的领导和草原防火主管部门的指导下，落实草原防火责任制，加强火源管理，消除火灾隐患，做好本单位的草原防火工作。

铁路、公路、电力和电信线路以及石油天然气管道等的经营单位，应当在其草原防火责任区内，落实防火措施，防止发生草原火灾。

承包经营草原的个人对其承包经营的草原，应当加强火源管理，消除火灾隐患，履行草原防火义务。

第二十四条 省、自治区、直辖市人民政府可以根据本地的实际情况划定重点草原防火区，报国务院草原行政主管部门备案。

重点草原防火区的县级以上地方人民政府和自然保护区管理单位，应当根据需要建立专业扑火队；有关乡（镇）、村应当建立群众扑火队。扑火队应当进行专业培训，并接受县级以上地方人民政府的指挥、调动。

第二十五条　县级以上人民政府草原防火主管部门和气象主管机构，应当联合建立草原火险预报预警制度。气象主管机构应当根据草原防火的实际需要，做好草原火险气象等级预报和发布工作；新闻媒体应当及时播报草原火险气象等级预报。

第三章　草原火灾的扑救

第二十六条　从事草原火情监测以及在草原上从事生产经营活动的单位和个人，发现草原火情的，应当采取必要措施，并及时向当地人民政府或者草原防火主管部门报告。其他发现草原火情的单位和个人，也应当及时向当地人民政府或者草原防火主管部门报告。

当地人民政府或者草原防火主管部门接到报告后，应当立即组织人员赶赴现场，核实火情，采取控制和扑救措施，防止草原火灾扩大。

第二十七条　当地人民政府或者草原防火主管部门应当及时将草原火灾发生时间、地点、估测过火面积、火情发展趋势等情况报上级人民政府及其草原防火主管部门；境外草原火灾威胁到我国草原安全的，还应当报告境外草原火灾距我国边境距离、沿边境蔓延长度以及对我国草原的威胁程度等情况。

禁止瞒报、谎报或者授意他人瞒报、谎报草原火灾。

第二十八条　县级以上地方人民政府应当根据草原火灾发生情

况确定火灾等级，并及时启动草原火灾应急预案。特别重大、重大草原火灾以及境外草原火灾威胁到我国草原安全的，国务院草原行政主管部门应当及时启动草原火灾应急预案。

第二十九条 草原火灾应急预案启动后，有关地方人民政府应当按照草原火灾应急预案的要求，立即组织、指挥草原火灾的扑救工作。

扑救草原火灾应当首先保障人民群众的生命安全，有关地方人民政府应当及时动员受到草原火灾威胁的居民以及其他人员转移到安全地带，并予以妥善安置；情况紧急时，可以强行组织避灾疏散。

第三十条 县级以上人民政府有关部门应当按照草原火灾应急预案的分工，做好相应的草原火灾应急工作。

气象主管机构应当做好气象监测和预报工作，及时向当地人民政府提供气象信息，并根据天气条件适时实施人工增雨。

民政部门应当及时设置避难场所和救济物资供应点，开展受灾群众救助工作。

卫生主管部门应当做好医疗救护、卫生防疫工作。

铁路、交通、航空等部门应当优先运送救灾物资、设备、药物、食品。

通信主管部门应当组织提供应急通信保障。

公安部门应当及时查处草原火灾案件，做好社会治安维护工作。

第三十一条 扑救草原火灾应当组织和动员专业扑火队和受过专业培训的群众扑火队；接到扑救命令的单位和个人，必须迅速赶赴指定地点，投入扑救工作。

扑救草原火灾，不得动员残疾人、孕妇、未成年人和老年人参加。

需要中国人民解放军和中国人民武装警察部队参加草原火灾扑救的，依照《军队参加抢险救灾条例》的有关规定执行。

第三十二条　根据扑救草原火灾的需要，有关地方人民政府可以紧急征用物资、交通工具和相关的设施、设备；必要时，可以采取清除障碍物、建设隔离带、应急取水、局部交通管制等应急管理措施。

因救灾需要，紧急征用单位和个人的物资、交通工具、设施、设备或者占用其房屋、土地的，事后应当及时返还，并依照有关法律规定给予补偿。

第三十三条　发生特别重大、重大草原火灾的，国务院草原行政主管部门应当立即派员赶赴火灾现场，组织、协调、督导火灾扑救，并做好跨省、自治区、直辖市草原防火物资的调用工作。

发生威胁林区安全的草原火灾的，有关草原防火主管部门应当及时通知有关林业主管部门。

境外草原火灾威胁到我国草原安全的，国务院草原行政主管部门应当立即派员赶赴有关现场，组织、协调、督导火灾预防，并及时将有关情况通知外交部。

第三十四条　国家实行草原火灾信息统一发布制度。特别重大、重大草原火灾以及威胁到我国草原安全的境外草原火灾信息，由国务院草原行政主管部门发布；其他草原火灾信息，由省、自治区、直辖市人民政府草原防火主管部门发布。

第三十五条　重点草原防火区的县级以上地方人民政府可以根据草原火灾应急预案的规定，成立草原防火指挥部，行使本章规定的本级人民政府在草原火灾扑救中的职责。

第四章　灾后处置

第三十六条　草原火灾扑灭后，有关地方人民政府草原防火主管部门或者其指定的单位应当对火灾现场进行全面检查，清除余火，并留有足够的人员看守火场。经草原防火主管部门检查验收合格，看守人员方可撤出。

第三十七条　草原火灾扑灭后，有关地方人民政府应当组织有关部门及时做好灾民安置和救助工作，保障灾民的基本生活条件，做好卫生防疫工作，防止传染病的发生和传播。

第三十八条　草原火灾扑灭后，有关地方人民政府应当组织有关部门及时制定草原恢复计划，组织实施补播草籽和人工种草等技术措施，恢复草场植被，并做好畜禽检疫工作，防止动物疫病的发生。

第三十九条　草原火灾扑灭后，有关地方人民政府草原防火主管部门应当及时会同公安等有关部门，对火灾发生时间、地点、原因以及肇事人等进行调查并提出处理意见。

草原防火主管部门应当对受灾草原面积、受灾畜禽种类和数量、受灾珍稀野生动植物种类和数量、人员伤亡以及物资消耗和其他经济损失等情况进行统计，对草原火灾给城乡居民生活、工农业生产、生态环境造成的影响进行评估，并按照国务院草原行政主管部门的规定上报。

第四十条　有关地方人民政府草原防火主管部门应当严格按照草原火灾统计报表的要求，进行草原火灾统计，向上一级人民政府草原防火主管部门报告，并抄送同级公安部门、统计机构。草原火灾统计报表由国务院草原行政主管部门会同国务院公安部门制定，报国家统计部门备案。

第四十一条　对因参加草原火灾扑救受伤、致残或者死亡的人员，按照国家有关规定给予医疗、抚恤。

第五章　法律责任

第四十二条　违反本条例规定，县级以上人民政府草原防火主管部门或其他有关部门及其工作人员，有下列行为之一的，由其上级行政机关或者监察机关责令改正；情节严重的，对直接负责的主管人员和其他直接责任人员依法给予处分；构成犯罪的，依法追究刑事责任：

（一）未按照规定制订草原火灾应急预案的；

（二）对不符合草原防火要求的野外用火或者爆破、勘察和施工等活动予以批准的；

（三）对不符合条件的车辆发放草原防火通行证的；

（四）瞒报、谎报或者授意他人瞒报、谎报草原火灾的；

（五）未及时采取草原火灾扑救措施的；

（六）不依法履行职责的其他行为。

第四十三条　截留、挪用草原防火资金或者侵占、挪用草原防火物资的，依照有关财政违法行为处罚处分的法律、法规进行处理；构成犯罪的，依法追究刑事责任。

第四十四条　违反本条例规定，有下列行为之一的，由县级以上地方人民政府草原防火主管部门责令停止违法行为，采取防火措施，并限期补办有关手续，对有关责任人员处 2000 元以上 5000 元以下罚款，对有关责任单位处 5000 元以上 2 万元以下罚款：

（一）未经批准在草原上野外用火或者进行爆破、勘察和施工等活动的；

（二）未取得草原防火通行证进入草原防火管制区的。

第四十五条　违反本条例规定，有下列行为之一的，由县级以上地方人民政府草原防火主管部门责令停止违法行为，采取防火措施，消除火灾隐患，并对有关责任人员处200元以上2000元以下罚款，对有关责任单位处2000元以上2万元以下罚款；拒不采取防火措施、消除火灾隐患的，由县级以上地方人民政府草原防火主管部门代为采取防火措施、消除火灾隐患，所需费用由违法单位或者个人承担：

（一）在草原防火期内，经批准的野外用火未采取防火措施的；

（二）在草原上作业和行驶的机动车辆未安装防火装置或者存在火灾隐患的；

（三）在草原上行驶的公共交通工具上的司机、乘务人员或者旅客丢弃火种的；

（四）在草原上从事野外作业的机械设备作业人员不遵守防火安全操作规程或者对野外作业的机械设备未采取防火措施的；

（五）在草原防火管制区内未按照规定用火的。

第四十六条 违反本条例规定，草原上的生产经营等单位未建立或者未落实草原防火责任制的，由县级以上地方人民政府草原防火主管部门责令改正，对有关责任单位处5000元以上2万元以下罚款。

第四十七条 违反本条例规定，故意或者过失引发草原火灾，构成犯罪的，依法追究刑事责任。

第六章 附 则

第四十八条 草原消防车辆应当按照规定喷涂标志图案，安装警报器、标志灯具。

第四十九条 本条例自2009年1月1日起施行。

危险化学品安全管理条例

中华人民共和国国务院令第 645 号

《国务院关于修改部分行政法规的决定》已经 2013 年 12 月 14 日国务院第 32 次常务会议通过，现予公布，自公布之日起施行。

总理 李克强

2013 年 12 月 7 日

第一章 总 则

第一条 为了加强危险化学品的安全管理，预防和减少危险化学品事故，保障人民群众生命财产安全，保护环境，制定本条例。

第二条 危险化学品生产、储存、使用、经营和运输的安全管理，适用本条例。

废弃危险化学品的处置，依照有关环境保护的法律、行政法规和国家有关规定执行。

第三条 本条例所称危险化学品，是指具有毒害、腐蚀、爆炸、燃烧、助燃等性质，对人体、设施、环境具有危害的剧毒化学品和其他化学品。

危险化学品目录，由国务院安全生产监督管理部门会同国务院工业和信息化、公安、环境保护、卫生、质量监督检验检疫、交通运输、铁路、民用航空、农业主管部门，根据化学品危险特性的鉴别和分类标准确定、公布，并适时调整。

第四条 危险化学品安全管理，应当坚持安全第一、预防为主、综合治理的方针，强化和落实企业的主体责任。

生产、储存、使用、经营、运输危险化学品的单位（以下统称危险化学品单位）的主要负责人对本单位的危险化学品安全管理工作全面负责。

危险化学品单位应当具备法律、行政法规规定和国家标准、行业标准要求的安全条件，建立、健全安全管理规章制度和岗位安全责任制度，对从业人员进行安全教育、法制教育和岗位技术培训。从业人员应当接受教育和培训，考核合格后上岗作业；对有资格要求的岗位，应当配备依法取得相应资格的人员。

第五条 任何单位和个人不得生产、经营、使用国家禁止生产、经营、使用的危险化学品。

国家对危险化学品的使用有限制性规定的，任何单位和个人不得违反限制性规定使用危险化学品。

第六条 对危险化学品的生产、储存、使用、经营、运输实施安全监督管理的有关部门（以下统称负有危险化学品安全监督管理职责的部门），依照下列规定履行职责：

（一）安全生产监督管理部门负责危险化学品安全监督管理综合工作，组织确定、公布、调整危险化学品目录，对新建、改建、扩建生产、储存危险化学品（包括使用长输管道输送危险化学品，下同）的建设项目进行安全条件审查，核发危险化学品安全生产许可证、危险化学品安全使用许可证和危险化学品经营许可证，并负责危险化学品登记工作。

（二）公安机关负责危险化学品的公共安全管理，核发剧毒化学品购买许可证、剧毒化学品道路运输通行证，并负责危险化学品运输车辆的道路交通安全管理。

（三）质量监督检验检疫部门负责核发危险化学品及其包装物、容器（不包括储存危险化学品的固定式大型储罐，下同）生产企业的工业产品生产许可证，并依法对其产品质量实施监督，负责对进出口危险化学品及其包装实施检验。

（四）环境保护主管部门负责废弃危险化学品处置的监督管理，组织危险化学品的环境危害性鉴定和环境风险程度评估，确定实施重点环境管理的危险化学品，负责危险化学品环境管理登记和新化学物质环境管理登记；依照职责分工调查相关危险化学品环境污染事故和生态破坏事件，负责危险化学品事故现场的应急环境监测。

（五）交通运输主管部门负责危险化学品道路运输、水路运输的许可以及运输工具的安全管理，对危险化学品水路运输安全实施监督，负责危险化学品道路运输企业、水路运输企业驾驶人员、船员、装卸管理人员、押运人员、申报人员、集装箱装箱现场检查员的资格认定。铁路监管部门负责危险化学品铁路运输及其运输工具的安全管理。民用航空主管部门负责危险化学品航空运输以及航空运输企业及其运输工具的安全管理。

（六）卫生主管部门负责危险化学品毒性鉴定的管理，负责组织、协调危险化学品事故受伤人员的医疗卫生救援工作。

（七）工商行政管理部门依据有关部门的许可证件，核发危险化学品生产、储存、经营、运输企业营业执照，查处危险化学品经营企业违法采购危险化学品的行为。

（八）邮政管理部门负责依法查处寄递危险化学品的行为。

第七条 负有危险化学品安全监督管理职责的部门依法进行监督检查，可以采取下列措施：

（一）进入危险化学品作业场所实施现场检查，向有关单位和人员了解情况，查阅、复制有关文件、资料；

（二）发现危险化学品事故隐患，责令立即消除或者限期消除；

（三）对不符合法律、行政法规、规章规定或者国家标准、行业标准要求的设施、设备、装置、器材、运输工具，责令立即停止使用；

（四）经本部门主要负责人批准，查封违法生产、储存、使用、经营危险化学品的场所，扣押违法生产、储存、使用、经营、运输的危险化学品以及用于违法生产、使用、运输危险化学品的原材料、设备、运输工具；

（五）发现影响危险化学品安全的违法行为，当场予以纠正或者责令限期改正。

负有危险化学品安全监督管理职责的部门依法进行监督检查，监督检查人员不得少于 2 人，并应当出示执法证件；有关单位和个人对依法进行的监督检查应当予以配合，不得拒绝、阻碍。

第八条 县级以上人民政府应当建立危险化学品安全监督管理工作协调机制，支持、督促负有危险化学品安全监督管理职责的部门依法履行职责，协调、解决危险化学品安全监督管理工作中的重大问题。

负有危险化学品安全监督管理职责的部门应当相互配合、密切协作，依法加强对危险化学品的安全监督管理。

第九条 任何单位和个人对违反本条例规定的行为，有权向负有危险化学品安全监督管理职责的部门举报。负有危险化学品安全监督管理职责的部门接到举报，应当及时依法处理；对不属于本部门职责的，应当及时移送有关部门处理。

第十条 国家鼓励危险化学品生产企业和使用危险化学品从事

生产的企业采用有利于提高安全保障水平的先进技术、工艺、设备以及自动控制系统，鼓励对危险化学品实行专门储存、统一配送、集中销售。

第二章　生产、储存安全

第十一条　国家对危险化学品的生产、储存实行统筹规划、合理布局。

国务院工业和信息化主管部门以及国务院其他有关部门依据各自职责，负责危险化学品生产、储存的行业规划和布局。

地方人民政府组织编制城乡规划，应当根据本地区的实际情况，按照确保安全的原则，规划适当区域专门用于危险化学品的生产、储存。

第十二条　新建、改建、扩建生产、储存危险化学品的建设项目（以下简称建设项目），应当由安全生产监督管理部门进行安全条件审查。

建设单位应当对建设项目进行安全条件论证，委托具备国家规定的资质条件的机构对建设项目进行安全评价，并将安全条件论证和安全评价的情况报告报建设项目所在地设区的市级以上人民政府安全生产监督管理部门；安全生产监督管理部门应当自收到报告之日起45日内作出审查决定，并书面通知建设单位。具体办法由国务院安全生产监督管理部门制定。

新建、改建、扩建储存、装卸危险化学品的港口建设项目，由港口行政管理部门按照国务院交通运输主管部门的规定进行安全条件审查。

第十三条 生产、储存危险化学品的单位，应当对其铺设的危险化学品管道设置明显标志，并对危险化学品管道定期检查、检测。

进行可能危及危险化学品管道安全的施工作业，施工单位应当在开工的 7 日前书面通知管道所属单位，并与管道所属单位共同制定应急预案，采取相应的安全防护措施。管道所属单位应当指派专门人员到现场进行管道安全保护指导。

第十四条 危险化学品生产企业进行生产前，应当依照《安全生产许可证条例》的规定，取得危险化学品安全生产许可证。

生产列入国家实行生产许可证制度的工业产品目录的危险化学品的企业，应当依照《中华人民共和国工业产品生产许可证管理条例》的规定，取得工业产品生产许可证。

负责颁发危险化学品安全生产许可证、工业产品生产许可证的部门，应当将其颁发许可证的情况及时向同级工业和信息化主管部门、环境保护主管部门和公安机关通报。

第十五条 危险化学品生产企业应当提供与其生产的危险化学品相符的化学品安全技术说明书，并在危险化学品包装（包括外包装件）上粘贴或者拴挂与包装内危险化学品相符的化学品安全标签。化学品安全技术说明书和化学品安全标签所载明的内容应当符合国家标准的要求。

危险化学品生产企业发现其生产的危险化学品有新的危险特性的，应当立即公告，并及时修订其化学品安全技术说明书和化学品安全标签。

第十六条 生产实施重点环境管理的危险化学品的企业，应当按照国务院环境保护主管部门的规定，将该危险化学品向环境中释放等相关信息向环境保护主管部门报告。环境保护主管部门可以根据情况采取相应的环境风险控制措施。

第十七条 危险化学品的包装应当符合法律、行政法规、规章的规定以及国家标准、行业标准的要求。

危险化学品包装物、容器的材质以及危险化学品包装的型式、规格、方法和单件质量（重量），应当与所包装的危险化学品的性质和用途相适应。

第十八条 生产列入国家实行生产许可证制度的工业产品目录的危险化学品包装物、容器的企业，应当依照《中华人民共和国工业产品生产许可证管理条例》的规定，取得工业产品生产许可证；其生产的危险化学品包装物、容器经国务院质量监督检验检疫部门认定的检验机构检验合格，方可出厂销售。

运输危险化学品的船舶及其配载的容器，应当按照国家船舶检验规范进行生产，并经海事管理机构认定的船舶检验机构检验合格，方可投入使用。

对重复使用的危险化学品包装物、容器，使用单位在重复使用前应当进行检查；发现存在安全隐患的，应当维修或者更换。使用单位应当对检查情况作出记录，记录的保存期限不得少于2年。

第十九条 危险化学品生产装置或者储存数量构成重大危险源的危险化学品储存设施（运输工具加油站、加气站除外），与下列场所、设施、区域的距离应当符合国家有关规定：

（一）居住区以及商业中心、公园等人员密集场所；

（二）学校、医院、影剧院、体育场（馆）等公共设施；

（三）饮用水源、水厂以及水源保护区；

（四）车站、码头（依法经许可从事危险化学品装卸作业的除外）、机场以及通信干线、通信枢纽、铁路线路、道路交通干线、水路交通干线、地铁风亭以及地铁站出入口；

（五）基本农田保护区、基本草原、畜禽遗传资源保护区、畜禽规模化养殖场（养殖小区）、渔业水域以及种子、种畜禽、水产苗种生产基地；

（六）河流、湖泊、风景名胜区、自然保护区；

（七）军事禁区、军事管理区；

（八）法律、行政法规规定的其他场所、设施、区域。

已建的危险化学品生产装置或者储存数量构成重大危险源的危险化学品储存设施不符合前款规定的，由所在地设区的市级人民政府安全生产监督管理部门会同有关部门监督其所属单位在规定期限内进行整改；需要转产、停产、搬迁、关闭的，由本级人民政府决定并组织实施。

储存数量构成重大危险源的危险化学品储存设施的选址，应当避开地震活动断层和容易发生洪灾、地质灾害的区域。

本条例所称重大危险源，是指生产、储存、使用或者搬运危险化学品，且危险化学品的数量等于或者超过临界量的单元（包括场所和设施）。

第二十条 生产、储存危险化学品的单位，应当根据其生产、储存的危险化学品的种类和危险特性，在作业场所设置相应的监测、监控、通风、防晒、调温、防火、灭火、防爆、泄压、防毒、中和、防潮、防雷、防静电、防腐、防泄漏以及防护围堤或者隔离操作等安全设施、设备，并按照国家标准、行业标准或者国家有关规定对安全设施、设备进行经常性维护、保养，保证安全设施、设备的正常使用。

生产、储存危险化学品的单位，应当在其作业场所和安全设施、设备上设置明显的安全警示标志。

第二十一条 生产、储存危险化学品的单位，应当在其作业场所设置通信、报警装置，并保证处于适用状态。

第二十二条 生产、储存危险化学品的企业，应当委托具备国家规定的资质条件的机构，对本企业的安全生产条件每 3 年进行一次安全评价，提出安全评价报告。安全评价报告的内容应当包括对安全生产条件存在的问题进行整改的方案。

生产、储存危险化学品的企业，应当将安全评价报告以及整改方案的落实情况报所在地县级人民政府安全生产监督管理部门备案。在港区内储存危险化学品的企业，应当将安全评价报告以及整改方案的落实情况报港口行政管理部门备案。

第二十三条 生产、储存剧毒化学品或者国务院公安部门规定的可用于制造爆炸物品的危险化学品（以下简称易制爆危险化学品）的单位，应当如实记录其生产、储存的剧毒化学品、易制爆危险化学品的数量、流向，并采取必要的安全防范措施，防止剧毒化学品、易制爆危险化学品丢失或者被盗；发现剧毒化学品、易制爆危险化学品丢失或者被盗的，应当立即向当地公安机关报告。

生产、储存剧毒化学品、易制爆危险化学品的单位，应当设置治安保卫机构，配备专职治安保卫人员。

第二十四条 危险化学品应当储存在专用仓库、专用场地或者专用储存室（以下统称专用仓库）内，并由专人负责管理；剧毒化学品以及储存数量构成重大危险源的其他危险化学品，应当在专用仓库内单独存放，并实行双人收发、双人保管制度。

危险化学品的储存方式、方法以及储存数量应当符合国家标准或者国家有关规定。

第二十五条　储存危险化学品的单位应当建立危险化学品出入库核查、登记制度。

对剧毒化学品以及储存数量构成重大危险源的其他危险化学品，储存单位应当将其储存数量、储存地点以及管理人员的情况，报所在地县级人民政府安全生产监督管理部门（在港区内储存的，报港口行政管理部门）和公安机关备案。

第二十六条　危险化学品专用仓库应当符合国家标准、行业标准的要求，并设置明显的标志。储存剧毒化学品、易制爆危险化学品的专用仓库，应当按照国家有关规定设置相应的技术防范设施。

储存危险化学品的单位应当对其危险化学品专用仓库的安全设施、设备定期进行检测、检验。

第二十七条　生产、储存危险化学品的单位转产、停产、停业或者解散的，应当采取有效措施，及时、妥善处置其危险化学品生产装置、储存设施以及库存的危险化学品，不得丢弃危险化学品；处置方案应当报所在地县级人民政府安全生产监督管理部门、工业和信息化主管部门、环境保护主管部门和公安机关备案。安全生产监督管理部门应当会同环境保护主管部门和公安机关对处置情况进行监督检查，发现未依照规定处置的，应当责令其立即处置。

第三章　使用安全

第二十八条　使用危险化学品的单位，其使用条件（包括工艺）应当符合法律、行政法规的规定和国家标准、行业标准的要求，并根据所使用的危险化学品的种类、危险特性以及使用量和使用方式，建立、健全使用危险化学品的安全管理规章制度和安全操作规程，保证危险化学品的安全使用。

第二十九条 使用危险化学品从事生产并且使用量达到规定数量的化工企业（属于危险化学品生产企业的除外，下同），应当依照本条例的规定取得危险化学品安全使用许可证。

前款规定的危险化学品使用量的数量标准，由国务院安全生产监督管理部门会同国务院公安部门、农业主管部门确定并公布。

第三十条 申请危险化学品安全使用许可证的化工企业，除应当符合本条例第二十八条的规定外，还应当具备下列条件：

（一）有与所使用的危险化学品相适应的专业技术人员；

（二）有安全管理机构和专职安全管理人员；

（三）有符合国家规定的危险化学品事故应急预案和必要的应急救援器材、设备；

（四）依法进行了安全评价。

第三十一条 申请危险化学品安全使用许可证的化工企业，应当向所在地设区的市级人民政府安全生产监督管理部门提出申请，并提交其符合本条例第三十条规定条件的证明材料。设区的市级人民政府安全生产监督管理部门应当依法进行审查，自收到证明材料之日起45日内作出批准或者不予批准的决定。予以批准的，颁发危险化学品安全使用许可证；不予批准的，书面通知申请人并说明理由。

安全生产监督管理部门应当将其颁发危险化学品安全使用许可证的情况及时向同级环境保护主管部门和公安机关通报。

第三十二条 本条例第十六条关于生产实施重点环境管理的危

险化学品的企业的规定，适用于使用实施重点环境管理的危险化学品从事生产的企业；第二十条、第二十一条、第二十三条第一款、第二十七条关于生产、储存危险化学品的单位的规定，适用于使用危险化学品的单位；第二十二条关于生产、储存危险化学品的企业的规定，适用于使用危险化学品从事生产的企业。

第四章　经营安全

第三十三条　国家对危险化学品经营（包括仓储经营，下同）实行许可制度。未经许可，任何单位和个人不得经营危险化学品。

依法设立的危险化学品生产企业在其厂区范围内销售本企业生产的危险化学品，不需要取得危险化学品经营许可。

依照《中华人民共和国港口法》的规定取得港口经营许可证的港口经营人，在港区内从事危险化学品仓储经营，不需要取得危险化学品经营许可。

第三十四条　从事危险化学品经营的企业应当具备下列条件：

（一）有符合国家标准、行业标准的经营场所，储存危险化学品的，还应当有符合国家标准、行业标准的储存设施；

（二）从业人员经过专业技术培训并经考核合格；

（三）有健全的安全管理规章制度；

（四）有专职安全管理人员；

（五）有符合国家规定的危险化学品事故应急预案和必要的应急救援器材、设备；

（六）法律、法规规定的其他条件。

第三十五条 从事剧毒化学品、易制爆危险化学品经营的企业，应当向所在地设区的市级人民政府安全生产监督管理部门提出申请，从事其他危险化学品经营的企业，应当向所在地县级人民政府安全生产监督管理部门提出申请（有储存设施的，应当向所在地设区的市级人民政府安全生产监督管理部门提出申请）。申请人应当提交其符合本条例第三十四条规定条件的证明材料。设区的市级人民政府安全生产监督管理部门或者县级人民政府安全生产监督管理部门应当依法进行审查，并对申请人的经营场所、储存设施进行现场核查，自收到证明材料之日起 30 日内作出批准或者不予批准的决定。予以批准的，颁发危险化学品经营许可证；不予批准的，书面通知申请人并说明理由。

设区的市级人民政府安全生产监督管理部门和县级人民政府安全生产监督管理部门应当将其颁发危险化学品经营许可证的情况及时向同级环境保护主管部门和公安机关通报。

申请人持危险化学品经营许可证向工商行政管理部门办理登记手续后，方可从事危险化学品经营活动。法律、行政法规或者国务院规定经营危险化学品还需要经其他有关部门许可的，申请人向工商行政管理部门办理登记手续时还应当持相应的许可证件。

第三十六条 危险化学品经营企业储存危险化学品的，应当遵守本条例第二章关于储存危险化学品的规定。危险化学品商店内只能存放民用小包装的危险化学品。

第三十七条 危险化学品经营企业不得向未经许可从事危险化学品生产、经营活动的企业采购危险化学品，不得经营没有化学品安全技术说明书或者化学品安全标签的危险化学品。

第三十八条 依法取得危险化学品安全生产许可证、危险化学品安全使用许可证、危险化学品经营许可证的企业，凭相应的许可证件购买剧毒化学品、易制爆危险化学品。民用爆炸物品生产企业凭民用爆炸物品生产许可证购买易制爆危险化学品。

前款规定以外的单位购买剧毒化学品的，应当向所在地县级人民政府公安机关申请取得剧毒化学品购买许可证；购买易制爆危险化学品的，应当持本单位出具的合法用途说明。

个人不得购买剧毒化学品（属于剧毒化学品的农药除外）和易制爆危险化学品。

第三十九条 申请取得剧毒化学品购买许可证，申请人应当向所在地县级人民政府公安机关提交下列材料：

（一）营业执照或者法人证书（登记证书）的复印件；

（二）拟购买的剧毒化学品品种、数量的说明；

（三）购买剧毒化学品用途的说明；

（四）经办人的身份证明。

县级人民政府公安机关应当自收到前款规定的材料之日起3日内，作出批准或者不予批准的决定。予以批准的，颁发剧毒化学品购买许可证；不予批准的，书面通知申请人并说明理由。

剧毒化学品购买许可证管理办法由国务院公安部门制定。

第四十条 危险化学品生产企业、经营企业销售剧毒化学品、易制爆危险化学品，应当查验本条例第三十八条第一款、第二款规定的相关许可证件或者证明文件，不得向不具有相关许可证件或者证明文件的单位销售剧毒化学品、易制爆危险化学品。对持剧毒化学品购买许可证购买剧毒化学品的，应当按照许可证载明的品种、数量销售。

禁止向个人销售剧毒化学品（属于剧毒化学品的农药除外）和

易制爆危险化学品。

第四十一条 危险化学品生产企业、经营企业销售剧毒化学品、易制爆危险化学品，应当如实记录购买单位的名称、地址、经办人的姓名、身份证号码以及所购买的剧毒化学品、易制爆危险化学品的品种、数量、用途。销售记录以及经办人的身份证明复印件、相关许可证件复印件或者证明文件的保存期限不得少于 1 年。

剧毒化学品、易制爆危险化学品的销售企业、购买单位应当在销售、购买后 5 日内，将所销售、购买的剧毒化学品、易制爆危险化学品的品种、数量以及流向信息报所在地县级人民政府公安机关备案，并输入计算机系统。

第四十二条 使用剧毒化学品、易制爆危险化学品的单位不得出借、转让其购买的剧毒化学品、易制爆危险化学品；因转产、停产、搬迁、关闭等确需转让的，应当向具有本条例第三十八条第一款、第二款规定的相关许可证件或者证明文件的单位转让，并在转让后将有关情况及时向所在地县级人民政府公安机关报告。

第五章　运输安全

第四十三条 从事危险化学品道路运输、水路运输的，应当分别依照有关道路运输、水路运输的法律、行政法规的规定，取得危险货物道路运输许可、危险货物水路运输许可，并向工商行政管理部门办理登记手续。

危险化学品道路运输企业、水路运输企业应当配备专职安全管理人员。

第四十四条　危险化学品道路运输企业、水路运输企业的驾驶人员、船员、装卸管理人员、押运人员、申报人员、集装箱装箱现场检查员应当经交通运输主管部门考核合格，取得从业资格。具体办法由国务院交通运输主管部门制定。

危险化学品的装卸作业应当遵守安全作业标准、规程和制度，并在装卸管理人员的现场指挥或者监控下进行。水路运输危险化学品的集装箱装箱作业应当在集装箱装箱现场检查员的指挥或者监控下进行，并符合积载、隔离的规范和要求；装箱作业完毕后，集装箱装箱现场检查员应当签署装箱证明书。

第四十五条　运输危险化学品，应当根据危险化学品的危险特性采取相应的安全防护措施，并配备必要的防护用品和应急救援器材。

用于运输危险化学品的槽罐以及其他容器应当封口严密，能够防止危险化学品在运输过程中因温度、湿度或者压力的变化发生渗漏、洒漏；槽罐以及其他容器的溢流和泄压装置应当设置准确、起闭灵活。

运输危险化学品的驾驶人员、船员、装卸管理人员、押运人员、申报人员、集装箱装箱现场检查员，应当了解所运输的危险化学品的危险特性及其包装物、容器的使用要求和出现危险情况时的应急处置方法。

第四十六条　通过道路运输危险化学品的，托运人应当委托依法取得危险货物道路运输许可的企业承运。

第四十七条　通过道路运输危险化学品的，应当按照运输车辆的核定载质量装载危险化学品，不得超载。

危险化学品运输车辆应当符合国家标准要求的安全技术条件，

并按照国家有关规定定期进行安全技术检验。

危险化学品运输车辆应当悬挂或者喷涂符合国家标准要求的警示标志。

第四十八条 通过道路运输危险化学品的，应当配备押运人员，并保证所运输的危险化学品处于押运人员的监控之下。

运输危险化学品途中因住宿或者发生影响正常运输的情况，需要较长时间停车的，驾驶人员、押运人员应当采取相应的安全防范措施；运输剧毒化学品或者易制爆危险化学品的，还应当向当地公安机关报告。

第四十九条 未经公安机关批准，运输危险化学品的车辆不得进入危险化学品运输车辆限制通行的区域。危险化学品运输车辆限制通行的区域由县级人民政府公安机关划定，并设置明显的标志。

第五十条 通过道路运输剧毒化学品的，托运人应当向运输始发地或者目的地县级人民政府公安机关申请剧毒化学品道路运输通行证。

申请剧毒化学品道路运输通行证，托运人应当向县级人民政府公安机关提交下列材料：

（一）拟运输的剧毒化学品品种、数量的说明；

（二）运输始发地、目的地、运输时间和运输路线的说明；

（三）承运人取得危险货物道路运输许可、运输车辆取得营运证以及驾驶人员、押运人员取得上岗资格的证明文件；

（四）本条例第三十八条第一款、第二款规定的购买剧毒化学品的相关许可证件，或者海关出具的进出口证明文件。

县级人民政府公安机关应当自收到前款规定的材料之日起 7 日内，作出批准或者不予批准的决定。予以批准的，颁发剧毒化学品道路运输通行证；不予批准的，书面通知申请人并说明理由。

剧毒化学品道路运输通行证管理办法由国务院公安部门制定。

第五十一条 剧毒化学品、易制爆危险化学品在道路运输途中丢失、被盗、被抢或者出现流散、泄漏等情况的，驾驶人员、押运人员应当立即采取相应的警示措施和安全措施，并向当地公安机关报告。公安机关接到报告后，应当根据实际情况立即向安全生产监督管理部门、环境保护主管部门、卫生主管部门通报。有关部门应当采取必要的应急处置措施。

第五十二条 通过水路运输危险化学品的，应当遵守法律、行政法规以及国务院交通运输主管部门关于危险货物水路运输安全的规定。

第五十三条 海事管理机构应当根据危险化学品的种类和危险特性，确定船舶运输危险化学品的相关安全运输条件。

拟交付船舶运输的化学品的相关安全运输条件不明确的，货物所有人或者代理人应当委托相关技术机构进行评估，明确相关安全运输条件并经海事管理机构确认后，方可交付船舶运输。

第五十四条 禁止通过内河封闭水域运输剧毒化学品以及国家规定禁止通过内河运输的其他危险化学品。

前款规定以外的内河水域，禁止运输国家规定禁止通过内河运输的剧毒化学品以及其他危险化学品。

禁止通过内河运输的剧毒化学品以及其他危险化学品的范围，由国务院交通运输主管部门会同国务院环境保护主管部门、工业和信息化主管部门、安全生产监督管理部门，根据危险化学品的危险特性、危险化学品对人体和水环境的危害程度以及消除危害后果的难易程度等因素规定并公布。

第五十五条 国务院交通运输主管部门应当根据危险化学品的危险特性，对通过内河运输本条例第五十四条规定以外的危险化学品（以下简称通过内河运输危险化学品）实行分类管理，对各类危险化学品的运输方式、包装规范和安全防护措施等分别作出规定并监督实施。

第五十六条 通过内河运输危险化学品，应当由依法取得危险货物水路运输许可的水路运输企业承运，其他单位和个人不得承运。托运人应当委托依法取得危险货物水路运输许可的水路运输企业承运，不得委托其他单位和个人承运。

第五十七条 通过内河运输危险化学品，应当使用依法取得危险货物适装证书的运输船舶。水路运输企业应当针对所运输的危险化学品的危险特性，制定运输船舶危险化学品事故应急救援预案，并为运输船舶配备充足、有效的应急救援器材和设备。

通过内河运输危险化学品的船舶，其所有人或者经营人应当取得船舶污染损害责任保险证书或者财务担保证明。船舶污染损害责任保险证书或者财务担保证明的副本应当随船携带。

第五十八条 通过内河运输危险化学品，危险化学品包装物的材质、型式、强度以及包装方法应当符合水路运输危险化学品包装规范的要求。国务院交通运输主管部门对单船运输的危险化学品数量有限制性规定的，承运人应当按照规定安排运输数量。

第五十九条 用于危险化学品运输作业的内河码头、泊位应当符合国家有关安全规范，与饮用水取水口保持国家规定的距离。有关管理单位应当制定码头、泊位危险化学品事故应急预案，并为码头、泊位配备充足、有效的应急救援器材和设备。

用于危险化学品运输作业的内河码头、泊位，经交通运输主管部门按照国家有关规定验收合格后方可投入使用。

第六十条　船舶载运危险化学品进出内河港口，应当将危险化学品的名称、危险特性、包装以及进出港时间等事项，事先报告海事管理机构。海事管理机构接到报告后，应当在国务院交通运输主管部门规定的时间内作出是否同意的决定，通知报告人，同时通报港口行政管理部门。定船舶、定航线、定货种的船舶可以定期报告。

在内河港口内进行危险化学品的装卸、过驳作业，应当将危险化学品的名称、危险特性、包装和作业的时间、地点等事项报告港口行政管理部门。港口行政管理部门接到报告后，应当在国务院交通运输主管部门规定的时间内作出是否同意的决定，通知报告人，同时通报海事管理机构。

载运危险化学品的船舶在内河航行，通过过船建筑物的，应当提前向交通运输主管部门申报，并接受交通运输主管部门的管理。

第六十一条　载运危险化学品的船舶在内河航行、装卸或者停泊，应当悬挂专用的警示标志，按照规定显示专用信号。

载运危险化学品的船舶在内河航行，按照国务院交通运输主管部门的规定需要引航的，应当申请引航。

第六十二条　载运危险化学品的船舶在内河航行，应当遵守法律、行政法规和国家其他有关饮用水水源保护的规定。内河航道发展规划应当与依法经批准的饮用水水源保护区划定方案相协调。

第六十三条　托运危险化学品的，托运人应当向承运人说明所托运的危险化学品的种类、数量、危险特性以及发生危险情况的应急处置措施，并按照国家有关规定对所托运的危险化学品妥善包装，在外包装上设置相应的标志。

运输危险化学品需要添加抑制剂或者稳定剂的，托运人应当添加，并将有关情况告知承运人。

第六十四条 托运人不得在托运的普通货物中夹带危险化学品，不得将危险化学品匿报或者谎报为普通货物托运。

任何单位和个人不得交寄危险化学品或者在邮件、快件内夹带危险化学品，不得将危险化学品匿报或者谎报为普通物品交寄。邮政企业、快递企业不得收寄危险化学品。

对涉嫌违反本条第一款、第二款规定的，交通运输主管部门、邮政管理部门可以依法开拆查验。

第六十五条 通过铁路、航空运输危险化学品的安全管理，依照有关铁路、航空运输的法律、行政法规、规章的规定执行。

第六章　危险化学品登记与事故应急救援

第六十六条 国家实行危险化学品登记制度，为危险化学品安全管理以及危险化学品事故预防和应急救援提供技术、信息支持。

第六十七条 危险化学品生产企业、进口企业，应当向国务院安全生产监督管理部门负责危险化学品登记的机构（以下简称危险化学品登记机构）办理危险化学品登记。

危险化学品登记包括下列内容：

（一）分类和标签信息；

（二）物理、化学性质；

（三）主要用途；

（四）危险特性；

（五）储存、使用、运输的安全要求；

（六）出现危险情况的应急处置措施。

对同一企业生产、进口的同一品种的危险化学品，不进行重复登记。危险化学品生产企业、进口企业发现其生产、进口的危险化学品有新的危险特性的，应当及时向危险化学品登记机构办理登记内容变更手续。

危险化学品登记的具体办法由国务院安全生产监督管理部门制定。

第六十八条　危险化学品登记机构应当定期向工业和信息化、环境保护、公安、卫生、交通运输、铁路、质量监督检验检疫等部门提供危险化学品登记的有关信息和资料。

第六十九条　县级以上地方人民政府安全生产监督管理部门应当会同工业和信息化、环境保护、公安、卫生、交通运输、铁路、质量监督检验检疫等部门，根据本地区实际情况，制定危险化学品事故应急预案，报本级人民政府批准。

第七十条　危险化学品单位应当制定本单位危险化学品事故应急预案，配备应急救援人员和必要的应急救援器材、设备，并定期组织应急救援演练。

危险化学品单位应当将其危险化学品事故应急预案报所在地设区的市级人民政府安全生产监督管理部门备案。

第七十一条　发生危险化学品事故，事故单位主要负责人应当立即按照本单位危险化学品应急预案组织救援，并向当地安全生产监督管理部门和环境保护、公安、卫生主管部门报告；道路运输、水路运输过程中发生危险化学品事故的，驾驶人员、船员或者押运人员还应当向事故发生地交通运输主管部门报告。

第七十二条 发生危险化学品事故，有关地方人民政府应当立即组织安全生产监督管理、环境保护、公安、卫生、交通运输等有关部门，按照本地区危险化学品事故应急预案组织实施救援，不得拖延、推诿。

有关地方人民政府及其有关部门应当按照下列规定，采取必要的应急处置措施，减少事故损失，防止事故蔓延、扩大：

（一）立即组织营救和救治受害人员，疏散、撤离或者采取其他措施保护危害区域内的其他人员；

（二）迅速控制危害源，测定危险化学品的性质、事故的危害区域及危害程度；

（三）针对事故对人体、动植物、土壤、水源、大气造成的现实危害和可能产生的危害，迅速采取封闭、隔离、洗消等措施；

（四）对危险化学品事故造成的环境污染和生态破坏状况进行监测、评估，并采取相应的环境污染治理和生态修复措施。

第七十三条 有关危险化学品单位应当为危险化学品事故应急救援提供技术指导和必要的协助。

第七十四条 危险化学品事故造成环境污染的，由设区的市级以上人民政府环境保护主管部门统一发布有关信息。

第七章 法律责任

第七十五条 生产、经营、使用国家禁止生产、经营、使用的危险化学品的，由安全生产监督管理部门责令停止生产、经营、使用活动，处20万元以上50万元以下的罚款，有违法所得的，没收违法所得；构成犯罪的，依法追究刑事责任。

有前款规定行为的，安全生产监督管理部门还应当责令其对所生产、经营、使用的危险化学品进行无害化处理。

违反国家关于危险化学品使用的限制性规定使用危险化学品的，依照本条第一款的规定处理。

第七十六条 未经安全条件审查，新建、改建、扩建生产、储存危险化学品的建设项目的，由安全生产监督管理部门责令停止建设，限期改正；逾期不改正的，处50万元以上100万元以下的罚款；构成犯罪的，依法追究刑事责任。

未经安全条件审查，新建、改建、扩建储存、装卸危险化学品的港口建设项目的，由港口行政管理部门依照前款规定予以处罚。

第七十七条 未依法取得危险化学品安全生产许可证从事危险化学品生产，或者未依法取得工业产品生产许可证从事危险化学品及其包装物、容器生产的，分别依照《安全生产许可证条例》《中华人民共和国工业产品生产许可证管理条例》的规定处罚。

违反本条例规定，化工企业未取得危险化学品安全使用许可证，使用危险化学品从事生产的，由安全生产监督管理部门责令限期改正，处10万元以上20万元以下的罚款；逾期不改正的，责令停产整顿。

违反本条例规定，未取得危险化学品经营许可证从事危险化学品经营的，由安全生产监督管理部门责令停止经营活动，没收违法经营的危险化学品以及违法所得，并处10万元以上20万元以下的罚款；构成犯罪的，依法追究刑事责任。

第七十八条 有下列情形之一的，由安全生产监督管理部门责令改正，可以处5万元以下的罚款；拒不改正的，处5万元以上10

万元以下的罚款；情节严重的，责令停产停业整顿：

（一）生产、储存危险化学品的单位未对其铺设的危险化学品管道设置明显的标志，或者未对危险化学品管道定期检查、检测的；

（二）进行可能危及危险化学品管道安全的施工作业，施工单位未按照规定书面通知管道所属单位，或者未与管道所属单位共同制定应急预案、采取相应的安全防护措施，或者管道所属单位未指派专门人员到现场进行管道安全保护指导的；

（三）危险化学品生产企业未提供化学品安全技术说明书，或者未在包装（包括外包装件）上粘贴、拴挂化学品安全标签的；

（四）危险化学品生产企业提供的化学品安全技术说明书与其生产的危险化学品不相符，或者在包装（包括外包装件）粘贴、拴挂的化学品安全标签与包装内危险化学品不相符，或者化学品安全技术说明书、化学品安全标签所载明的内容不符合国家标准要求的；

（五）危险化学品生产企业发现其生产的危险化学品有新的危险特性不立即公告，或者不及时修订其化学品安全技术说明书和化学品安全标签的；

（六）危险化学品经营企业经营没有化学品安全技术说明书和化学品安全标签的危险化学品的；

（七）危险化学品包装物、容器的材质以及包装的型式、规格、方法和单件质量（重量）与所包装的危险化学品的性质和用途不相适应的；

（八）生产、储存危险化学品的单位未在作业场所和安全设施、设备上设置明显的安全警示标志，或者未在作业场所设置通信、报警装置的；

（九）危险化学品专用仓库未设专人负责管理，或者对储存的剧毒化学品以及储存数量构成重大危险源的其他危险化学品未实行双人收发、双人保管制度的；

（十）储存危险化学品的单位未建立危险化学品出入库核查、登记制度的；

（十一）危险化学品专用仓库未设置明显标志的；

（十二）危险化学品生产企业、进口企业不办理危险化学品登记，或者发现其生产、进口的危险化学品有新的危险特性不办理危险化学品登记内容变更手续的。

从事危险化学品仓储经营的港口经营人有前款规定情形的，由港口行政管理部门依照前款规定予以处罚。储存剧毒化学品、易制爆危险化学品的专用仓库未按照国家有关规定设置相应的技术防范设施的，由公安机关依照前款规定予以处罚。

生产、储存剧毒化学品、易制爆危险化学品的单位未设置治安保卫机构、配备专职治安保卫人员的，依照《企业事业单位内部治安保卫条例》的规定处罚。

第七十九条 危险化学品包装物、容器生产企业销售未经检验或者经检验不合格的危险化学品包装物、容器的，由质量监督检验检疫部门责令改正，处 10 万元以上 20 万元以下的罚款，有违法所得的，没收违法所得；拒不改正的，责令停产停业整顿；构成犯罪的，依法追究刑事责任。

将未经检验合格的运输危险化学品的船舶及其配载的容器投入使用的，由海事管理机构依照前款规定予以处罚。

第八十条 生产、储存、使用危险化学品的单位有下列情形之一的，由安全生产监督管理部门责令改正，处 5 万元以上 10 万元以下的罚款；拒不改正的，责令停产停业整顿直至由原发证机关吊销其相关许可证件，并由工商行政管理部门责令其办理经营范围变更登记或者吊销其营业执照；有关责任人员构成犯罪的，依法追究刑事责任：

（一）对重复使用的危险化学品包装物、容器，在重复使用前不进行检查的；

（二）未根据其生产、储存的危险化学品的种类和危险特性，在作业场所设置相关安全设施、设备，或者未按照国家标准、行业标准或者国家有关规定对安全设施、设备进行经常性维护、保养的；

（三）未依照本条例规定对其安全生产条件定期进行安全评价的；

（四）未将危险化学品储存在专用仓库内，或者未将剧毒化学品以及储存数量构成重大危险源的其他危险化学品在专用仓库内单独存放的；

（五）危险化学品的储存方式、方法或者储存数量不符合国家标准或者国家有关规定的；

（六）危险化学品专用仓库不符合国家标准、行业标准的要求的；

（七）未对危险化学品专用仓库的安全设施、设备定期进行检测、检验的。

从事危险化学品仓储经营的港口经营人有前款规定情形的，由港口行政管理部门依照前款规定予以处罚。

第八十一条 有下列情形之一的，由公安机关责令改正，可以处 1 万元以下的罚款；拒不改正的，处 1 万元以上 5 万元以下的罚款：

（一）生产、储存、使用剧毒化学品、易制爆危险化学品的单

位不如实记录生产、储存、使用的剧毒化学品、易制爆危险化学品的数量、流向的;

（二）生产、储存、使用剧毒化学品、易制爆危险化学品的单位发现剧毒化学品、易制爆危险化学品丢失或者被盗，不立即向公安机关报告的;

（三）储存剧毒化学品的单位未将剧毒化学品的储存数量、储存地点以及管理人员的情况报所在地县级人民政府公安机关备案的;

（四）危险化学品生产企业、经营企业不如实记录剧毒化学品、易制爆危险化学品购买单位的名称、地址、经办人的姓名、身份证号码以及所购买的剧毒化学品、易制爆危险化学品的品种、数量、用途，或者保存销售记录和相关材料的时间少于1年的;

（五）剧毒化学品、易制爆危险化学品的销售企业、购买单位未在规定的时限内将所销售、购买的剧毒化学品、易制爆危险化学品的品种、数量以及流向信息报所在地县级人民政府公安机关备案的;

（六）使用剧毒化学品、易制爆危险化学品的单位依照本条例规定转让其购买的剧毒化学品、易制爆危险化学品，未将有关情况向所在地县级人民政府公安机关报告的。

生产、储存危险化学品的企业或者使用危险化学品从事生产的企业未按照本条例规定将安全评价报告以及整改方案的落实情况报安全生产监督管理部门或者港口行政管理部门备案，或者储存危险化学品的单位未将其剧毒化学品以及储存数量构成重大危险源的其他危险化学品的储存数量、储存地点以及管理人员的情况报安全生产监督管理部门或者港口行政管理部门备案的，分别由安全生产监督管理部门或者港口行政管理部门依照前款规定予以处罚。

生产实施重点环境管理的危险化学品的企业或者使用实施重点

环境管理的危险化学品从事生产的企业未按照规定将相关信息向环境保护主管部门报告的，由环境保护主管部门依照本条第一款的规定予以处罚。

第八十二条　生产、储存、使用危险化学品的单位转产、停产、停业或者解散，未采取有效措施及时、妥善处置其危险化学品生产装置、储存设施以及库存的危险化学品，或者丢弃危险化学品的，由安全生产监督管理部门责令改正，处 5 万元以上 10 万元以下的罚款；构成犯罪的，依法追究刑事责任。

生产、储存、使用危险化学品的单位转产、停产、停业或者解散，未依照本条例规定将其危险化学品生产装置、储存设施以及库存危险化学品的处置方案报有关部门备案的，分别由有关部门责令改正，可以处 1 万元以下的罚款；拒不改正的，处 1 万元以上 5 万元以下的罚款。

第八十三条　危险化学品经营企业向未经许可违法从事危险化学品生产、经营活动的企业采购危险化学品的，由工商行政管理部门责令改正，处 10 万元以上 20 万元以下的罚款；拒不改正的，责令停业整顿直至由原发证机关吊销其危险化学品经营许可证，并由工商行政管理部门责令其办理经营范围变更登记或者吊销其营业执照。

第八十四条　危险化学品生产企业、经营企业有下列情形之一的，由安全生产监督管理部门责令改正，没收违法所得，并处 10 万元以上 20 万元以下的罚款；拒不改正的，责令停产停业整顿直至吊销其危险化学品安全生产许可证、危险化学品经营许可证，并由工商行政管理部门责令其办理经营范围变更登记或者吊销其营业执照：

（一）向不具有本条例第三十八条第一款、第二款规定的相关许可证件或者证明文件的单位销售剧毒化学品、易制爆危险化学品的；

（二）不按照剧毒化学品购买许可证载明的品种、数量销售剧毒化学品的；

（三）向个人销售剧毒化学品（属于剧毒化学品的农药除外）、易制爆危险化学品的。

不具有本条例第三十八条第一款、第二款规定的相关许可证件或者证明文件的单位购买剧毒化学品、易制爆危险化学品，或者个人购买剧毒化学品（属于剧毒化学品的农药除外）、易制爆危险化学品的，由公安机关没收所购买的剧毒化学品、易制爆危险化学品，可以并处 5000 元以下的罚款。

使用剧毒化学品、易制爆危险化学品的单位出借或者向不具有本条例第三十八条第一款、第二款规定的相关许可证件的单位转让其购买的剧毒化学品、易制爆危险化学品，或者向个人转让其购买的剧毒化学品（属于剧毒化学品的农药除外）、易制爆危险化学品的，由公安机关责令改正，处 10 万元以上 20 万元以下的罚款；拒不改正的，责令停产停业整顿。

第八十五条 未依法取得危险货物道路运输许可、危险货物水路运输许可，从事危险化学品道路运输、水路运输的，分别依照有关道路运输、水路运输的法律、行政法规的规定处罚。

第八十六条 有下列情形之一的，由交通运输主管部门责令改正，处 5 万元以上 10 万元以下的罚款；拒不改正的，责令停产停业整顿；构成犯罪的，依法追究刑事责任：

（一）危险化学品道路运输企业、水路运输企业的驾驶人员、船员、装卸管理人员、押运人员、申报人员、集装箱装箱现场检查员未取得从业资格上岗作业的；

（二）运输危险化学品，未根据危险化学品的危险特性采取相应的安全防护措施，或者未配备必要的防护用品和应急救援器材的；

（三）使用未依法取得危险货物适装证书的船舶，通过内河运输危险化学品的；

（四）通过内河运输危险化学品的承运人违反国务院交通运输主管部门对单船运输的危险化学品数量的限制性规定运输危险化学品的；

（五）用于危险化学品运输作业的内河码头、泊位不符合国家有关安全规范，或者未与饮用水取水口保持国家规定的安全距离，或者未经交通运输主管部门验收合格投入使用的；

（六）托运人不向承运人说明所托运的危险化学品的种类、数量、危险特性以及发生危险情况的应急处置措施，或者未按照国家有关规定对所托运的危险化学品妥善包装并在外包装上设置相应标志的；

（七）运输危险化学品需要添加抑制剂或者稳定剂，托运人未添加或者未将有关情况告知承运人的。

第八十七条 有下列情形之一的，由交通运输主管部门责令改正，处 10 万元以上 20 万元以下的罚款，有违法所得的，没收违法所得；拒不改正的，责令停产停业整顿；构成犯罪的，依法追究刑事责任：

（一）委托未依法取得危险货物道路运输许可、危险货物水路运输许可的企业承运危险化学品的；

（二）通过内河封闭水域运输剧毒化学品以及国家规定禁止通过内河运输的其他危险化学品的；

（三）通过内河运输国家规定禁止通过内河运输的剧毒化学品

以及其他危险化学品的；

（四）在托运的普通货物中夹带危险化学品，或者将危险化学品谎报或者匿报为普通货物托运的。

在邮件、快件内夹带危险化学品，或者将危险化学品谎报为普通物品交寄的，依法给予治安管理处罚；构成犯罪的，依法追究刑事责任。

邮政企业、快递企业收寄危险化学品的，依照《中华人民共和国邮政法》的规定处罚。

第八十八条　有下列情形之一的，由公安机关责令改正，处 5 万元以上 10 万元以下的罚款；构成违反治安管理行为的，依法给予治安管理处罚；构成犯罪的，依法追究刑事责任：

（一）超过运输车辆的核定载质量装载危险化学品的；

（二）使用安全技术条件不符合国家标准要求的车辆运输危险化学品的；

（三）运输危险化学品的车辆未经公安机关批准进入危险化学品运输车辆限制通行的区域的；

（四）未取得剧毒化学品道路运输通行证，通过道路运输剧毒化学品的。

第八十九条　有下列情形之一的，由公安机关责令改正，处 1 万元以上 5 万元以下的罚款；构成违反治安管理行为的，依法给予治安管理处罚：

（一）危险化学品运输车辆未悬挂或者喷涂警示标志，或者悬挂或者喷涂的警示标志不符合国家标准要求的；

（二）通过道路运输危险化学品，不配备押运人员的；

（三）运输剧毒化学品或者易制爆危险化学品途中需要较长时

间停车，驾驶人员、押运人员不向当地公安机关报告的；

（四）剧毒化学品、易制爆危险化学品在道路运输途中丢失、被盗、被抢或者发生流散、泄露等情况，驾驶人员、押运人员不采取必要的警示措施和安全措施，或者不向当地公安机关报告的。

第九十条 对发生交通事故负有全部责任或者主要责任的危险化学品道路运输企业，由公安机关责令消除安全隐患，未消除安全隐患的危险化学品运输车辆，禁止上道路行驶。

第九十一条 有下列情形之一的，由交通运输主管部门责令改正，可以处 1 万元以下的罚款；拒不改正的，处 1 万元以上 5 万元以下的罚款：

（一）危险化学品道路运输企业、水路运输企业未配备专职安全管理人员的；

（二）用于危险化学品运输作业的内河码头、泊位的管理单位未制定码头、泊位危险化学品事故应急救援预案，或者未为码头、泊位配备充足、有效的应急救援器材和设备的。

第九十二条 有下列情形之一的，依照《中华人民共和国内河交通安全管理条例》的规定处罚：

（一）通过内河运输危险化学品的水路运输企业未制定运输船舶危险化学品事故应急救援预案，或者未为运输船舶配备充足、有效的应急救援器材和设备的；

（二）通过内河运输危险化学品的船舶的所有人或者经营人未取得船舶污染损害责任保险证书或者财务担保证明的；

（三）船舶载运危险化学品进出内河港口，未将有关事项事先报告海事管理机构并经其同意的；

（四）载运危险化学品的船舶在内河航行、装卸或者停泊，未悬挂专用的警示标志，或者未按照规定显示专用信号，或者未按照规定申请引航的。

未向港口行政管理部门报告并经其同意，在港口内进行危险化学品的装卸、过驳作业的，依照《中华人民共和国港口法》的规定处罚。

第九十三条　伪造、变造或者出租、出借、转让危险化学品安全生产许可证、工业产品生产许可证，或者使用伪造、变造的危险化学品安全生产许可证、工业产品生产许可证的，分别依照《安全生产许可证条例》《中华人民共和国工业产品生产许可证管理条例》的规定处罚。

伪造、变造或者出租、出借、转让本条例规定的其他许可证，或者使用伪造、变造的本条例规定的其他许可证的，分别由相关许可证的颁发管理机关处 10 万元以上 20 万元以下的罚款，有违法所得的，没收违法所得；构成违反治安管理行为的，依法给予治安管理处罚；构成犯罪的，依法追究刑事责任。

第九十四条　危险化学品单位发生危险化学品事故，其主要负责人不立即组织救援或者不立即向有关部门报告的，依照《生产安全事故报告和调查处理条例》的规定处罚。

危险化学品单位发生危险化学品事故，造成他人人身伤害或者财产损失的，依法承担赔偿责任。

第九十五条　发生危险化学品事故，有关地方人民政府及其有关部门不立即组织实施救援，或者不采取必要的应急处置措施减少事故损失，防止事故蔓延、扩大的，对直接负责的主管人员和其他直接责任人员依法给予处分；构成犯罪的，依法追究刑事责任。

第九十六条　负有危险化学品安全监督管理职责的部门的工作人员，在危险化学品安全监督管理工作中滥用职权、玩忽职守、徇

私舞弊，构成犯罪的，依法追究刑事责任；尚不构成犯罪的，依法
给予处分。

第八章　附　则

第九十七条　监控化学品、属于危险化学品的药品和农药的安
全管理，依照本条例的规定执行；法律、行政法规另有规定的，依
照其规定。

民用爆炸物品、烟花爆竹、放射性物品、核能物质以及用于国
防科研生产的危险化学品的安全管理，不适用本条例。

法律、行政法规对燃气的安全管理另有规定的，依照其规定。

危险化学品容器属于特种设备的，其安全管理依照有关特种设
备安全的法律、行政法规的规定执行。

第九十八条　危险化学品的进出口管理，依照有关对外贸易的
法律、行政法规、规章的规定执行；进口的危险化学品的储存、使
用、经营、运输的安全管理，依照本条例的规定执行。

危险化学品环境管理登记和新化学物质环境管理登记，依照有
关环境保护的法律、行政法规、规章的规定执行。危险化学品环境
管理登记，按照国家有关规定收取费用。

第九十九条　公众发现、捡拾的无主危险化学品，由公安机关
接收。公安机关接收或者有关部门依法没收的危险化学品，需要进
行无害化处理的，交由环境保护主管部门组织其认定的专业单位进
行处理，或者交由有关危险化学品生产企业进行处理。处理所需费
用由国家财政负担。

第一百条 化学品的危险特性尚未确定的，由国务院安全生产监督管理部门、国务院环境保护主管部门、国务院卫生主管部门分别负责组织对该化学品的物理危险性、环境危害性、毒理特性进行鉴定。根据鉴定结果，需要调整危险化学品目录的，依照本条例第三条第二款的规定办理。

第一百零一条 本条例施行前已经使用危险化学品从事生产的化工企业，依照本条例规定需要取得危险化学品安全使用许可证的，应当在国务院安全生产监督管理部门规定的期限内，申请取得危险化学品安全使用许可证。

第一百零二条 本条例自 2011 年 12 月 1 日起施行。

部门／机构规章

消防安全责任制实施办法

国办发〔2017〕87号

各省、自治区、直辖市人民政府，国务院各部委、各直属机构：

《消防安全责任制实施办法》已经国务院同意，现印发给你们，请认真贯彻执行。

国务院办公厅

2017 年 10 月 29 日

第一章　总　则

第一条　为深入贯彻《中华人民共和国消防法》《中华人民共和国安全生产法》和党中央、国务院关于安全生产及消防安全的重要决策部署，按照政府统一领导、部门依法监管、单位全面负责、公民积极参与的原则，坚持党政同责、一岗双责、齐抓共管、失职追责，进一步健全消防安全责任制，提高公共消防安全水平，预防火灾和减少火灾危害，保障人民群众生命财产安全，制定本办法。

第二条　地方各级人民政府负责本行政区域内的消防工作，政府主要负责人为第一责任人，分管负责人为主要责任人，班子其他成员对分管范围内的消防工作负领导责任。

第三条　国务院公安部门对全国的消防工作实施监督管理。县级以上地方人民政府公安机关对本行政区域内的消防工作实施监督管理。县级以上人民政府其他有关部门按照管行业必须管安全、管业务必须管安全、管生产经营必须管安全的要求，在各自职责范围内依法依规做好本行业、本系统的消防安全工作。

第四条 坚持安全自查、隐患自除、责任自负。机关、团体、企业、事业等单位是消防安全的责任主体，法定代表人、主要负责人或实际控制人是本单位、本场所消防安全责任人，对本单位、本场所消防安全全面负责。

消防安全重点单位应当确定消防安全管理人，组织实施本单位的消防安全管理工作。

第五条 坚持权责一致、依法履职、失职追责。对不履行或不按规定履行消防安全职责的单位和个人，依法依规追究责任。

第二章　地方各级人民政府消防工作职责

第六条 县级以上地方各级人民政府应当落实消防工作责任制，履行下列职责：

（一）贯彻执行国家法律法规和方针政策，以及上级党委、政府关于消防工作的部署要求，全面负责本地区消防工作，每年召开消防工作会议，研究部署本地区消防工作重大事项。每年向上级人民政府专题报告本地区消防工作情况。健全由政府主要负责人或分管负责人牵头的消防工作协调机制，推动落实消防工作责任。

（二）将消防工作纳入经济社会发展总体规划，将包括消防安全布局、消防站、消防供水、消防通信、消防车通道、消防装备等内容的消防规划纳入城乡规划，并负责组织实施，确保消防工作与经济社会发展相适应。

（三）督促所属部门和下级人民政府落实消防安全责任制，在农业收获季节、森林和草原防火期间、重大节假日和重要活动期间以及火灾多发季节，组织开展消防安全检查。推动消防科学研究和技术创新，推广使用先进消防和应急救援技术、设备。组织开展经常性的消防宣传工作。大力发展消防公益事业。采取政府购买公共服务等方式，推进消防教育培训、技术服务和物防、技防等工作。

（四）建立常态化火灾隐患排查整治机制，组织实施重大火灾隐患和区域性火灾隐患整治工作。实行重大火灾隐患挂牌督办制度。对报请挂牌督办的重大火灾隐患和停产停业整改报告，在7个工作日内作出同意或不同意的决定，并组织有关部门督促隐患单位采取措施予以整改。

（五）依法建立公安消防队和政府专职消防队。明确政府专职消防队公益属性，采取招聘、购买服务等方式招录政府专职消防队员，建设营房，配齐装备；按规定落实其工资、保险和相关福利待遇。

（六）组织领导火灾扑救和应急救援工作。组织制定灭火救援应急预案，定期组织开展演练；建立灭火救援社会联动和应急反应处置机制，落实人员、装备、经费和灭火药剂等保障，根据需要调集灭火救援所需工程机械和特殊装备。

（七）法律、法规、规章规定的其他消防工作职责。

第七条　省、自治区、直辖市人民政府除履行第六条规定的职责外，还应当履行下列职责：

（一）定期召开政府常务会议、办公会议，研究部署消防工作。

（二）针对本地区消防安全特点和实际情况，及时提请同级人大及其常委会制定、修订地方性法规，组织制定、修订政府规章、规范性文件。

（三）将消防安全的总体要求纳入城市总体规划，并严格审核。

（四）加大消防投入，保障消防事业发展所需经费。

第八条　市、县级人民政府除履行第六条规定的职责外，还应当履行下列职责：

（一）定期召开政府常务会议、办公会议，研究部署消防工作。

（二）科学编制和严格落实城乡消防规划，预留消防队站、训练设施等建设用地。加强消防水源建设，按照规定建设市政消防供水设施，制定市政消防水源管理办法，明确建设、管理维护部门和单位。

（三）在本级政府预算中安排必要的资金，保障消防站、消防供水、消防通信等公共消防设施和消防装备建设，促进消防事业发展。

（四）将消防公共服务事项纳入政府民生工程或为民办实事工程。在社会福利机构、幼儿园、托儿所、居民家庭、小旅馆、群租房以及住宿与生产、储存、经营合用的场所推广安装简易喷淋装置、独立式感烟火灾探测报警器。

（五）定期分析评估本地区消防安全形势，组织开展火灾隐患排查整治工作。对重大火灾隐患，应当组织有关部门制定整改措施，督促限期消除。

（六）加强消防宣传教育培训，有计划地建设公益性消防科普教育基地，开展消防科普教育活动。

（七）按照立法权限，针对本地区消防安全特点和实际情况，及时提请同级人大及其常委会制定、修订地方性法规，组织制定、修订地方政府规章、规范性文件。

第九条　乡镇人民政府消防工作职责：

（一）建立消防安全组织，明确专人负责消防工作，制定消防安全制度，落实消防安全措施。

（二）安排必要的资金，用于公共消防设施建设和业务经费支出。

（三）将消防安全内容纳入镇总体规划、乡规划，并严格组织实施。

（四）根据当地经济发展和消防工作的需要建立专职消防队、志愿消防队，承担火灾扑救、应急救援等职能，并开展消防宣传、防火巡查、隐患查改。

（五）因地制宜落实消防安全"网格化"管理的措施和要求，加强消防宣传和应急疏散演练。

（六）部署消防安全整治，组织开展消防安全检查，督促整改火灾隐患。

（七）指导村（居）民委员会开展群众性的消防工作，确定消防安全管理人，制定防火安全公约，根据需要建立志愿消防队或微型消防站，开展防火安全检查、消防宣传教育和应急疏散演练，提高城乡消防安全水平。

街道办事处应当履行前款第（一）、（四）、（五）、（六）、（七）项职责，并保障消防工作经费。

第十条 开发区管理机构、工业园区管理机构等地方人民政府的派出机关，负责管理区域内的消防工作，按照本办法履行同级别人民政府的消防工作职责。

第十一条 地方各级人民政府主要负责人应当组织实施消防法律法规、方针政策和上级部署要求，定期研究部署消防工作，协调解决本行政区域内的重大消防安全问题。

地方各级人民政府分管消防安全的负责人应当协助主要负责人，综合协调本行政区域内的消防工作，督促检查各有关部门、下级政府落实消防工作的情况。班子其他成员要定期研究部署分管领域的消防工作，组织工作督查，推动分管领域火灾隐患排查整治。

第三章　县级以上人民政府工作部门消防安全职责

第十二条　县级以上人民政府工作部门应当按照谁主管、谁负责的原则，在各自职责范围内履行下列职责：

（一）根据本行业、本系统业务工作特点，在行业安全生产法规政策、规划计划和应急预案中纳入消防安全内容，提高消防安全管理水平。

（二）依法督促本行业、本系统相关单位落实消防安全责任制，建立消防安全管理制度，确定专（兼）职消防安全管理人员，落实消防工作经费。开展针对性消防安全检查治理，消除火灾隐患。加强消防宣传教育培训，每年组织应急演练，提高行业从业人员消防安全意识。

（三）法律、法规和规章规定的其他消防安全职责。

第十三条　具有行政审批职能的部门，对审批事项中涉及消防安全的法定条件要依法严格审批，凡不符合法定条件的，不得核发相关许可证照或批准开办。对已经依法取得批准的单位，不再具备消防安全条件的应当依法予以处理。

（一）公安机关负责对消防工作实施监督管理，指导、督促机关、团体、企业、事业等单位履行消防工作职责。依法实施建设工程消防设计审核、消防验收，开展消防监督检查，组织针对性消防安全专项治理，实施消防行政处罚。组织和指挥火灾现场扑救，承担或参加重大灾害事故和其他以抢救人员生命为主的应急救援工作。依法组织或参与火灾事故调查处理工作，办理失火罪和消防责任事故罪案件。组织开展消防宣传教育培训和应急疏散演练。

（二）教育部门负责学校、幼儿园管理中的行业消防安全。指导学校消防安全教育宣传工作，将消防安全教育纳入学校安全教育活动统筹安排。

（三）民政部门负责社会福利、特困人员供养、救助管理、未成年人保护、婚姻、殡葬、救灾物资储备、烈士纪念、军休军供、优抚医院、光荣院、养老机构等民政服务机构审批或管理中的行业消防安全。

（四）人力资源社会保障部门负责职业培训机构、技工院校审批或管理中的行业消防安全。做好政府专职消防队员、企业专职消防队员依法参加工伤保险工作。将消防法律法规和消防知识纳入公务员培训、职业培训内容。

（五）城乡规划管理部门依据城乡规划配合制定消防设施布局专项规划，依据规划预留消防站规划用地，并负责监督实施。

（六）住房城乡建设部门负责依法督促建设工程责任单位加强对房屋建筑和市政基础设施工程建设的安全管理，在组织制定工程建设规范以及推广新技术、新材料、新工艺时，应充分考虑消防安全因素，满足有关消防安全性能及要求。

（七）交通运输部门负责在客运车站、港口、码头及交通工具管理中依法督促有关单位落实消防安全主体责任和有关消防工作制度。

（八）文化部门负责文化娱乐场所审批或管理中的行业消防安全工作，指导、监督公共图书馆、文化馆（站）、剧院等文化单位履行消防安全职责。

（九）卫生计生部门负责医疗卫生机构、计划生育技术服务机构审批或管理中的行业消防安全。

（十）工商行政管理部门负责依法对流通领域消防产品质量实施监督管理，查处流通领域消防产品质量违法行为。

（十一）质量技术监督部门负责依法督促特种设备生产单位加强特种设备生产过程中的消防安全管理，在组织制定特种设备产品及使用标准时，应充分考虑消防安全因素，满足有关消防安全性能及要求，积极推广消防新技术在特种设备产品中的应用。按照职责分工对消防产品质量实施监督管理，依法查处消防产品质量违法行为。做好消防安全相关标准制修订工作，负责消防相关产品质量认证监督管理工作。

（十二）新闻出版广电部门负责指导新闻出版广播影视机构消防安全管理，协助监督管理印刷业、网络视听节目服务机构消防安全。督促新闻媒体发布针对性消防安全提示，面向社会开展消防宣传教育。

（十三）安全生产监督管理部门要严格依法实施有关行政审批，凡不符合法定条件的，不得核发有关安全生产许可。

第十四条 具有行政管理或公共服务职能的部门，应当结合本部门职责为消防工作提供支持和保障。

（一）发展改革部门应当将消防工作纳入国民经济和社会发展中长期规划。地方发展改革部门应当将公共消防设施建设列入地方固定资产投资计划。

（二）科技部门负责将消防科技进步纳入科技发展规划和中央财政科技计划（专项、基金等）并组织实施。组织指导消防安全重大科技攻关、基础研究和应用研究，会同有关部门推动消防科研成果转化应用。将消防知识纳入科普教育内容。

（三）工业和信息化部门负责指导督促通信业、通信设施建设以及民用爆炸物品生产、销售的消防安全管理。依据职责负责危险化学品生产、储存的行业规划和布局。将消防产业纳入应急产业同规划、同部署、同发展。

（四）司法行政部门负责指导监督监狱系统、司法行政系统强制隔离戒毒场所的消防安全管理。将消防法律法规纳入普法教育内容。

（五）财政部门负责按规定对消防资金进行预算管理。

（六）商务部门负责指导、督促商贸行业的消防安全管理工作。

（七）房地产管理部门负责指导、督促物业服务企业按照合同约定做好住宅小区共用消防设施的维护管理工作，并指导业主依照有关规定使用住宅专项维修资金对住宅小区共用消防设施进行维修、更新、改造。

（八）电力管理部门依法对电力企业和用户执行电力法律、行政法规的情况进行监督检查，督促企业严格遵守国家消防技术标准，落实企业主体责任。推广采用先进的火灾防范技术设施，引导用户规范用电。

（九）燃气管理部门负责加强城镇燃气安全监督管理工作，督促燃气经营者指导用户安全用气并对燃气设施定期进行安全检查、排除隐患，会同有关部门制定燃气安全事故应急预案，依法查处燃气经营者和燃气用户等各方主体的燃气违法行为。

（十）人防部门负责对人民防空工程的维护管理进行监督检查。

（十一）文物部门负责文物保护单位、世界文化遗产和博物馆的行业消防安全管理。

（十二）体育、宗教事务、粮食等部门负责加强体育类场馆、宗教活动场所、储备粮储存环节等消防安全管理，指导开展消防安全标准化管理。

（十三）银行、证券、保险等金融监管机构负责督促银行业金融机构、证券业机构、保险机构及服务网点、派出机构落实消防安全管理。保险监管机构负责指导保险公司开展火灾公众责任保险业务，鼓励保险机构发挥火灾风险评估管控和火灾事故预防功能。

（十四）农业、水利、交通运输等部门应当将消防水源、消防车通道等公共消防设施纳入相关基础设施建设工程。

（十五）互联网信息、通信管理等部门应当指导网站、移动互联网媒体等开展公益性消防安全宣传。

（十六）气象、水利、地震部门应当及时将重大灾害事故预警信息通报公安消防部门。

（十七）负责公共消防设施维护管理的单位应当保持消防供水、消防通信、消防车通道等公共消防设施的完好有效。

第四章　单位消防安全职责

第十五条　机关、团体、企业、事业等单位应当落实消防安全主体责任，履行下列职责：

（一）明确各级、各岗位消防安全责任人及其职责，制定本单位的消防安全制度、消防安全操作规程、灭火和应急疏散预案。定期组织开展灭火和应急疏散演练，进行消防工作检查考核，保证各项规章制度落实。

（二）保证防火检查巡查、消防设施器材维护保养、建筑消防设施检测、火灾隐患整改、专职或志愿消防队和微型消防站建设等消防工作所需资金的投入。生产经营单位安全费用应当保证适当比例用于消防工作。

（三）按照相关标准配备消防设施、器材，设置消防安全标志，定期检验维修，对建筑消防设施每年至少进行一次全面检测，确保完好有效。设有消防控制室的，实行 24 小时值班制度，每班不少于 2 人，并持证上岗。

（四）保障疏散通道、安全出口、消防车通道畅通，保证防火防烟分区、防火间距符合消防技术标准。人员密集场所的门窗不得设置影响逃生和灭火救援的障碍物。保证建筑构件、建筑材料和室内装修装饰材料等符合消防技术标准。

（五）定期开展防火检查、巡查，及时消除火灾隐患。

（六）根据需要建立专职或志愿消防队、微型消防站，加强队伍建设，定期组织训练演练，加强消防装备配备和灭火药剂储备，建立与公安消防队联勤联动机制，提高扑救初起火灾能力。

（七）消防法律、法规、规章以及政策文件规定的其他职责。

第十六条　消防安全重点单位除履行第十五条规定的职责外，还应当履行下列职责：

（一）明确承担消防安全管理工作的机构和消防安全管理人并报知当地公安消防部门，组织实施本单位消防安全管理。消防安全管理人应当经过消防培训。

（二）建立消防档案，确定消防安全重点部位，设置防火标志，实行严格管理。

（三）安装、使用电器产品、燃气用具和敷设电气线路、管线必须符合相关标准和用电、用气安全管理规定，并定期维护保养、检测。

（四）组织员工进行岗前消防安全培训，定期组织消防安全培训和疏散演练。

（五）根据需要建立微型消防站，积极参与消防安全区域联防联控，提高自防自救能力。

（六）积极应用消防远程监控、电气火灾监测、物联网技术等技防物防措施。

第十七条　对容易造成群死群伤火灾的人员密集场所、易燃易爆单位和高层、地下公共建筑等火灾高危单位，除履行第十五条、第十六条规定的职责外，还应当履行下列职责：

（一）定期召开消防安全工作例会，研究本单位消防工作，处理涉及消防经费投入、消防设施设备购置、火灾隐患整改等重大问题。

（二）鼓励消防安全管理人取得注册消防工程师执业资格，消防安全责任人和特有工种人员须经消防安全培训；自动消防设施操作人员应取得建（构）筑物消防员资格证书。

（三）专职消防队或微型消防站应当根据本单位火灾危险特性配备相应的消防装备器材，储备足够的灭火救援药剂和物资，定期组织消防业务学习和灭火技能训练。

（四）按照国家标准配备应急逃生设施设备和疏散引导器材。

（五）建立消防安全评估制度，由具有资质的机构定期开展评估，评估结果向社会公开。

（六）参加火灾公众责任保险。

第十八条　同一建筑物由两个以上单位管理或使用的，应当明确各方的消防安全责任，并确定责任人对共用的疏散通道、安全出口、建筑消防设施和消防车通道进行统一管理。

物业服务企业应当按照合同约定提供消防安全防范服务，对管理区域内的共用消防设施和疏散通道、安全出口、消防车通道进行维护管理，及时劝阻和制止占用、堵塞、封闭疏散通道、安全出口、消防车通道等行为，劝阻和制止无效的，立即向公安机关等主管部门报告。定期开展防火检查巡查和消防宣传教育。

第十九条　石化、轻工等行业组织应当加强行业消防安全自律管理，推动本行业消防工作，引导行业单位落实消防安全主体责任。

第二十条　消防设施检测、维护保养和消防安全评估、咨询、监测等消防技术服务机构和执业人员应当依法获得相应的资质、资格，依法依规提供消防安全技术服务，并对服务质量负责。

第二十一条　建设工程的建设、设计、施工和监理等单位应当遵守消防法律、法规、规章和工程建设消防技术标准，在工程设计使用年限内对工程的消防设计、施工质量承担终身责任。

第五章　责任落实

第二十二条　国务院每年组织对省级人民政府消防工作完成情况进行考核，考核结果交由中央干部主管部门，作为对各省级人民政府主要负责人和领导班子综合考核评价的重要依据。

第二十三条　地方各级人民政府应当建立健全消防工作考核评价体系，明确消防工作目标责任，纳入日常检查、政务督查的重要内容，组织年度消防工作考核，确保消防安全责任落实。加强消防工作考核结果运用，建立与主要负责人、分管负责人和直接责任人履职评定、奖励惩处相挂钩的制度。

第二十四条　地方各级消防安全委员会、消防安全联席会议等消防工作协调机制应当定期召开成员单位会议，分析研判消防安全形势，协调指导消防工作开展，督促解决消防工作重大问题。

第二十五条 各有关部门应当建立单位消防安全信用记录，纳入全国信用信息共享平台，作为信用评价、项目核准、用地审批、金融扶持、财政奖补等方面的参考依据。

第二十六条 公安机关及其工作人员履行法定消防工作职责时，应当做到公正、严格、文明、高效。

公安机关及其工作人员进行消防设计审核、消防验收和消防安全检查等，不得收取费用，不得谋取利益，不得利用职务指定或者变相指定消防产品的品牌、销售单位或者消防技术服务机构、消防设施施工单位。

国务院公安部门要加强对各地公安机关及其工作人员进行消防设计审核、消防验收和消防安全检查等行为的监督管理。

第二十七条 地方各级人民政府和有关部门不依法履行职责，在涉及消防安全行政审批、公共消防设施建设、重大火灾隐患整改、消防力量发展等方面工作不力、失职渎职的，依法依规追究有关人员的责任，涉嫌犯罪的，移送司法机关处理。

第二十八条 因消防安全责任不落实发生一般及以上火灾事故的，依法依规追究单位直接责任人、法定代表人、主要负责人或实际控制人的责任，对履行职责不力、失职渎职的政府及有关部门负责人和工作人员实行问责，涉嫌犯罪的，移送司法机关处理。

发生造成人员死亡或产生社会影响的一般火灾事故的，由事故发生地县级人民政府负责组织调查处理；发生较大火灾事故的，由事故发生地设区的市级人民政府负责组织调查处理；发生重大火灾事故的，由事故发生地省级人民政府负责组织调查处理；发生特别重大火灾事故的，由国务院或国务院授权有关部门负责组织调查处理。

第六章　附　则

第二十九条　具有固定生产经营场所的个体工商户，参照本办法履行单位消防安全职责。

第三十条　微型消防站是单位、社区组建的有人员、有装备，具备扑救初起火灾能力的志愿消防队。具体标准由公安消防部门确定。

第三十一条　本办法自印发之日起施行。地方各级人民政府、国务院有关部门等可结合实际制定具体实施办法。

机关、团体、企业、事业单位
消防安全管理规定

中华人民共和国公安部令第 61 号

《机关、团体、企业、事业单位消防安全管理规定》已经 2001 年 10 月 19 日公安部部长办公会议通过，现予发布，自 2002 年 5 月 1 日起施行。

公安部部长　贾春旺

二〇〇一年十一月十四日

第一章　总　则

第一条　为了加强和规范机关、团体、企业、事业单位的消防安全管理，预防火灾和减少火灾危害，根据《中华人民共和国消防法》，制定本规定。

第二条　本规定适用于中华人民共和国境内的机关、团体、企业、事业单位（以下统称单位）自身的消防安全管理。

法律、法规另有规定的除外。

第三条　单位应当遵守消防法律、法规、规章（以下统称消防法规），贯彻预防为主、防消结合的消防工作方针，履行消防安全职责，保障消防安全。

第四条　法人单位的法定代表人或者非法人单位的主要负责人是单位的消防安全责任人，对本单位的消防安全工作全面负责。

第五条　单位应当落实逐级消防安全责任制和岗位消防安全责

任制，明确逐级和岗位消防安全职责，确定各级、各岗位的消防安全责任人。

第二章　消防安全责任

第六条　单位的消防安全责任人应当履行下列消防安全职责：

（一）贯彻执行消防法规，保障单位消防安全符合规定，掌握本单位的消防安全情况；

（二）将消防工作与本单位的生产、科研、经营、管理等活动统筹安排，批准实施年度消防工作计划；

（三）为本单位的消防安全提供必要的经费和组织保障；

（四）确定逐级消防安全责任，批准实施消防安全制度和保障消防安全的操作规程；

（五）组织防火检查，督促落实火灾隐患整改，及时处理涉及消防安全的重大问题；

（六）根据消防法规的规定建立专职消防队、义务消防队；

（七）组织制定符合本单位实际的灭火和应急疏散预案，并实施演练。

第七条　单位可以根据需要确定本单位的消防安全管理人。消防安全管理人对单位的消防安全责任人负责，实施和组织落实下列消防安全管理工作：

（一）拟订年度消防工作计划，组织实施日常消防安全管理工作；

（二）组织制订消防安全制度和保障消防安全的操作规程并检查督促其落实；

（三）拟订消防安全工作的资金投入和组织保障方案；

（四）组织实施防火检查和火灾隐患整改工作；

（五）组织实施对本单位消防设施、灭火器材和消防安全标志的维护保养，确保其完好有效，确保疏散通道和安全出口畅通；

（六）组织管理专职消防队和义务消防队；

（七）在员工中组织开展消防知识、技能的宣传教育和培训，组织灭火和应急疏散预案的实施和演练；

（八）单位消防安全责任人委托的其他消防安全管理工作。

消防安全管理人应当定期向消防安全责任人报告消防安全情况，及时报告涉及消防安全的重大问题。未确定消防安全管理人的单位，前款规定的消防安全管理工作由单位消防安全责任人负责实施。

第八条　实行承包、租赁或者委托经营、管理时，产权单位应当提供符合消防安全要求的建筑物，当事人在订立的合同中依照有关规定明确各方的消防安全责任；消防车通道、涉及公共消防安全的疏散设施和其他建筑消防设施应当由产权单位或者委托管理的单位统一管理。

承包、承租或者受委托经营、管理的单位应当遵守本规定，在其使用、管理范围内履行消防安全职责。

第九条　对于有两个以上产权单位和使用单位的建筑物，各产权单位、使用单位对消防车通道、涉及公共消防安全的疏散设施和其他建筑消防设施应当明确管理责任，可以委托统一管理。

第十条　居民住宅区的物业管理单位应当在管理范围内履行下列消防安全职责：

（一）制定消防安全制度，落实消防安全责任，开展消防安全宣传教育；

（二）开展防火检查，消除火灾隐患；

（三）保障疏散通道、安全出口、消防车通道畅通；

（四）保障公共消防设施、器材以及消防安全标志完好有效。

其他物业管理单位应当对受委托管理范围内的公共消防安全管理工作负责。

第十一条　举办集会、焰火晚会、灯会等具有火灾危险的大型活动的主办单位、承办单位以及提供场地的单位，应当在订立的合同中明确各方的消防安全责任。

第十二条　建筑工程施工现场的消防安全由施工单位负责。实行施工总承包的，由总承包单位负责。分包单位向总承包单位负责，服从总承包单位对施工现场的消防安全管理。

对建筑物进行局部改建、扩建和装修的工程，建设单位应当与施工单位在订立的合同中明确各方对施工现场的消防安全责任。

第三章　消防安全管理

第十三条　下列范围的单位是消防安全重点单位，应当按照本规定的要求，实行严格管理：

（一）商场（市场）、宾馆（饭店）、体育场（馆）、会堂、公共娱乐场所等公众聚集场所（以下统称公众聚集场所）；

（二）医院、养老院和寄宿制的学校、托儿所、幼儿园；

（三）国家机关；

（四）广播电台、电视台和邮政、通信枢纽；

（五）客运车站、码头、民用机场；

（六）公共图书馆、展览馆、博物馆、档案馆以及具有火灾危险性的文物保护单位；

（七）发电厂（站）和电网经营企业；

（八）易燃易爆化学物品的生产、充装、储存、供应、销售单位；

（九）服装、制鞋等劳动密集型生产、加工企业；

（十）重要的科研单位；

（十一）其他发生火灾可能性较大以及一旦发生火灾可能造成重大人身伤亡或者财产损失的单位。

高层办公楼（写字楼）、高层公寓楼等高层公共建筑，城市地下铁道、地下观光隧道等地下公共建筑和城市重要的交通隧道，粮、棉、木材、百货等物资集中的大型仓库和堆场，国家和省级等重点工程的施工现场，应当按照本规定对消防安全重点单位的要求，实行严格管理。

第十四条　消防安全重点单位及其消防安全责任人、消防安全管理人应当报当地公安消防机构备案。

第十五条　消防安全重点单位应当设置或者确定消防工作的归口管理职能部门，并确定专职或者兼职的消防管理人员；其他单位应当确定专职或者兼职消防管理人员，可以确定消防工作的归口管理职能部门。归口管理职能部门和专兼职消防管理人员在消防安全责任人或者消防安全管理人的领导下开展消防安全管理工作。

第十六条　公众聚集场所应当在具备下列消防安全条件后，向当地公安消防机构申报进行消防安全检查，经检查合格后方可开业使用：

（一）依法办理建筑工程消防设计审核手续，并经消防验收

合格;

（二）建立健全消防安全组织，消防安全责任明确;

（三）建立消防安全管理制度和保障消防安全的操作规程;

（四）员工经过消防安全培训;

（五）建筑消防设施齐全、完好有效;

（六）制定灭火和应急疏散预案。

第十七条　举办集会、焰火晚会、灯会等具有火灾危险的大型活动，主办或者承办单位应当在具备消防安全条件后，向公安消防机构申报对活动现场进行消防安全检查，经检查合格后方可举办。

第十八条　单位应当按照国家有关规定，结合本单位的特点，建立健全各项消防安全制度和保障消防安全的操作规程，并公布执行。

单位消防安全制度主要包括以下内容：消防安全教育、培训;防火巡查、检查;安全疏散设施管理;消防（控制室）值班;消防设施、器材维护管理;火灾隐患整改;用火、用电安全管理;易燃易爆危险物品和场所防火防爆;专职和义务消防队的组织管理;灭火和应急疏散预案演练;燃气和电气设备的检查和管理（包括防雷、防静电）;消防安全工作考评和奖惩;其他必要的消防安全内容。

第十九条　单位应当将容易发生火灾、一旦发生火灾可能严重危及人身和财产安全以及对消防安全有重大影响的部位确定为消防安全重点部位，设置明显的防火标志，实行严格管理。

第二十条　单位应当对动用明火实行严格的消防安全管理。禁止在具有火灾、爆炸危险的场所使用明火;因特殊情况需要进行电、气焊等明火作业的，动火部门和人员应当按照单位的用火管理制度办理审批手续，落实现场监护人，在确认无火灾、爆炸危险后方可动火施工。动火施工人员应当遵守消防安全规定，并落实相应的消防安全措施。

公众聚集场所或者两个以上单位共同使用的建筑物局部施工需要使用明火时，施工单位和使用单位应当共同采取措施，将施工区和使用区进行防火分隔，清除动火区域的易燃、可燃物，配置消防器材，专人监护，保证施工及使用范围的消防安全。

公共娱乐场所在营业期间禁止动火施工。

第二十一条 单位应当保障疏散通道、安全出口畅通，并设置符合国家规定的消防安全疏散指示标志和应急照明设施，保持防火门、防火卷帘、消防安全疏散指示标志、应急照明、机械排烟送风、火灾事故广播等设施处于正常状态。

严禁下列行为：

（一）占用疏散通道；

（二）在安全出口或者疏散通道上安装栅栏等影响疏散的障碍物；

（三）在营业、生产、教学、工作等期间将安全出口上锁、遮挡或者将消防安全疏散指示标志遮挡、覆盖；

（四）其他影响安全疏散的行为。

第二十二条 单位应当遵守国家有关规定，对易燃易爆危险物品的生产、使用、储存、销售、运输或者销毁实行严格的消防安全管理。

第二十三条 单位应当根据消防法规的有关规定，建立专职消防队、义务消防队，配备相应的消防装备、器材，并组织开展消防业务学习和灭火技能训练，提高预防和扑救火灾的能力。

第二十四条 单位发生火灾时，应当立即实施灭火和应急疏散预案，务必做到及时报警，迅速扑救火灾，及时疏散人员。邻近单位应当给予支援。任何单位、人员都应当无偿为报火警提供便利，不得阻拦报警。

单位应当为公安消防机构抢救人员、扑救火灾提供便利和条件。

火灾扑灭后，起火单位应当保护现场，接受事故调查，如实提供火灾事故的情况，协助公安消防机构调查火灾原因，核定火灾损失，查明火灾事故责任。未经公安消防机构同意，不得擅自清理火灾现场。

第四章　防火检查

第二十五条　消防安全重点单位应当进行每日防火巡查，并确定巡查的人员、内容、部位和频次。其他单位可以根据需要组织防火巡查。巡查的内容应当包括：

（一）用火、用电有无违章情况；

（二）安全出口、疏散通道是否畅通，安全疏散指示标志、应急照明是否完好；

（三）消防设施、器材和消防安全标志是否在位、完整；

（四）常闭式防火门是否处于关闭状态，防火卷帘下是否堆放物品影响使用；

（五）消防安全重点部位的人员在岗情况；

（六）其他消防安全情况。

公众聚集场所在营业期间的防火巡查应当至少每二小时一次；营业结束时应当对营业现场进行检查，消除遗留火种。医院、养老院、寄宿制的学校、托儿所、幼儿园应当加强夜间防火巡查，其他消防安全重点单位可以结合实际组织夜间防火巡查。

防火巡查人员应当及时纠正违章行为，妥善处置火灾危险，无法当场处置的，应当立即报告。发现初起火灾应当立即报警并及时扑救。

防火巡查应当填写巡查记录，巡查人员及其主管人员应当在巡查记录上签名。

第二十六条 机关、团体、事业单位应当至少每季度进行一次防火检查，其他单位应当至少每月进行一次防火检查。检查的内容应当包括：

（一）火灾隐患的整改情况以及防范措施的落实情况；

（二）安全疏散通道、疏散指示标志、应急照明和安全出口情况；

（三）消防车通道、消防水源情况；

（四）灭火器材配置及有效情况；

（五）用火、用电有无违章情况；

（六）重点工种人员以及其他员工消防知识的掌握情况；

（七）消防安全重点部位的管理情况；

（八）易燃易爆危险物品和场所防火防爆措施的落实情况以及其他重要物资的防火安全情况；

（九）消防（控制室）值班情况和设施运行、记录情况；

（十）防火巡查情况；

（十一）消防安全标志的设置情况和完好、有效情况；

（十二）其他需要检查的内容。

防火检查应当填写检查记录。检查人员和被检查部门负责人应当在检查记录上签名。

第二十七条　单位应当按照建筑消防设施检查维修保养有关规定的要求，对建筑消防设施的完好有效情况进行检查和维修保养。

第二十八条　设有自动消防设施的单位，应当按照有关规定定期对其自动消防设施进行全面检查测试，并出具检测报告，存档备查。

第二十九条　单位应当按照有关规定定期对灭火器进行维护保养和维修检查。对灭火器应当建立档案资料，记明配置类型、数量、设置位置、检查维修单位（人员）、更换药剂的时间等有关情况。

第五章　火灾隐患整改

第三十条　单位对存在的火灾隐患，应当及时予以消除。

第三十一条　对下列违反消防安全规定的行为，单位应当责成有关人员当场改正并督促落实：

（一）违章进入生产、储存易燃易爆危险物品场所的；

（二）违章使用明火作业或者在具有火灾、爆炸危险的场所吸烟、使用明火等违反禁令的；

（三）将安全出口上锁、遮挡，或者占用、堆放物品影响疏散通道畅通的；

（四）消火栓、灭火器材被遮挡影响使用或者被挪作他用的；

（五）常闭式防火门处于开启状态，防火卷帘下堆放物品影响使用的；

（六）消防设施管理、值班人员和防火巡查人员脱岗的；

（七）违章关闭消防设施、切断消防电源的；

（八）其他可以当场改正的行为。

违反前款规定的情况以及改正情况应当有记录并存档备查。

第三十二条　对不能当场改正的火灾隐患，消防工作归口管理职能部门或者专兼职消防管理人员应当根据本单位的管理分工，及时将存在的火灾隐患向单位的消防安全管理人或者消防安全责任人报告，提出整改方案。消防安全管理人或者消防安全责任人应当确定整改的措施、期限以及负责整改的部门、人员，并落实整改资金。

在火灾隐患未消除之前，单位应当落实防范措施，保障消防安全。不能确保消防安全，随时可能引发火灾或者一旦发生火灾将严重危及人身安全的，应当将危险部位停产停业整改。

第三十三条　火灾隐患整改完毕，负责整改的部门或者人员应当将整改情况记录报送消防安全责任人或者消防安全管理人签字确认后存档备查。

第三十四条　对于涉及城市规划布局而不能自身解决的重大火灾隐患，以及机关、团体、事业单位确无能力解决的重大火灾隐患，单位应当提出解决方案并及时向其上级主管部门或者当地人民政府报告。

第三十五条　对公安消防机构责令限期改正的火灾隐患，单位应当在规定的期限内改正并写出火灾隐患整改复函，报送公安消防机构。

第六章　消防安全宣传教育和培训

第三十六条　单位应当通过多种形式开展经常性的消防安全宣传教育。消防安全重点单位对每名员工应当至少每年进行一次消防安全培训。宣传教育和培训内容应当包括：

（一）有关消防法规、消防安全制度和保障消防安全的操作规程；

（二）本单位、本岗位的火灾危险性和防火措施；

（三）有关消防设施的性能、灭火器材的使用方法；

（四）报火警、扑救初起火灾以及自救逃生的知识和技能。

公众聚集场所对员工的消防安全培训应当至少每半年进行一次，培训的内容还应当包括组织、引导在场群众疏散的知识和技能。

单位应当组织新上岗和进入新岗位的员工进行上岗前的消防安全培训。

第三十七条　公众聚集场所在营业、活动期间，应当通过张贴图画、广播、闭路电视等向公众宣传防火、灭火、疏散逃生等常识。

学校、幼儿园应当通过寓教于乐等多种形式对学生和幼儿进行消防安全常识教育。

第三十八条　下列人员应当接受消防安全专门培训：

（一）单位的消防安全责任人、消防安全管理人；

（二）专、兼职消防管理人员；

（三）消防控制室的值班、操作人员；

（四）其他依照规定应当接受消防安全专门培训的人员。

前款规定中的第（三）项人员应当持证上岗。

第七章　灭火、应急疏散预案和演练

第三十九条　消防安全重点单位制定的灭火和应急疏散预案应当包括下列内容：

（一）组织机构，包括灭火行动组、通讯联络组、疏散引导组、安全防护救护组；

（二）报警和接警处置程序；

（三）应急疏散的组织程序和措施；

（四）扑救初起火灾的程序和措施；

（五）通讯联络、安全防护救护的程序和措施。

第四十条　消防安全重点单位应当按照灭火和应急疏散预案，至少每半年进行一次演练，并结合实际，不断完善预案。其他单位应当结合本单位实际，参照制定相应的应急方案，至少每年组织一次演练。

消防演练时，应当设置明显标识并事先告知演练范围内的人员。

第八章　消防档案

第四十一条　消防安全重点单位应当建立健全消防档案。消防档案应当包括消防安全基本情况和消防安全管理情况。消防档案应当详实，全面反映单位消防工作的基本情况，并附有必要的图表，根据情况变化及时更新。

单位应当对消防档案统一保管、备查。

第四十二条　消防安全基本情况应当包括以下内容：

（一）单位基本概况和消防安全重点部位情况；

（二）建筑物或者场所施工、使用或者开业前的消防设计审核、消防验收以及消防安全检查的文件、资料；

（三）消防管理组织机构和各级消防安全责任人；

（四）消防安全制度；

（五）消防设施、灭火器材情况；

（六）专职消防队、义务消防队人员及其消防装备配备情况；

（七）与消防安全有关的重点工种人员情况；

（八）新增消防产品、防火材料的合格证明材料；

（九）灭火和应急疏散预案。

第四十三条 消防安全管理情况应当包括以下内容：

（一）公安消防机构填发的各种法律文书；

（二）消防设施定期检查记录、自动消防设施全面检查测试的报告以及维修保养的记录；

（三）火灾隐患及其整改情况记录；

（四）防火检查、巡查记录；

（五）有关燃气、电气设备检测（包括防雷、防静电）等记录资料；

（六）消防安全培训记录；

（七）灭火和应急疏散预案的演练记录；

（八）火灾情况记录；

（九）消防奖惩情况记录。

前款规定中的第（二）、（三）、（四）、（五）项记录，应当记明检查的人员、时间、部位、内容、发现的火灾隐患以及处理措施等；第（六）项记录，应当记明培训的时间、参加人员、内容等；第（七）项记录，应当记明演练的时间、地点、内容、参加部门以及人员等。

第四十四条 其他单位应当将本单位的基本概况、公安消防机构填发的各种法律文书、与消防工作有关的材料和记录等统一保管备查。

第九章　奖　惩

第四十五条　单位应当将消防安全工作纳入内部检查、考核、评比内容。对在消防安全工作中成绩突出的部门（班组）和个人，单位应当给予表彰奖励。对未依法履行消防安全职责或者违反单位消防安全制度的行为，应当依照有关规定对责任人员给予行政纪律处分或者其他处理。

第四十六条　违反本规定，依法应当给予行政处罚的，依照有关法律、法规予以处罚；构成犯罪的，依法追究刑事责任。

第十章　附　则

第四十七条　公安消防机构对本规定的执行情况依法实施监督，并对自身滥用职权、玩忽职守、徇私舞弊的行为承担法律责任。

第四十八条　本规定自 2002 年 5 月 1 日起施行。本规定施行以前公安部发布的规章中的有关规定与本规定不一致的，以本规定为准。

高层民用建筑消防安全管理规定

中华人民共和国应急管理部令第 5 号

《高层民用建筑消防安全管理规定》已经 2020 年 12 月 28 日应急管理部第 39 次部务会议审议通过，现予公布，自 2021 年 8 月 1 日起施行。

部长 黄明

2021 年 6 月 21 日

第一章 总 则

第一条 为了加强高层民用建筑消防安全管理，预防火灾和减少火灾危害，根据《中华人民共和国消防法》等法律、行政法规和国务院有关规定，制定本规定。

第二条 本规定适用于已经建成且依法投入使用的高层民用建筑（包括高层住宅建筑和高层公共建筑）的消防安全管理。

第三条 高层民用建筑消防安全管理贯彻预防为主、防消结合的方针，实行消防安全责任制。

建筑高度超过 100 米的高层民用建筑应当实行更加严格的消防安全管理。

第二章 消防安全职责

第四条 高层民用建筑的业主、使用人是高层民用建筑消防安全责任主体，对高层民用建筑的消防安全负责。高层民用建筑的业主、使用人是单位的，其法定代表人或者主要负责人是本单位的消防安全责任人。

高层民用建筑的业主、使用人可以委托物业服务企业或者消防技术服务机构等专业服务单位（以下统称消防服务单位）提供消防安全服务，并应当在服务合同中约定消防安全服务的具体内容。

第五条　同一高层民用建筑有两个及以上业主、使用人的，各业主、使用人对其专有部分的消防安全负责，对共有部分的消防安全共同负责。

同一高层民用建筑有两个及以上业主、使用人的，应当共同委托物业服务企业，或者明确一个业主、使用人作为统一管理人，对共有部分的消防安全实行统一管理，协调、指导业主、使用人共同做好整栋建筑的消防安全工作，并通过书面形式约定各方消防安全责任。

第六条　高层民用建筑以承包、租赁或者委托经营、管理等形式交由承包人、承租人、经营管理人使用的，当事人在订立承包、租赁、委托管理等合同时，应当明确各方消防安全责任。委托方、出租方依照法律规定，可以对承包方、承租方、受托方的消防安全工作统一协调、管理。

实行承包、租赁或者委托经营、管理时，业主应当提供符合消防安全要求的建筑物，督促使用人加强消防安全管理。

第七条　高层公共建筑的业主单位、使用单位应当履行下列消防安全职责：

（一）遵守消防法律法规，建立和落实消防安全管理制度；

（二）明确消防安全管理机构或者消防安全管理人员；

（三）组织开展防火巡查、检查，及时消除火灾隐患；

（四）确保疏散通道、安全出口、消防车通道畅通；

（五）对建筑消防设施、器材定期进行检验、维修，确保完好有效；

（六）组织消防宣传教育培训，制定灭火和应急疏散预案，定期组织消防演练；

（七）按照规定建立专职消防队、志愿消防队（微型消防站）等消防组织；

（八）法律、法规规定的其他消防安全职责。

委托物业服务企业，或者明确统一管理人实施消防安全管理的，物业服务企业或者统一管理人应当按照约定履行前款规定的消防安全职责，业主单位、使用单位应当督促并配合物业服务企业或者统一管理人做好消防安全工作。

第八条 高层公共建筑的业主、使用人、物业服务企业或者统一管理人应当明确专人担任消防安全管理人，负责整栋建筑的消防安全管理工作，并在建筑显著位置公示其姓名、联系方式和消防安全管理职责。

高层公共建筑的消防安全管理人应当履行下列消防安全管理职责：

（一）拟订年度消防工作计划，组织实施日常消防安全管理工作；

（二）组织开展防火检查、巡查和火灾隐患整改工作；

（三）组织实施对建筑共用消防设施设备的维护保养；

（四）管理专职消防队、志愿消防队（微型消防站）等消防组织；

（五）组织开展消防安全的宣传教育和培训；

（六）组织编制灭火和应急疏散综合预案并开展演练。

高层公共建筑的消防安全管理人应当具备与其职责相适应的消防安全知识和管理能力。对建筑高度超过 100 米的高层公共建筑，鼓励有关单位聘用相应级别的注册消防工程师或者相关工程类中级及以上专业技术职务的人员担任消防安全管理人。

第九条 高层住宅建筑的业主、使用人应当履行下列消防安全义务：

（一）遵守住宅小区防火安全公约和管理规约约定的消防安全事项；

（二）按照不动产权属证书载明的用途使用建筑；

（三）配合消防服务单位做好消防安全工作；

（四）按照法律规定承担消防服务费用以及建筑消防设施维修、更新和改造的相关费用；

（五）维护消防安全，保护消防设施，预防火灾，报告火警，成年人参加有组织的灭火工作；

（六）法律、法规规定的其他消防安全义务。

第十条 接受委托的高层住宅建筑的物业服务企业应当依法履行下列消防安全职责：

（一）落实消防安全责任，制定消防安全制度，拟订年度消防安全工作计划和组织保障方案。

（二）明确具体部门或者人员负责消防安全管理工作。

（三）对管理区域内的共用消防设施、器材和消防标志定期进行检测、维护保养，确保完好有效。

（四）组织开展防火巡查、检查，及时消除火灾隐患。

（五）保障疏散通道、安全出口、消防车通道畅通，对占用、堵塞、封闭疏散通道、安全出口、消防车通道等违规行为予以制止；

制止无效的，及时报告消防救援机构等有关行政管理部门依法处理。

（六）督促业主、使用人履行消防安全义务。

（七）定期向所在住宅小区业主委员会和业主、使用人通报消防安全情况，提示消防安全风险。

（八）组织开展经常性的消防宣传教育。

（九）制定灭火和应急疏散预案，并定期组织演练。

（十）法律、法规规定和合同约定的其他消防安全职责。

第十一条　消防救援机构和其他负责消防监督检查的机构依法对高层民用建筑进行消防监督检查，督促业主、使用人、受委托的消防服务单位等落实消防安全责任；对监督检查中发现的火灾隐患，通知有关单位或者个人立即采取措施消除隐患。

消防救援机构应当加强高层民用建筑消防安全法律、法规的宣传，督促、指导有关单位做好高层民用建筑消防安全宣传教育工作。

第十二条　村民委员会、居民委员会应当依法组织制定防火安全公约，对高层民用建筑进行防火安全检查，协助人民政府和有关部门加强消防宣传教育；对老年人、未成年人、残疾人等开展有针对性的消防宣传教育，加强消防安全帮扶。

第十三条　供水、供电、供气、供热、通信、有线电视等专业运营单位依法对高层民用建筑内由其管理的设施设备消防安全负责，并定期进行检查和维护。

第三章　消防安全管理

第十四条　高层民用建筑施工期间，建设单位应当与施工单位明确施工现场的消防安全责任。施工期间应当严格落实现场防范措施，配置消防器材，指定专人监护，采取防火分隔措施，不得影响其他区域的人员安全疏散和建筑消防设施的正常使用。

高层民用建筑的业主、使用人不得擅自变更建筑使用功能、改变防火防烟分区，不得违反消防技术标准使用易燃、可燃装修装饰材料。

第十五条 高层民用建筑的业主、使用人或者物业服务企业、统一管理人应当对动用明火作业实行严格的消防安全管理，不得在具有火灾、爆炸危险的场所使用明火；因施工等特殊情况需要进行电焊、气焊等明火作业的，应当按照规定办理动火审批手续，落实现场监护人，配备消防器材，并在建筑主入口和作业现场显著位置公告。作业人员应当依法持证上岗，严格遵守消防安全规定，清除周围及下方的易燃、可燃物，采取防火隔离措施。作业完毕后，应当进行全面检查，消除遗留火种。

高层公共建筑内的商场、公共娱乐场所不得在营业期间动火施工。

高层公共建筑内应当确定禁火禁烟区域，并设置明显标志。

第十六条 高层民用建筑内电器设备的安装使用及其线路敷设、维护保养和检测应当符合消防技术标准及管理规定。

高层民用建筑业主、使用人或者消防服务单位，应当安排专业机构或者电工定期对管理区域内由其管理的电器设备及线路进行检查；对不符合安全要求的，应当及时维修、更换。

第十七条 高层民用建筑内燃气用具的安装使用及其管路敷设、维护保养和检测应当符合消防技术标准及管理规定。禁止违反燃气安全使用规定，擅自安装、改装、拆除燃气设备和用具。

高层民用建筑使用燃气应当采用管道供气方式。禁止在高层民用建筑地下部分使用液化石油气。

第十八条　禁止在高层民用建筑内违反国家规定生产、储存、经营甲、乙类火灾危险性物品。

第十九条　设有建筑外墙外保温系统的高层民用建筑，其管理单位应当在主入口及周边相关显著位置，设置提示性和警示性标识，标示外墙外保温材料的燃烧性能、防火要求。对高层民用建筑外墙外保温系统破损、开裂和脱落的，应当及时修复。高层民用建筑在进行外墙外保温系统施工时，建设单位应当采取必要的防火隔离以及限制住人和使用的措施，确保建筑内人员安全。

禁止使用易燃、可燃材料作为高层民用建筑外墙外保温材料。禁止在其建筑内及周边禁放区域燃放烟花爆竹；禁止在其外墙周围堆放可燃物。对于使用难燃外墙外保温材料或者采用与基层墙体、装饰层之间有空腔的建筑外墙外保温系统的高层民用建筑，禁止在其外墙动火用电。

第二十条　高层民用建筑的电缆井、管道井等竖向管井和电缆桥架应当在每层楼板处进行防火封堵，管井检查门应当采用防火门。

禁止占用电缆井、管道井，或者在电缆井、管道井等竖向管井堆放杂物。

第二十一条　高层民用建筑的户外广告牌、外装饰不得采用易燃、可燃材料，不得妨碍防烟排烟、逃生和灭火救援，不得改变或者破坏建筑立面防火结构。

禁止在高层民用建筑外窗设置影响逃生和灭火救援的障碍物。

建筑高度超过 50 米的高层民用建筑外墙上设置的装饰、广告牌应当采用不燃材料并易于破拆。

第二十二条　禁止在消防车通道、消防车登高操作场地设置构筑物、停车泊位、固定隔离桩等障碍物。

禁止在消防车通道上方、登高操作面设置妨碍消防车作业的架空管线、广告牌、装饰物等障碍物。

第二十三条 高层公共建筑内餐饮场所的经营单位应当及时对厨房灶具和排油烟罩设施进行清洗，排油烟管道每季度至少进行一次检查、清洗。

高层住宅建筑的公共排油烟管道应当定期检查，并采取防火措施。

第二十四条 除为满足高层民用建筑的使用功能所设置的自用物品暂存库房、档案室和资料室等附属库房外，禁止在高层民用建筑内设置其他库房。

高层民用建筑的附属库房应当采取相应的防火分隔措施，严格遵守有关消防安全管理规定。

第二十五条 高层民用建筑内的锅炉房、变配电室、空调机房、自备发电机房、储油间、消防水泵房、消防水箱间、防排烟风机房等设备用房应当按照消防技术标准设置，确定为消防安全重点部位，设置明显的防火标志，实行严格管理，并不得占用和堆放杂物。

第二十六条 高层民用建筑消防控制室应当由其管理单位实行24小时值班制度，每班不应少于2名值班人员。

消防控制室值班操作人员应当依法取得相应等级的消防行业特有工种职业资格证书，熟练掌握火警处置程序和要求，按照有关规定检查自动消防设施、联动控制设备运行情况，确保其处于正常工作状态。

消防控制室内应当保存高层民用建筑总平面布局图、平面布置图和消防设施系统图及控制逻辑关系说明、建筑消防设施维修保养记录和检测报告等资料。

第二十七条　高层公共建筑内有关单位、高层住宅建筑所在社区居民委员会或者物业服务企业按照规定建立的专职消防队、志愿消防队（微型消防站）等消防组织，应当配备必要的人员、场所和器材、装备，定期进行消防技能培训和演练，开展防火巡查、消防宣传，及时处置、扑救初起火灾。

第二十八条　高层民用建筑的疏散通道、安全出口应当保持畅通，禁止堆放物品、锁闭出口、设置障碍物。平时需要控制人员出入或者设有门禁系统的疏散门，应当保证发生火灾时易于开启，并在现场显著位置设置醒目的提示和使用标识。

高层民用建筑的常闭式防火门应当保持常闭，闭门器、顺序器等部件应当完好有效；常开式防火门应当保证发生火灾时自动关闭并反馈信号。

禁止圈占、遮挡消火栓，禁止在消火栓箱内堆放杂物，禁止在防火卷帘下堆放物品。

第二十九条　高层民用建筑内应当在显著位置设置标识，指示避难层（间）的位置。

禁止占用高层民用建筑避难层（间）和避难走道或者堆放杂物，禁止锁闭避难层（间）和避难走道出入口。

第三十条　高层公共建筑的业主、使用人应当按照国家标准、行业标准配备灭火器材以及自救呼吸器、逃生缓降器、逃生绳等逃生疏散设施器材。

高层住宅建筑应当在公共区域的显著位置摆放灭火器材，有条件的配置自救呼吸器、逃生绳、救援哨、疏散用手电筒等逃生疏散设施器材。

鼓励高层住宅建筑的居民家庭制定火灾疏散逃生计划，并配置必要的灭火和逃生疏散器材。

第三十一条 高层民用建筑的消防车通道、消防车登高操作场地、灭火救援窗、灭火救援破拆口、消防车取水口、室外消火栓、消防水泵接合器、常闭式防火门等应当设置明显的提示性、警示性标识。消防车通道、消防车登高操作场地、防火卷帘下方还应当在地面标识出禁止占用的区域范围。消火栓箱、灭火器箱上应当张贴使用方法的标识。

高层民用建筑的消防设施配电柜电源开关、消防设备用房内管道阀门等应当标识开、关状态；对需要保持常开或者常闭状态的阀门，应当采取铅封等限位措施。

第三十二条 不具备自主维护保养检测能力的高层民用建筑业主、使用人或者物业服务企业应当聘请具备从业条件的消防技术服务机构或者消防设施施工安装企业对建筑消防设施进行维护保养和检测；存在故障、缺损的，应当立即组织维修、更换，确保完好有效。

因维修等需要停用建筑消防设施的，高层民用建筑的管理单位应当严格履行内部审批手续，制定应急方案，落实防范措施，并在建筑入口处等显著位置公告。

第三十三条 高层公共建筑消防设施的维修、更新、改造的费用，由业主、使用人按照有关法律规定承担，共有部分按照专有部分建筑面积所占比例承担。

高层住宅建筑的消防设施日常运行、维护和维修、更新、改造费用，由业主依照法律规定承担；委托消防服务单位的，消防设施的日常运行、维护和检测费用应当纳入物业服务或者消防技术服务专项费用。共用消防设施的维修、更新、改造费用，可以依法从住宅专项维修资金列支。

第三十四条 高层民用建筑应当进行每日防火巡查，并填写巡查记录。其中，高层公共建筑内公众聚集场所在营业期间应当至少每 2 小时进行一次防火巡查，医院、养老院、寄宿制学校、幼儿园应当进行白天和夜间防火巡查，高层住宅建筑和高层公共建筑内的其他场所可以结合实际确定防火巡查的频次。

防火巡查应当包括下列内容：

（一）用火、用电、用气有无违章情况；

（二）安全出口、疏散通道、消防车通道畅通情况；

（三）消防设施、器材完好情况，常闭式防火门关闭情况；

（四）消防安全重点部位人员在岗在位等情况。

第三十五条 高层住宅建筑应当每月至少开展一次防火检查，高层公共建筑应当每半个月至少开展一次防火检查，并填写检查记录。

防火检查应当包括下列内容：

（一）安全出口和疏散设施情况；

（二）消防车通道、消防车登高操作场地和消防水源情况；

（三）灭火器材配置及有效情况；

（四）用火、用电、用气和危险品管理制度落实情况；

（五）消防控制室值班和消防设施运行情况；

（六）人员教育培训情况；

（七）重点部位管理情况；

（八）火灾隐患整改以及防范措施的落实等情况。

第三十六条　对防火巡查、检查发现的火灾隐患，高层民用建筑的业主、使用人、受委托的消防服务单位，应当立即采取措施予以整改。

对不能当场改正的火灾隐患，应当明确整改责任、期限，落实整改措施，整改期间应当采取临时防范措施，确保消防安全；必要时，应当暂时停止使用危险部位。

第三十七条　禁止在高层民用建筑公共门厅、疏散走道、楼梯间、安全出口停放电动自行车或者为电动自行车充电。

鼓励在高层住宅小区内设置电动自行车集中存放和充电的场所。电动自行车存放、充电场所应当独立设置，并与高层民用建筑保持安全距离；确需设置在高层民用建筑内的，应当与该建筑的其他部分进行防火分隔。

电动自行车存放、充电场所应当配备必要的消防器材，充电设施应当具备充满自动断电功能。

第三十八条　鼓励高层民用建筑推广应用物联网和智能化技术手段对电气、燃气消防安全和消防设施运行等进行监控和预警。

未设置自动消防设施的高层住宅建筑，鼓励因地制宜安装火灾报警和喷水灭火系统、火灾应急广播以及可燃气体探测、无线手动火灾报警、无线声光火灾警报等消防设施。

第三十九条　高层民用建筑的业主、使用人或者消防服务单位、统一管理人应当每年至少组织开展一次整栋建筑的消防安全评估。消防安全评估报告应当包括存在的消防安全问题、火灾隐患以及改进措施等内容。

第四十条　鼓励、引导高层公共建筑的业主、使用人投保火灾公众责任保险。

第四章　消防宣传教育和灭火疏散预案

第四十一条　高层公共建筑内的单位应当每半年至少对员工开展一次消防安全教育培训。

高层公共建筑内的单位应当对本单位员工进行上岗前消防安全培训，并对消防安全管理人员、消防控制室值班人员和操作人员、电工、保安员等重点岗位人员组织专门培训。

高层住宅建筑的物业服务企业应当每年至少对居住人员进行一次消防安全教育培训，进行一次疏散演练。

第四十二条　高层民用建筑应当在每层的显著位置张贴安全疏散示意图，公共区域电子显示屏应当播放消防安全提示和消防安全知识。

高层公共建筑除遵守本条第一款规定外，还应当在首层显著位置提示公众注意火灾危险，以及安全出口、疏散通道和灭火器材的位置。

高层住宅小区除遵守本条第一款规定外，还应当在显著位置设置消防安全宣传栏，在高层住宅建筑单元入口处提示安全用火、用电、用气，以及电动自行车存放、充电等消防安全常识。

第四十三条　高层民用建筑应当结合场所特点，分级分类编制灭火和应急疏散预案。

规模较大或者功能业态复杂，且有两个及以上业主、使用人或者多个职能部门的高层公共建筑，有关单位应当编制灭火和应急疏散总预案，各单位或者职能部门应当根据场所、功能分区、岗位实际编制专项灭火和应急疏散预案或者现场处置方案（以下统称分预案）。

灭火和应急疏散预案应当明确应急组织机构，确定承担通信联络、灭火、疏散和救护任务的人员及其职责，明确报警、联络、灭火、疏散等处置程序和措施。

第四十四条 高层民用建筑的业主、使用人、受委托的消防服务单位应当结合实际，按照灭火和应急疏散总预案和分预案分别组织实施消防演练。

高层民用建筑应当每年至少进行一次全要素综合演练，建筑高度超过 100 米的高层公共建筑应当每半年至少进行一次全要素综合演练。编制分预案的，有关单位和职能部门应当每季度至少进行一次综合演练或者专项灭火、疏散演练。

演练前，有关单位应当告知演练范围内的人员并进行公告；演练时，应当设置明显标识；演练结束后，应当进行总结评估，并及时对预案进行修订和完善。

第四十五条 高层公共建筑内的人员密集场所应当按照楼层、区域确定疏散引导员，负责在火灾发生时组织、引导在场人员安全疏散。

第四十六条 火灾发生时，发现火灾的人员应当立即拨打 119 电话报警。

火灾发生后，高层民用建筑的业主、使用人、消防服务单位应当迅速启动灭火和应急疏散预案，组织人员疏散，扑救初起火灾。

火灾扑灭后，高层民用建筑的业主、使用人、消防服务单位应当组织保护火灾现场，协助火灾调查。

第五章　法律责任

第四十七条 违反本规定，有下列行为之一的，由消防救援机构责令改正，对经营性单位和个人处 2000 元以上 10000 元以下罚款，对非经营性单位和个人处 500 元以上 1000 元以下罚款：

（一）在高层民用建筑内进行电焊、气焊等明火作业，未履行动火审批手续、进行公告，或者未落实消防现场监护措施的；

（二）高层民用建筑设置的户外广告牌、外装饰妨碍防烟排烟、逃生和灭火救援，或者改变、破坏建筑立面防火结构的；

（三）未设置外墙外保温材料提示性和警示性标识，或者未及时修复破损、开裂和脱落的外墙外保温系统的；

（四）未按照规定落实消防控制室值班制度，或者安排不具备相应条件的人员值班的；

（五）未按照规定建立专职消防队、志愿消防队等消防组织的；

（六）因维修等需要停用建筑消防设施未进行公告、未制定应急预案或者未落实防范措施的；

（七）在高层民用建筑的公共门厅、疏散走道、楼梯间、安全出口停放电动自行车或者为电动自行车充电，拒不改正的。

第四十八条　违反本规定的其他消防安全违法行为，依照《中华人民共和国消防法》第六十条、第六十一条、第六十四条、第六十五条、第六十六条、第六十七条、第六十八条、第六十九条和有关法律法规予以处罚；构成犯罪的，依法追究刑事责任。

第四十九条　消防救援机构及其工作人员在高层民用建筑消防监督检查中，滥用职权、玩忽职守、徇私舞弊的，对直接负责的主管人员和其他直接责任人员依法给予处分；构成犯罪的，依法追究刑事责任。

第六章　附　则

第五十条　本规定下列用语的含义：

（一）高层住宅建筑，是指建筑高度大于 27 米的住宅建筑；

（二）高层公共建筑，是指建筑高度大于 24 米的非单层公共建筑，包括宿舍建筑、公寓建筑、办公建筑、科研建筑、文化建筑、商业建筑、体育建筑、医疗建筑、交通建筑、旅游建筑、通信建筑等；

（三）业主，是指高层民用建筑的所有权人，包括单位和个人；

（四）使用人，是指高层民用建筑的承租人和其他实际使用人，包括单位和个人。

第五十一条　本规定自 2021 年 8 月 1 日起施行。

社会消防技术服务管理规定

中华人民共和国应急管理部令第7号

《社会消防技术服务管理规定》已经2021年8月17日应急管理部第27次部务会议审议通过，现予公布，自2021年11月9日起施行。

部长　黄明

2021年9月13日

第一章　总　则

第一条　为规范社会消防技术服务活动，维护消防技术服务市场秩序，促进提高消防技术服务质量，根据《中华人民共和国消防法》，制定本规定。

第二条　在中华人民共和国境内从事社会消防技术服务活动、对消防技术服务机构实施监督管理，适用本规定。

本规定所称消防技术服务机构是指从事消防设施维护保养检测、消防安全评估等社会消防技术服务活动的企业。

第三条　消防技术服务机构及其从业人员开展社会消防技术服务活动应当遵循客观独立、合法公正、诚实信用的原则。

本规定所称消防技术服务从业人员，是指依法取得注册消防工程师资格并在消防技术服务机构中执业的专业技术人员，以及按照有关规定取得相应消防行业特有工种职业资格，在消防技术服务机构中从事社会消防技术服务活动的人员。

第四条　消防技术服务行业组织应当加强行业自律管理，规范从业行为，促进提升服务质量。

消防技术服务行业组织不得从事营利性社会消防技术服务活动，不得从事或者通过消防技术服务机构进行行业垄断。

第二章　从业条件

第五条　从事消防设施维护保养检测的消防技术服务机构，应当具备下列条件：

（一）取得企业法人资格；

（二）工作场所建筑面积不少于 200 平方米；

（三）消防技术服务基础设备和消防设施维护保养检测设备配备符合有关规定要求；

（四）注册消防工程师不少于 2 人，其中一级注册消防工程师不少于 1 人；

（五）取得消防设施操作员国家职业资格证书的人员不少于 6 人，其中中级技能等级以上的不少于 2 人；

（六）健全的质量管理体系。

第六条　从事消防安全评估的消防技术服务机构，应当具备下列条件：

（一）取得企业法人资格；

（二）工作场所建筑面积不少于 100 平方米；

（三）消防技术服务基础设备和消防安全评估设备配备符合有关规定要求；

（四）注册消防工程师不少于 2 人，其中一级注册消防工程师不少于 1 人；

（五）健全的消防安全评估过程控制体系。

第七条 同时从事消防设施维护保养检测、消防安全评估的消防技术服务机构，应当具备下列条件：

（一）取得企业法人资格；

（二）工作场所建筑面积不少于 200 平方米；

（三）消防技术服务基础设备和消防设施维护保养检测、消防安全评估设备配备符合规定的要求；

（四）注册消防工程师不少于 2 人，其中一级注册消防工程师不少于 1 人；

（五）取得消防设施操作员国家职业资格证书的人员不少于 6 人，其中中级技能等级以上的不少于 2 人；

（六）健全的质量管理和消防安全评估过程控制体系。

第八条 消防技术服务机构可以在全国范围内从业。

第三章　社会消防技术服务活动

第九条 消防技术服务机构及其从业人员应当依照法律法规、技术标准和从业准则，开展下列社会消防技术服务活动，并对服务质量负责：

（一）消防设施维护保养检测机构可以从事建筑消防设施维护保养、检测活动；

（二）消防安全评估机构可以从事区域消防安全评估、社会单位消防安全评估、大型活动消防安全评估等活动，以及消防法律法规、消防技术标准、火灾隐患整改、消防安全管理、消防宣传教育等方面的咨询活动。

消防技术服务机构出具的结论文件，可以作为消防救援机构实施消防监督管理和单位（场所）开展消防安全管理的依据。

第十条 消防设施维护保养检测机构应当按照国家标准、行业标准规定的工艺、流程开展维护保养检测，保证经维护保养的建筑消防设施符合国家标准、行业标准。

第十一条 消防技术服务机构应当依法与从业人员签订劳动合同，加强对所属从业人员的管理。注册消防工程师不得同时在两个以上社会组织执业。

第十二条 消防技术服务机构应当设立技术负责人，对本机构的消防技术服务实施质量监督管理，对出具的书面结论文件进行技术审核。技术负责人应当具备一级注册消防工程师资格。

第十三条 消防技术服务机构承接业务，应当与委托人签订消防技术服务合同，并明确项目负责人。项目负责人应当具备相应的注册消防工程师资格。

消防技术服务机构不得转包、分包消防技术服务项目。

第十四条 消防技术服务机构出具的书面结论文件应当由技术负责人、项目负责人签名并加盖执业印章，同时加盖消防技术服务机构印章。

消防设施维护保养检测机构对建筑消防设施进行维护保养后，应当制作包含消防技术服务机构名称及项目负责人、维护保养日期等信息的标识，在消防设施所在建筑的醒目位置上予以公示。

第十五条 消防技术服务机构应当对服务情况作出客观、真实、完整的记录，按消防技术服务项目建立消防技术服务档案。

消防技术服务档案保管期限为 6 年。

第十六条　消防技术服务机构应当在其经营场所的醒目位置公示营业执照、工作程序、收费标准、从业守则、注册消防工程师注册证书、投诉电话等事项。

第十七条　消防技术服务机构收费应当遵守价格管理法律法规的规定。

第十八条　消防技术服务机构在从事社会消防技术服务活动中，不得有下列行为：

（一）不具备从业条件，从事社会消防技术服务活动；

（二）出具虚假、失实文件；

（三）消防设施维护保养检测机构的项目负责人或者消防设施操作员未到现场实地开展工作；

（四）泄露委托人商业秘密；

（五）指派无相应资格从业人员从事社会消防技术服务活动；

（六）冒用其他消防技术服务机构名义从事社会消防技术服务活动；

（七）法律、法规、规章禁止的其他行为。

第四章　监督管理

第十九条　县级以上人民政府消防救援机构依照有关法律、法规和本规定，对本行政区域内的社会消防技术服务活动实施监督管理。

消防技术服务机构及其从业人员对消防救援机构依法进行的监督管理应当协助和配合，不得拒绝或者阻挠。

第二十条　应急管理部消防救援局应当建立和完善全国统一的

社会消防技术服务信息系统，公布消防技术服务机构及其从业人员的有关信息，发布从业、诚信和监督管理信息，并为社会提供有关信息查询服务。

第二十一条　县级以上人民政府消防救援机构对社会消防技术服务活动开展监督检查的形式有：

（一）结合日常消防监督检查工作，对消防技术服务质量实施监督抽查；

（二）根据需要实施专项检查；

（三）发生火灾事故后实施倒查；

（四）对举报投诉和交办移送的消防技术服务机构及其从业人员的违法从业行为进行核查。

开展社会消防技术服务活动监督检查可以根据实际需要，通过网上核查、服务单位实地核查、机构办公场所现场检查等方式实施。

第二十二条　消防救援机构在对单位（场所）实施日常消防监督检查时，可以对为该单位（场所）提供服务的消防技术服务机构的服务质量实施监督抽查。抽查内容为：

（一）是否冒用其他消防技术服务机构名义从事社会消防技术服务活动；

（二）从事相关社会消防技术服务活动的人员是否具有相应资格；

（三）是否按照国家标准、行业标准维护保养、检测建筑消防设施，经维护保养的建筑消防设施是否符合国家标准、行业标准；

（四）消防设施维护保养检测机构的项目负责人或者消防设施操作员是否到现场实地开展工作；

（五）是否出具虚假、失实文件；

（六）出具的书面结论文件是否由技术负责人、项目负责人签名、盖章，并加盖消防技术服务机构印章；

（七）是否与委托人签订消防技术服务合同；

（八）是否在经其维护保养的消防设施所在建筑的醒目位置公示消防技术服务信息。

第二十三条　消防救援机构根据消防监督管理需要，可以对辖区内从业的消防技术服务机构进行专项检查。专项检查应当随机抽取检查对象，随机选派检查人员，检查情况及查处结果及时向社会公开。专项检查可以抽查下列内容：

（一）是否具备从业条件；

（二）所属注册消防工程师是否同时在两个以上社会组织执业；

（三）从事相关社会消防技术服务活动的人员是否具有相应资格；

（四）是否转包、分包消防技术服务项目；

（五）是否出具虚假、失实文件；

（六）是否设立技术负责人、明确项目负责人，出具的书面结论文件是否由技术负责人、项目负责人签名、盖章，并加盖消防技术服务机构印章；

（七）是否与委托人签订消防技术服务合同；

（八）是否在经营场所公示营业执照、工作程序、收费标准、从业守则、注册消防工程师注册证书、投诉电话等事项；

（九）是否建立和保管消防技术服务档案。

第二十四条　发生有人员死亡或者造成重大社会影响的火灾，消防救援机构开展火灾事故调查时，应当对为起火单位（场所）提供服务的消防技术服务机构实施倒查。

消防救援机构组织调查其他火灾，可以根据需要对为起火单位（场所）提供服务的消防技术服务机构实施倒查。

倒查按照本规定第二十二条、第二十三条的抽查内容实施。

第二十五条 消防救援机构及其工作人员不得设立消防技术服务机构，不得参与消防技术服务机构的经营活动，不得指定或者变相指定消防技术服务机构，不得利用职务接受有关单位或者个人财物，不得滥用行政权力排除、限制竞争。

第五章 法律责任

第二十六条 消防技术服务机构违反本规定，冒用其他消防技术服务机构名义从事社会消防技术服务活动的，责令改正，处 2 万元以上 3 万元以下罚款。

第二十七条 消防技术服务机构违反本规定，有下列情形之一的，责令改正，处 1 万元以上 2 万元以下罚款：

（一）所属注册消防工程师同时在两个以上社会组织执业的；

（二）指派无相应资格从业人员从事社会消防技术服务活动的；

（三）转包、分包消防技术服务项目的。

对有前款第一项行为的注册消防工程师，处 5000 元以上 1 万元以下罚款。

第二十八条 消防技术服务机构违反本规定，有下列情形之一的，责令改正，处 1 万元以下罚款：

（一）未设立技术负责人、未明确项目负责人的；

（二）出具的书面结论文件未经技术负责人、项目负责人签名、盖章，或者未加盖消防技术服务机构印章的；

（三）承接业务未依法与委托人签订消防技术服务合同的；

（四）消防设施维护保养检测机构的项目负责人或者消防设施操作员未到现场实地开展工作的；

（五）未建立或者保管消防技术服务档案的；

（六）未公示营业执照、工作程序、收费标准、从业守则、注册消防工程师注册证书、投诉电话等事项的。

第二十九条 消防技术服务机构不具备从业条件从事社会消防技术服务活动或者出具虚假文件、失实文件的，或者不按照国家标准、行业标准开展社会消防技术服务活动的，由消防救援机构依照《中华人民共和国消防法》第六十九条的有关规定处罚。

第三十条 消防设施维护保养检测机构未按照本规定要求在经其维护保养的消防设施所在建筑的醒目位置上公示消防技术服务信息的，责令改正，处 5000 元以下罚款。

第三十一条 消防救援机构对消防技术服务机构及其从业人员实施积分信用管理，具体办法由应急管理部消防救援局制定。

第三十二条 消防技术服务机构有违反本规定的行为，给他人造成损失的，依法承担赔偿责任；经维护保养的建筑消防设施不能正常运行，发生火灾时未发挥应有作用，导致伤亡、损失扩大的，从重处罚；构成犯罪的，依法追究刑事责任。

第三十三条 本规定中的行政处罚由违法行为地设区的市级、县级人民政府消防救援机构决定。

第三十四条 消防技术服务机构及其从业人员对消防救援机构在消防技术服务监督管理中作出的具体行政行为不服的，可以依法申请行政复议或者提起行政诉讼。

第三十五条　消防救援机构的工作人员设立消防技术服务机构，或者参与消防技术服务机构的经营活动，或者指定、变相指定消防技术服务机构，或者利用职务接受有关单位、个人财物，或者滥用行政权力排除、限制竞争，或者有其他滥用职权、玩忽职守、徇私舞弊的行为，依照有关规定给予处分；构成犯罪的，依法追究刑事责任。

第六章　附　则

第三十六条　保修期内的建筑消防设施由施工单位进行维护保养的，不适用本规定。

第三十七条　本规定所称虚假文件，是指消防技术服务机构未提供服务或者以篡改结果方式出具的消防技术文件，或者出具的与当时实际情况严重不符、结论定性严重偏离客观实际的消防技术文件。

本规定所称失实文件，是指消防技术服务机构出具的与当时实际情况部分不符、结论定性部分偏离客观实际的消防技术文件。

第三十八条　本规定中的"以上""以下"均含本数。

第三十九条　执行本规定所需要的文书式样，以及消防技术服务机构应当配备的仪器、设备、设施目录，由应急管理部制定。

第四十条　本规定自2021年11月9日起施行。

仓库防火安全管理规则

中华人民共和国公安部令第 6 号

国务院授权我部修改的《仓库防火安全管理规则》，已经一九九○年三月二十二日公安部部务会议通过，现予发布施行。

公安部部长 王芳

一九九○年四月十日

第一章 总 则

第一条 为了加强仓库消防安全管理，保护仓库免受火灾危害。根据《中华人民共和国消防条例》及其实施细则的有关规定，制定本规则。

第二条 仓库消防安全必须贯彻"预防为主，防消结合"的方针，实行谁主管谁负责的原则。仓库消防安全由本单位及其上级主管部门负责。

第三条 本规则由县级以上公安机关消防监督机构负责监督。

第四条 本规则适用于由国家、集体和个体经营的储存物品的各类仓库、堆栈、货场。

储存火药、炸药、火工品和军工物资的仓库，按照国家有关规定执行。

第二章 组织管理

第五条 新建、扩建和改建的仓库建筑设计，要符合国家建筑设计防火规范的有关规定，并经公安消防监督机构审核。仓库竣工时，其主管部门应当会同公安消防监督等有关部门进行验收；验收不合格的，不得交付使用。

第六条 仓库应当确定一名主要领导人为防火负责人，全面负责仓库的消防安全管理工作。

第七条 仓库防火负责人负有下列职责：

一、组织学习贯彻消防法规，完成上级部署的消防工作；

二、组织制定电源、火源、易燃易爆物品的安全管理和值班巡逻等制度，落实逐级防火责任制和岗位防火责任制；

三、组织对职工进行消防宣传、业务培训和考核，提高职工的安全素质；

四、组织开展防火检查，消除火险隐患；

五、领导专职、义务消防队组织和专职、兼职消防人员，制定灭火应急方案，组织扑救火灾；

六、定期总结消防安全工作，实施奖惩。

第八条 国家储备库、专业仓库应当配备专职消防干部；其他仓库可以根据需要配备专职或兼职消防人员。

第九条 国家储备库、专业仓库和火灾危险性大、距公安消防队较远的其他大型仓库，应当按照有关规定建立专职消防队。

第十条 各类仓库都应当建立义务消防组织，定期进行业务培训，开展自防自救工作。

第十一条 仓库防火负责人的确定和变动，应当向当地公安消防监督机构备案；专职消防干部、人员和专职消防队长的配备与更换，应当征求当地公安消防监督机构的意见。

第十二条 仓库保管员应当熟悉储存物品的分类、性质、保管业务知识和防火安全制度，掌握消防器材的操作使用和维护保养方法，做好本岗位的防火工作。

第十三条　对仓库新职工应当进行仓储业务和消防知识的培训，经考试合格，方可上岗作业。

第十四条　仓库严格执行夜间值班、巡逻制度，带班人员应当认真检查，督促落实。

第三章　储存管理

第十五条　依据国家《建筑设计防火规范》的规定，按照仓库储存物品的火灾危险程度分为甲、乙、丙、丁、戊五类（详见附表）。

第十六条　露天存放物品应当分类、分堆、分组和分垛，并留出必要的防火间距。堆场的总储量以及与建筑物等之间的防火距离，必须符合建筑设计防火规范的规定。

第十七条　甲、乙类桶装液体，不宜露天存放，必须露天存放时，在炎热季节必须采取降温措施。

第十八条　库存物品应当分类、分垛储存，每垛占地面积不宜大于一百平方米，垛与垛间距不小于一米，垛与墙间距不小于零点五米，垛与梁、柱的间距不小于零点三米，主要通道的宽度不小于二米。

第十九条　甲、乙类物品和一般物品以及容易相互发生化学反应或者灭火方法不同的物品，必须分间、分库储存，并在醒目处标明储存物品的名称、性质和灭火方法。

第二十条　易自燃或者遇水分解的物品，必须在温度较低、通风良好和空气干燥的场所储存，并安装专用仪器定时检测，严格控制湿度与温度。

第二十一条　物品入库前应当有专人负责检查，确定无火种等隐患后，方准入库。

第二十二条　甲、乙类物品的包装容器应当牢固、密封，发现破损、残缺、变形和物品变质、分解等情况时，应当及时进行安全处理，严防跑、冒、滴、漏。

第二十三条　使用过的油棉纱、油手套等沾油纤维物品以及可燃包装，应当存放在安全地点，定期处理。

第二十四条　库房内因物品防冻必须采暖时，应当采用水暖，其散热器、供暖管道与储存物品的距离不小于零点三米。

第二十五条　甲、乙类物品库房内不准设办公室、休息室。其他库房必需设办公室时，可以贴邻库房一角设置无孔洞的一、二级耐火等级的建筑，其门窗直通库外，具体实施应当征得当地公安消防监督机构的同意。

第二十六条　储存甲、乙、丙类物品的库房布局、储存类别不得擅自改变，如确需改变的，应当报经当地公安消防监督机构同意。

第四章　装卸管理

第二十七条　进入库区的所有机动车辆，必须安装防火罩。

第二十八条　蒸气机车驶入库区时，应当关闭灰箱和送风器，并不得在库区清炉。仓库应当派专人负责监护。

第二十九条　汽车、拖拉机不准进入甲、乙、丙类物品库房。

第三十条　进入甲、乙类物品库房的电瓶车、铲车必须是防爆型的；进入丙类物品库房的电瓶车、铲车，必须装有防止火花溅出的安全装置。

第三十一条　各种机动车辆装卸物品后，不准在库区、库房、货场内停放和修理。

第三十二条　库区内不得搭建临时建筑和构筑物，因装卸作业确需搭建时，必须经单位防火负责人批准，装卸作业结束后立即拆除。

第三十三条　装卸甲、乙类物品时，操作人员不得穿戴易产生静电的工作服、帽和使用易产生火花的工具，严防震动、撞击、重压、摩擦和倒置。对易产生静电的装卸设备要采取消除静电的措施。

第三十四条　库房内固定的吊装设备需要维修时，应当采取防火安全措施，经防火负责人批准后，方可进行。

第三十五条　装卸作业结束后，应当对库区、库房进行检查，确认安全后，方可离人。

第五章　电器管理

第三十六条　仓库的电气装置必须符合国家现行的有关电气设计和施工安装验收标准规范的规定。

第三十七条　甲、乙类物品库房和丙类液体库房的电气装置，必须符合国家现行的有关爆炸危险场所的电气安全规定。

第三十八条　储存丙类固体物品的库房，不准使用碘钨灯和超过六十瓦以上的白炽灯等高温照明灯具。当使用日光灯等低温照明灯具和其他防燃型照明灯具时，应当对镇流器采取隔热、散热等防火保护措施，确保安全。

第三十九条　库房内不准设置移动式照明灯具。照明灯具下方不准堆放物品，其垂直下方与储存物品水平间距不得小于零点五米。

第四十条　库房内敷设的配电线路，需穿金属管或用非燃硬塑料管保护。

第四十一条 库区的每个库房应当在库房外单独安装开关箱，保管人员离库时，必须拉闸断电。

禁止使用不合规格的保险装置。

第四十二条 库房内不准使用电炉、电烙铁、电熨斗等电热器具和电视机、电冰箱等家用电器。

第四十三条 仓库电器设备的周围和架空线路的下方严禁堆放物品。对提升、码垛等机械设备易产生火花的部位，要设置防护罩。

第四十四条 仓库必须按照国家有关防雷设计安装规范的规定，设置防雷装置，并定期检测，保证有效。

第四十五条 仓库的电器设备，必须由持合格证的电工进行安装、检查和维修保养。电工应当严格遵守各项电器操作规程。

第六章　火源管理

第四十六条 仓库应当设置醒目的防火标志。进入甲、乙类物品库区的人员，必须登记，并交出携带的火种。

第四十七条 库房内严禁使用明火。库房外动用明火作业时，必须办理动火证，经仓库或单位防火负责人批准，并采取严格的安全措施。动火证应当注明动火地点、时间、动火人、现场监护人、批准人和防火措施等内容。

第四十八条 库房内不准使用火炉取暖。在库区使用时，应当经防火负责人批准。

第四十九条 防火负责人在审批火炉的使用地点时，必须根据储存物品的分类，按照有关防火间距的规定审批，并制定防火安全管理制度，落实到人。

第五十条 库区以及周围五十米内，严禁燃放烟花爆竹。

第七章 消防设施和器材管理

第五十一条 仓库应当按照国家有关消防技术规范，设置、配备消防设施和器材。

第五十二条 消防器材应当设置在明显和便于取用的地点，周围不准堆放物品和杂物。

第五十三条 仓库的消防设施、器材，应当由专人管理，负责检查、维修、保养、更换和添置，保证完好有效，严禁圈占、埋压和挪用。

第五十四条 甲、乙、丙类物品国家储备库、专业性仓库以及其他大型物资仓库，应当按照国家有关技术规范的规定，安装相应的报警装置，附近有公安消防队的宜设置与其直通的报警电话。

第五十五条 对消防水池、消火栓、灭火器等消防设施、器材，应当经常进行检查，保持完整好用。地处寒区的仓库，寒冷季节要采取防冻措施。

第五十六条 库区的消防车道和仓库的安全出口、疏散楼梯等消防通道，严禁堆放物品。

第八章 奖 惩

第五十七条 仓库消防工作成绩显著的单位和个人，由公安机关、上级主管部门或者本单位给予表彰、奖励。

第五十八条　对违反本规则的单位和人员，国家法规有规定的，应当按照国家法规予以处罚；国家法规没有规定的，可以按照地方有关法规、规章进行处罚；触犯刑律的，由司法机关追究刑事责任。

第九章　附　则

第五十九条　储存丁、戊类物品的库房或露天堆栈、货场，执行本规则时，在确保安全并征得当地公安消防监督机构同意的情况下，可以适当放宽。

第六十条　铁路车站、交通港口码头等昼夜作业的中转性仓库，可以按照本规则的原则要求，由铁路、交通等部门自行制定管理办法。

第六十一条　各省、自治区、直辖市和国务院有关部、委根据本规则制订的具体管理办法，应当送公安部备案。

第六十二条　本规则自发布之日起施行。1980 年 8 月 1 日经国务院批准、同年 8 月 15 日公安部公布施行的《仓库防火安全管理规则》即行废止。

附表：仓库储存物品分类表

类别	火灾危险性的特征	储存物品示例
甲类	1. 闪点＜28度的液体 2. 爆炸下限＜10％的气体，以及受到水或空气中水蒸气的作用，能产生爆炸下限＜10％气体的固体物质 3. 常温下能自行分解或在空气中氧化即能导致迅速自燃或爆炸的物质 4. 常温下受到水或空气中水蒸气的作用能产生可燃气体并引起燃烧或爆炸的物质 5. 遇酸、受热、撞击、摩擦以及遇有机物或硫黄等易燃的无机物，极易引起燃烧或爆炸的强氧化剂 6. 受撞击、摩擦或与氧化剂、有机物接触时能引起燃料或爆炸的物质	1. 己烷，戊烷，石脑油，环戊烷，二硫化碳、苯，甲苯，甲醇，乙醇，乙醚，蚁酸甲脂，醋酸甲脂，硝酸乙脂，汽油，丙酮，丙烯，乙醛，60度以上的白酒 2. 乙炔，氢，甲烷，乙烯，丙烯，丁二烯，环氧乙烷，水煤气，硫化氢，氯乙烯，液化石油气，电石，碳化铝 3. 硝化棉，硝化纤维胶片，喷漆棉，火胶棉，赛璐珞棉，黄磷 4. 金属钾，钠，锂，钙，锶，氢化锂，四氢化锂铝，氢化钠 5. 氯酸钾，氯酸钠，过氧化钾，过氧化钠，硝酸胺 6. 赤磷，五硫化磷，三硫化磷
乙类	1. 闪点大于或等于28度至小于60度的液体 2. 爆炸下限大于或等于10％的气体 3. 不属于甲类的氧化剂 4. 不属于甲类的化学易燃危险固体 5. 助燃气体 6. 常温下与空气接触能缓慢氧化，积热不散引起自燃的物品	1. 煤油，松节油，丁烯醇，异戊醇，丁醚，醋酸丁脂，硝酸戊脂，乙酰丙酮，环己胺，溶剂油，冰醋酸，樟脑油，蚁酸 2. 氨气，液氯 3. 硝酸铜，铬酸，亚硝酸钾，重铬酸钠，铬酸钾，硝酸，硝酸汞，硝酸钴，发烟硫酸，漂白粉 4. 硫黄，镁粉，铝粉，赛璐珞板（片），樟脑，萘，生松香，硝化纤维漆布，硝化纤维色片 5. 氧气，氟气 6. 漆布及其制品，油布及其制品，油纸及其制品，油绸及其制品
丙类	1. 闪点大于或等于60度液体 2. 可燃固体	1. 动物油，植物油，沥青，蜡，润滑油，机油，重油，闪点大于或等于60度的柴油、糠醛，大于50度至小于60度的白酒 2. 化学、人造纤维及其织物，纸张，棉、毛、丝、麻及其织物，谷物，面粉，天然橡胶及其制品，竹、木及其制品，中药材，电视机，收录机等电子产品，计算机房已录数据的磁盘，冷库中的鱼、肉
丁类	难燃烧物品	自熄性塑料及其制品，酚醛泡沫塑料及其制品，水泥刨花板

续表

类别	火灾危险性的特征	储存物品示例
戊类	非燃烧物品	钢材，铝材，玻璃及其制品，陶瓷制品，搪瓷制品，不燃气体，玻璃棉，硅酸铝纤维，矿棉，岩棉，陶磁棉，石膏及其无纸制品，水泥，石，膨胀珍珠岩

注：1. 根据国家《建筑设计防火规范》的规定分类。
　　2. 仓库含堆栈、货场。

公共娱乐场所消防安全管理规定

中华人民共和国公安部令第 39 号

《公共娱乐场所消防安全管理规定》已经 1999 年 5 月 11 日公安部部长办公会议通过，现予发布实行。1995 年 1 月 26 日公安部第 22 号令发布的《公共娱乐场所消防安全管理规定》同时废止。

公安部部长　贾春旺

一九九九年五月二十五日

第一条　为了预防火灾，保障公共安全，依据《中华人民共和国消防法》制定本规定。

第二条　本规定所称公共娱乐场所，是指向公众开放的下列室内场所：

（一）影剧院、录像厅、礼堂等演出、放映场所；

（二）舞厅、卡拉 OK 厅等歌舞娱乐场所；

（三）具有娱乐功能的夜总会、音乐茶座和餐饮场所；

（四）游艺、游乐场所；

（五）保龄球馆、旱冰场、桑拿浴室等营业性健身、休闲场所。

第三条　公共娱乐场所应当在法定代表人或者主要负责人中确定一名本单位的消防安全责任人。在消防安全责任人确定或者变更时，应当向当地公安消防机构备案。

消防安全责任人应当依照《消防法》第十四条和第十六条规定履行消防安全职责，负责检查和落实本单位防火措施、灭火预案的制定和演练以及建筑消防设施、消防通道、电源和火源管理等。

公共娱乐场所的房产所有者在与其他单位、个人发生租赁、承包等关系后，公共娱乐场所的消防安全由经营者负责。

第四条 新建、改建、扩建公共娱乐场所或者变更公共娱乐场所内部装修的，其消防设计应当符合国家有关建筑消防技术标准的规定。

第五条 新建、改建、扩建公共娱乐场所或者变更公共娱乐场所内部装修的，建设或者经营单位应当依法将消防设计图纸报送当地公安消防机构审核，经审核同意方可施工；工程竣工时，必须经公安消防机构进行消防验收；未经验收或者经验收不合格的，不得投入使用。

第六条 公众聚集的娱乐场所在使用或者开业前，必须具备消防安全条件，依法向当地公安消防机构申报检查，经消防安全检查合格后，发给《消防安全检查意见书》，方可使用或者开业。

第七条 公共娱乐场所宜设置在耐火等级不低于二级的建筑物内；已经核准设置在三级耐火等级建筑内的公共娱乐场所，应当符合特定的防火安全要求。

公共娱乐场所不得设置在文物古建筑和博物馆、图书馆建筑内，不得毗连重要仓库或者危险物品仓库；不得在居民住宅楼内改建公共娱乐场所。

公共娱乐场所与其他建筑相毗连或者附设在其他建筑物内时，应当按照独立的防火分区设置；商住楼内的公共娱乐场所与居民住宅的安全出口应当分开设置。

第八条 公共娱乐场所的内部装修设计和施工，应当符合《建筑内部装修设计防火规范》和有关建筑内部装饰装修防火管理的规定。

第九条 公共娱乐场所的安全出口数目、疏散宽度和距离，应当符合国家有关建筑设计防火规范的规定。

安全出口处不得设置门槛、台阶，疏散门应向外开启，不得采用卷帘门、转门、吊门和侧拉门，门口不得设置门帘、屏风等影响疏散的遮挡物。

公共娱乐场所在营业时必须确保安全出口和疏散通道畅通无阻，严禁将安全出口上锁、阻塞。

第十条 安全出口、疏散通道和楼梯口应当设置符合标准的灯光疏散指示标志。指示标志应当设在门的顶部、疏散通道和转角处距地面一米以下的墙面上。设在走道上的指示标志的间距不得大于二十米。

第十一条 公共娱乐场所内应当设置火灾事故应急照明灯，照明供电时间不得少于二十分钟。

第十二条 公共娱乐场所必须加强电气防火安全管理，及时消除火灾隐患。不得超负荷用电，不得擅自拉接临时电线。

第十三条 在地下建筑内设置公共娱乐场所，除符合本规定其他条款的要求外，还应当符合下列规定：

（一）只允许设在地下一层；

（二）通往地面的安全出口不应少于二个，安全出口、楼梯和走道的宽度应当符合有关建筑设计防火规范的规定；

（三）应当设置机械防烟排烟设施；

（四）应当设置火灾自动报警系统和自动喷水灭火系统；

（五）严禁使用液化石油气。

第十四条 公共娱乐场所内严禁带入和存放易燃易爆物品。

第十五条 严禁在公共娱乐场所营业时进行设备检修、电气焊、油漆粉刷等施工、维修作业。

第十六条 演出、放映场所的观众厅内禁止吸烟和明火照明。

第十七条　公共娱乐场所在营业时，不得超过额定人数。

第十八条　卡拉 OK 厅及其包房内，应当设置声音或者视像警报，保证在火灾发生初期，将各卡拉 OK 房间的画面、音响消除，播送火灾警报，引导人们安全疏散。

第十九条　公共娱乐场所应当制定防火安全管理制度，制定紧急安全疏散方案。在营业时间和营业结束后，应当指定专人进行安全巡视检查。

第二十条　公共娱乐场所应当建立全员防火安全责任制度，全体员工都应当熟知必要的消防安全知识，会报火警，会使用灭火器材，会组织人员疏散。新职工上岗前必须进行消防安全培训。

第二十一条　公共娱乐场所应当按照《建筑灭火器配置设计规范》配置灭火器材，设置报警电话，保证消防设施、设备完好有效。

第二十二条　对违反本规定的行为，依照《中华人民共和国消防法》和地方性消防法规、规章予以处罚；构成犯罪的，依法追究刑事责任。

第二十三条　本规定自发布之日起施行。一九九五年一月二十六日公安部发布的《公共娱乐场所消防安全管理规定》同时废止。

消防监督检查规定

中华人民共和国公安部令第 120 号

《公安部关于修改〈消防监督检查规定〉的决定》已经 2012 年 7 月 6 日公安部部长办公会议通过，现予发布，自 2012 年 11 月 1 日起施行。

公安部部长　孟建柱

二〇一二年七月十七日

第一章　总　则

第一条　为了加强和规范消防监督检查工作，督促机关、团体、企业、事业等单位（以下简称单位）履行消防安全职责，依据《中华人民共和国消防法》，制定本规定。

第二条　本规定适用于公安机关消防机构和公安派出所依法对单位遵守消防法律、法规情况进行消防监督检查。

第三条　直辖市、市（地区、州、盟）、县（市辖区、县级市、旗）公安机关消防机构具体实施消防监督检查，确定本辖区内的消防安全重点单位并由所属公安机关报本级人民政府备案。

公安派出所可以对居民住宅区的物业服务企业、居民委员会、村民委员会履行消防安全职责的情况和上级公安机关确定的单位实施日常消防监督检查。

公安派出所日常消防监督检查的单位范围由省级公安机关消防机构、公安派出所工作主管部门共同研究拟定，报省级公安机关确定。

第四条　上级公安机关消防机构应当对下级公安机关消防机构

157

实施消防监督检查的情况进行指导和监督。

公安机关消防机构应当与公安派出所共同做好辖区消防监督工作，并对公安派出所开展日常消防监督检查工作进行指导，定期对公安派出所民警进行消防监督业务培训。

第五条 对消防监督检查的结果，公安机关消防机构可以通过适当方式向社会公告；对检查发现的影响公共安全的火灾隐患应当定期公布，提示公众注意消防安全。

第二章 消防监督检查的形式和内容

第六条 消防监督检查的形式有：

（一）对公众聚集场所在投入使用、营业前的消防安全检查；

（二）对单位履行法定消防安全职责情况的监督抽查；

（三）对举报投诉的消防安全违法行为的核查；

（四）对大型群众性活动举办前的消防安全检查；

（五）根据需要进行的其他消防监督检查。

第七条 公安机关消防机构根据本地区火灾规律、特点等消防安全需要组织监督抽查；在火灾多发季节，重大节日、重大活动前或者期间，应当组织监督抽查。

消防安全重点单位应当作为监督抽查的重点，非消防安全重点单位必须在监督抽查的单位数量中占有一定比例。对属于人员密集场所的消防安全重点单位每年至少监督检查一次。

第八条 公众聚集场所在投入使用、营业前，建设单位或者使用单位应当向场所所在地的县级以上人民政府公安机关消防机构申请消防安全检查，并提交下列材料：

（一）消防安全检查申报表；

（二）营业执照复印件或者工商行政管理机关出具的企业名称预先核准通知书；

（三）依法取得的建设工程消防验收或者进行竣工验收消防备案的法律文件复印件；

（四）消防安全制度、灭火和应急疏散预案、场所平面布置图；

（五）员工岗前消防安全教育培训记录和自动消防系统操作人员取得的消防行业特有工种职业资格证书复印件；

（六）法律、行政法规规定的其他材料。

依照《建设工程消防监督管理规定》不需要进行竣工验收消防备案的公众聚集场所申请消防安全检查的，还应当提交场所室内装修消防设计施工图、消防产品质量合格证明文件，以及装修材料防火性能符合消防技术标准的证明文件、出厂合格证。

公安机关消防机构对消防安全检查的申请，应当按照行政许可有关规定受理。

第九条　对公众聚集场所投入使用、营业前进行消防安全检查，应当检查下列内容：

（一）建筑物或者场所是否依法通过消防验收合格或者进行竣工验收消防备案抽查合格；依法进行竣工验收消防备案但没有进行备案抽查的建筑物或者场所是否符合消防技术标准。

（二）消防安全制度、灭火和应急疏散预案是否制定。

（三）自动消防系统操作人员是否持证上岗，员工是否经过岗前消防安全培训。

（四）消防设施、器材是否符合消防技术标准并完好有效。

（五）疏散通道、安全出口和消防车通道是否畅通。

（六）室内装修材料是否符合消防技术标准。

（七）外墙门窗上是否设置影响逃生和灭火救援的障碍物。

第十条　对单位履行法定消防安全职责情况的监督抽查，应当根据单位的实际情况检查下列内容：

（一）建筑物或者场所是否依法通过消防验收或者进行竣工验收消防备案，公众聚集场所是否通过投入使用、营业前的消防安全检查；

（二）建筑物或者场所的使用情况是否与消防验收或者进行竣工验收消防备案时确定的使用性质相符；

（三）消防安全制度、灭火和应急疏散预案是否制定；

（四）消防设施、器材和消防安全标志是否定期组织维修保养，是否完好有效；

（五）电器线路、燃气管路是否定期维护保养、检测；

（六）疏散通道、安全出口、消防车通道是否畅通，防火分区是否改变，防火间距是否被占用；

（七）是否组织防火检查、消防演练和员工消防安全教育培训，自动消防系统操作人员是否持证上岗；

（八）生产、储存、经营易燃易爆危险品的场所是否与居住场所设置在同一建筑物内；

（九）生产、储存、经营其他物品的场所与居住场所设置在同一建筑物内的，是否符合消防技术标准；

（十）其他依法需要检查的内容。

对人员密集场所还应当抽查室内装修材料是否符合消防技术标准、外墙门窗上是否设置影响逃生和灭火救援的障碍物。

第十一条　对消防安全重点单位履行法定消防安全职责情况

的监督抽查，除检查本规定第十条规定的内容外，还应当检查下列内容：

（一）是否确定消防安全管理人；

（二）是否开展每日防火巡查并建立巡查记录；

（三）是否定期组织消防安全培训和消防演练；

（四）是否建立消防档案、确定消防安全重点部位。

对属于人员密集场所的消防安全重点单位，还应当检查单位灭火和应急疏散预案中承担灭火和组织疏散任务的人员是否确定。

第十二条　在大型群众性活动举办前对活动现场进行消防安全检查，应当重点检查下列内容：

（一）室内活动使用的建筑物（场所）是否依法通过消防验收或者进行竣工验收消防备案，公众聚集场所是否通过使用、营业前的消防安全检查；

（二）临时搭建的建筑物是否符合消防安全要求；

（三）是否制定灭火和应急疏散预案并组织演练；

（四）是否明确消防安全责任分工并确定消防安全管理人员；

（五）活动现场消防设施、器材是否配备齐全并完好有效；

（六）活动现场的疏散通道、安全出口和消防车通道是否畅通；

（七）活动现场的疏散指示标志和应急照明是否符合消防技术标准并完好有效。

第十三条　对大型的人员密集场所和其他特殊建设工程的施工现场进行消防监督检查，应当重点检查施工单位履行下列消防安全职责的情况：

（一）是否明确施工现场消防安全管理人员，是否制定施工现场消防安全制度、灭火和应急疏散预案；

（二）在建工程内是否设置人员住宿、可燃材料及易燃易爆危险品储存等场所；

（三）是否设置临时消防给水系统、临时消防应急照明，是否配备消防器材，并确保完好有效；

（四）是否设有消防车通道并畅通；

（五）是否组织员工消防安全教育培训和消防演练；

（六）施工现场人员宿舍、办公用房的建筑构件燃烧性能、安全疏散是否符合消防技术标准。

第三章　消防监督检查的程序

第十四条　公安机关消防机构实施消防监督检查时，检查人员不得少于两人，并出示执法身份证件。

消防监督检查应当填写检查记录，如实记录检查情况。

第十五条　对公众聚集场所投入使用、营业前的消防安全检查，公安机关消防机构应当自受理申请之日起十个工作日内进行检查，自检查之日起三个工作日内作出同意或者不同意投入使用或者营业的决定，并送达申请人。

第十六条　对大型群众性活动现场在举办前进行的消防安全检查，公安机关消防机构应当在接到本级公安机关治安部门书面通知之日起三个工作日内进行检查，并将检查记录移交本级公安机关治安部门。

第十七条　公安机关消防机构接到对消防安全违法行为的举报投诉，应当及时受理、登记，并按照《公安机关办理行政案件程序规定》的相关规定处理。

第十八条　公安机关消防机构应当按照下列时限，对举报投诉的消防安全违法行为进行实地核查：

（一）对举报投诉占用、堵塞、封闭疏散通道、安全出口或者其他妨碍安全疏散行为，以及擅自停用消防设施的，应当在接到举报投诉后二十四小时内进行核查；

（二）对举报投诉本款第一项以外的消防安全违法行为，应当在接到举报投诉之日起三个工作日内进行核查。

核查后，对消防安全违法行为应当依法处理。处理情况应当及时告知举报投诉人；无法告知的，应当在受理登记中注明。

第十九条　在消防监督检查中，公安机关消防机构对发现的依法应当责令立即改正的消防安全违法行为，应当当场制作、送达责令立即改正通知书，并依法予以处罚；对依法应当责令限期改正的，应当自检查之日起三个工作日内制作、送达责令限期改正通知书，并依法予以处罚。

对违法行为轻微并当场改正完毕，依法可以不予行政处罚的，可以口头责令改正，并在检查记录上注明。

第二十条　对依法责令限期改正的，应当根据改正违法行为的难易程度合理确定改正期限。

公安机关消防机构应当在责令限期改正期限届满或者收到当事人的复查申请之日起三个工作日内进行复查。对逾期不改正的，依法予以处罚。

第二十一条　在消防监督检查中，发现城乡消防安全布局、公共消防设施不符合消防安全要求，或者发现本地区存在影响公共安全的重大火灾隐患的，公安机关消防机构应当组织集体研究确定，自检查之日起七个工作日内提出处理意见，由所属公安机关书面报告本级人民政府解决；对影响公共安全的重大火灾隐患，还应当在确定之日起三个工作日内制作、送达重大火灾隐患整改通知书。

重大火灾隐患判定涉及复杂或者疑难技术问题的，公安机关消防机构应当在确定前组织专家论证。组织专家论证的，前款规定的期限可以延长十个工作日。

第二十二条　公安机关消防机构在消防监督检查中发现火灾隐患，应当通知有关单位或者个人立即采取措施消除；对具有下列情形之一，不及时消除可能严重威胁公共安全的，应当对危险部位或者场所予以临时查封：

（一）疏散通道、安全出口数量不足或者严重堵塞，已不具备安全疏散条件的；

（二）建筑消防设施严重损坏，不再具备防火灭火功能的；

（三）人员密集场所违反消防安全规定，使用、储存易燃易爆危险品的；

（四）公众聚集场所违反消防技术标准，采用易燃、可燃材料装修，可能导致重大人员伤亡的；

（五）其他可能严重威胁公共安全的火灾隐患。

临时查封期限不得超过三十日。临时查封期限届满后，当事人仍未消除火灾隐患的，公安机关消防机构可以再次依法予以临时查封。

第二十三条　临时查封应当由公安机关消防机构负责人组织集体研究决定。决定临时查封的，应当研究确定查封危险部位或者场所的范围、期限和实施方法，并自检查之日起三个工作日内制作、送达临时查封决定书。

情况紧急、不当场查封可能严重威胁公共安全的，消防监督检查人员可以在口头报请公安机关消防机构负责人同意后当场对危险部位或者场所实施临时查封，并在临时查封后二十四小时内由公安机关消防机构负责人组织集体研究，制作、送达临时查封决定书。经集体研究认为不应当采取临时查封措施的，应当立即解除。

第二十四条　临时查封由公安机关消防机构负责人组织实施。需要公安机关其他部门或者公安派出所配合的，公安机关消防机构应当报请所属公安机关组织实施。

实施临时查封应当遵守下列规定：

（一）实施临时查封时，通知当事人到场，当场告知当事人采取临时查封的理由、依据以及当事人依法享有的权利、救济途径，听取当事人的陈述和申辩；

（二）当事人不到场的，邀请见证人到场，由见证人和消防监督检查人员在现场笔录上签名或者盖章；

（三）在危险部位或者场所及其有关设施、设备上加贴封条或者采取其他措施，使危险部位或者场所停止生产、经营或者使用；

（四）对实施临时查封情况制作现场笔录，必要时，可以进行现场照相或者录音录像。

实施临时查封后，当事人请求进入被查封的危险部位或者场所整改火灾隐患的，应当允许。但不得在被查封的危险部位或者场所生产、经营或者使用。

第二十五条　火灾隐患消除后，当事人应当向作出临时查封决定的公安机关消防机构申请解除临时查封。公安机关消防机构应当自收到申请之日起三个工作日内进行检查，自检查之日起三个工作日内作出是否同意解除临时查封的决定，并送达当事人。

对检查确认火灾隐患已消除的，应当作出解除临时查封的决定。

第二十六条　对当事人有《中华人民共和国消防法》第六十条第一款第三项、第四项、第五项、第六项规定的消防安全违法行为，经责令改正拒不改正的，公安机关消防机构应当按照《中华人民共和国行政强制法》第五十一条、第五十二条的规定组织强制清除或者拆除相关障碍物、妨碍物，所需费用由违法行为人承担。

第二十七条　当事人不执行公安机关消防机构作出的停产停业、停止使用、停止施工决定的，作出决定的公安机关消防机构应当自履行期限届满之日起三个工作日内催告当事人履行义务。当事人收到催告书后有权进行陈述和申辩。公安机关消防机构应当充分听取当事人的意见，记录、复核当事人提出的事实、理由和证据。当事人提出的事实、理由或者证据成立的，应当采纳。

经催告，当事人逾期仍不履行义务且无正当理由的，公安机关消防机构负责人应当组织集体研究强制执行方案，确定执行的方式和时间。强制执行决定书应当自决定之日起三个工作日内制作、送达当事人。

第二十八条　强制执行由作出决定的公安机关消防机构负责人组织实施。需要公安机关其他部门或者公安派出所配合的，公安机关消防机构应当报请所属公安机关组织实施；需要其他行政部门配合的，公安机关消防机构应当提出意见，并由所属公安机关报请本级人民政府组织实施。

实施强制执行应当遵守下列规定：

（一）实施强制执行时，通知当事人到场，当场向当事人宣读强制执行决定，听取当事人的陈述和申辩；

（二）当事人不到场的，邀请见证人到场，由见证人和消防监督检查人员在现场笔录上签名或者盖章；

（三）对实施强制执行过程制作现场笔录，必要时，可以进行现场照相或者录音录像；

（四）除情况紧急外，不得在夜间或者法定节假日实施强制执行；

（五）不得对居民生活采取停止供水、供电、供热、供燃气等方式迫使当事人履行义务。

有《中华人民共和国行政强制法》第三十九条、第四十条规定的情形之一的，中止执行或者终结执行。

第二十九条　对被责令停止施工、停止使用、停产停业处罚的当事人申请恢复施工、使用、生产、经营的，公安机关消防机构应当自收到书面申请之日起三个工作日内进行检查，自检查之日起三个工作日内作出决定，送达当事人。

对当事人已改正消防安全违法行为、具备消防安全条件的，公安机关消防机构应当同意恢复施工、使用、生产、经营；对违法行为尚未改正、不具备消防安全条件的，应当不同意恢复施工、使用、生产、经营，并说明理由。

第四章　公安派出所日常消防监督检查

第三十条　公安派出所对其日常监督检查范围的单位，应当每年至少进行一次日常消防监督检查。

公安派出所对群众举报投诉的消防安全违法行为，应当及时受理，依法处理；对属于公安机关消防机构管辖的，应当依照《公安机关办理行政案件程序规定》在受理后及时移送公安机关消防机构处理。

第三十一条　公安派出所对单位进行日常消防监督检查，应当检查下列内容：

（一）建筑物或者场所是否依法通过消防验收或者进行竣工验收消防备案，公众聚集场所是否依法通过投入使用、营业前的消防安全检查；

（二）是否制定消防安全制度；

（三）是否组织防火检查、消防安全宣传教育培训、灭火和应急疏散演练；

（四）消防车通道、疏散通道、安全出口是否畅通，室内消火栓、疏散指示标志、应急照明、灭火器是否完好有效；

（五）生产、储存、经营易燃易爆危险品的场所是否与居住场所设置在同一建筑物内。

对设有建筑消防设施的单位，公安派出所还应当检查单位是否对建筑消防设施定期组织维修保养。

对居民住宅区的物业服务企业进行日常消防监督检查，公安派出所除检查本条第一款第（二）至（四）项内容外，还应当检查物业服务企业对管理区域内共用消防设施是否进行维护管理。

第三十二条　公安派出所对居民委员会、村民委员会进行日常消防监督检查，应当检查下列内容：

（一）消防安全管理人是否确定；

（二）消防安全工作制度、村（居）民防火安全公约是否制定；

（三）是否开展消防宣传教育、防火安全检查；

（四）是否对社区、村庄消防水源（消火栓）、消防车通道、消防器材进行维护管理；

（五）是否建立志愿消防队等多种形式消防组织。

第三十三条 公安派出所民警在日常消防监督检查时，发现被检查单位有下列行为之一的，应当责令依法改正：

（一）未制定消防安全制度、未组织防火检查和消防安全教育培训、消防演练的；

（二）占用、堵塞、封闭疏散通道、安全出口的；

（三）占用、堵塞、封闭消防车通道，妨碍消防车通行的；

（四）埋压、圈占、遮挡消火栓或者占用防火间距的；

（五）室内消火栓、灭火器、疏散指示标志和应急照明未保持完好有效的；

（六）人员密集场所在外墙门窗上设置影响逃生和灭火救援的障碍物的；

（七）违反消防安全规定进入生产、储存易燃易爆危险品场所的；

（八）违反规定使用明火作业或者在具有火灾、爆炸危险的场所吸烟、使用明火的；

（九）生产、储存和经营易燃易爆危险品的场所与居住场所设置在同一建筑物内的；

（十）未对建筑消防设施定期组织维修保养的。

公安派出所发现被检查单位的建筑物未依法通过消防验收，或者进行竣工验收消防备案，擅自投入使用的；公众聚集场所未依法通过使用、营业前的消防安全检查，擅自使用、营业的，应当在检查之日起五个工作日内书面移交公安机关消防机构处理。

公安派出所民警进行日常消防监督检查，应当填写检查记录，记录发现的消防安全违法行为、责令改正的情况。

第三十四条 公安派出所在日常消防监督检查中，发现存在严重威胁公共安全的火灾隐患，应当在责令改正的同时书面报告乡镇人民政府或者街道办事处和公安机关消防机构。

第五章 执法监督

第三十五条 公安机关消防机构应当健全消防监督检查工作制度，建立执法档案，定期进行执法质量考评，落实执法过错责任追究。

公安机关消防机构及其工作人员进行消防监督检查，应当自觉接受单位和公民的监督。

第三十六条 公安机关消防机构及其工作人员在消防监督检查中有下列情形的，对直接负责的主管人员和其他直接责任人员应当依法给予处分；构成犯罪的，依法追究刑事责任：

（一）不按规定制作、送达法律文书，不按照本规定履行消防监督检查职责，拒不改正的；

（二）对不符合消防安全条件的公众聚集场所准予消防安全检查合格的；

（三）无故拖延消防安全检查，不在法定期限内履行职责的；

（四）未按照本规定组织开展消防监督抽查的；

（五）发现火灾隐患不及时通知有关单位或者个人整改的；

（六）利用消防监督检查职权为用户指定消防产品的品牌、销售单位或者指定消防技术服务机构、消防设施施工、维修保养单位的；

（七）接受被检查单位、个人财物或者其他不正当利益的；

（八）其他滥用职权、玩忽职守、徇私舞弊的行为。

第三十七条 公安机关消防机构工作人员的近亲属严禁在其管

辖的区域或者业务范围内经营消防公司、承揽消防工程、推销消防产品。

违反前款规定的，按照有关规定对公安机关消防机构工作人员予以处分。

第六章 附 则

第三十八条 具有下列情形之一的，应当确定为火灾隐患：

（一）影响人员安全疏散或者灭火救援行动，不能立即改正的；

（二）消防设施未保持完好有效，影响防火灭火功能的；

（三）擅自改变防火分区，容易导致火势蔓延、扩大的；

（四）在人员密集场所违反消防安全规定，使用、储存易燃易爆危险品，不能立即改正的；

（五）不符合城市消防安全布局要求，影响公共安全的；

（六）其他可能增加火灾实质危险性或者危害性的情形。

重大火灾隐患按照国家有关标准认定。

第三十九条 有固定生产经营场所且具有一定规模的个体工商户，应当纳入消防监督检查范围。具体标准由省、自治区、直辖市公安机关消防机构确定并公告。

第四十条 铁路、港航、民航公安机关和国有林区的森林公安机关在管辖范围内实施消防监督检查参照本规定执行。

第四十一条 执行本规定所需要的法律文书式样，由公安部制定。

第四十二条 本规定自 2009 年 5 月 1 日起施行。2004 年 6 月 9 日发布的《消防监督检查规定》（公安部令第 73 号）同时废止。

火灾事故调查规定

中华人民共和国公安部令第 121 号

《公安部关于修改〈火灾事故调查规定〉的决定》已经 2012 年 7 月 6 日公安部部长办公会议通过，现予发布，自 2012 年 11 月 1 日起施行。

公安部部长　孟建柱

二○一二年七月十七日

第一章　总　则

第一条　为了规范火灾事故调查，保障公安机关消防机构依法履行职责，保护火灾当事人的合法权益，根据《中华人民共和国消防法》，制定本规定。

第二条　公安机关消防机构调查火灾事故，适用本规定。

第三条　火灾事故调查的任务是调查火灾原因，统计火灾损失，依法对火灾事故作出处理，总结火灾教训。

第四条　火灾事故调查应当坚持及时、客观、公正、合法的原则。

任何单位和个人不得妨碍和非法干预火灾事故调查。

第二章　管　辖

第五条　火灾事故调查由县级以上人民政府公安机关主管，并由本级公安机关消防机构实施；尚未设立公安机关消防机构的，由县级人民政府公安机关实施。

公安派出所应当协助公安机关火灾事故调查部门维护火灾现场秩序，保护现场，控制火灾肇事嫌疑人。

铁路、港航、民航公安机关和国有林区的森林公安机关消防机构负责调查其消防监督范围内发生的火灾。

第六条 火灾事故调查由火灾发生地公安机关消防机构按照下列分工进行：

（一）一次火灾死亡十人以上的，重伤二十人以上或者死亡、重伤二十人以上的，受灾五十户以上的，由省、自治区人民政府公安机关消防机构负责组织调查；

（二）一次火灾死亡一人以上的，重伤十人以上的，受灾三十户以上的，由设区的市或者相当于同级的人民政府公安机关消防机构负责组织调查；

（三）一次火灾重伤十人以下或者受灾三十户以下的，由县级人民政府公安机关消防机构负责调查。

直辖市人民政府公安机关消防机构负责组织调查一次火灾死亡三人以上的，重伤二十人以上或者死亡、重伤二十人以上的，受灾五十户以上的火灾事故，直辖市的区、县级人民政府公安机关消防机构负责调查其他火灾事故。

仅有财产损失的火灾事故调查，由省级人民政府公安机关结合本地实际作出管辖规定，报公安部备案。

第七条 跨行政区域的火灾，由最先起火地的公安机关消防机构按照本规定第六条的分工负责调查，相关行政区域的公安机关消防机构予以协助。

对管辖权发生争议的，报请共同的上一级公安机关消防机构指定管辖。县级人民政府公安机关负责实施的火灾事故调查管辖权发生争议的，由共同的上一级主管公安机关指定。

第八条　上级公安机关消防机构应当对下级公安机关消防机构火灾事故调查工作进行监督和指导。

上级公安机关消防机构认为必要时，可以调查下级公安机关消防机构管辖的火灾。

第九条　公安机关消防机构接到火灾报警，应当及时派员赶赴现场，并指派火灾事故调查人员开展火灾事故调查工作。

第十条　具有下列情形之一的，公安机关消防机构应当立即报告主管公安机关通知具有管辖权的公安机关刑侦部门，公安机关刑侦部门接到通知后应当立即派员赶赴现场参加调查；涉嫌放火罪的，公安机关刑侦部门应当依法立案侦查，公安机关消防机构予以协助：

（一）有人员死亡的火灾；

（二）国家机关、广播电台、电视台、学校、医院、养老院、托儿所、幼儿园、文物保护单位、邮政和通信、交通枢纽等部门和单位发生的社会影响大的火灾；

（三）具有放火嫌疑的火灾。

第十一条　军事设施发生火灾需要公安机关消防机构协助调查的，由省级人民政府公安机关消防机构或者公安部消防局调派火灾事故调查专家协助。

第三章　简易程序

第十二条　同时具有下列情形的火灾，可以适用简易调查程序：

（一）没有人员伤亡的；

（二）直接财产损失轻微的；

（三）当事人对火灾事故事实没有异议的；

（四）没有放火嫌疑的。

前款第二项的具体标准由省级人民政府公安机关确定，报公安部备案。

第十三条 适用简易调查程序的，可以由一名火灾事故调查人员调查，并按照下列程序实施：

（一）表明执法身份，说明调查依据；

（二）调查走访当事人、证人，了解火灾发生过程、火灾烧损的主要物品及建筑物受损等与火灾有关的情况；

（三）查看火灾现场并进行照相或者录像；

（四）告知当事人调查的火灾事故事实，听取当事人的意见，当事人提出的事实、理由或者证据成立的，应当采纳；

（五）当场制作火灾事故简易调查认定书，由火灾事故调查人员、当事人签字或者捺指印后交付当事人。

火灾事故调查人员应当在二日内将火灾事故简易调查认定书报所属公安机关消防机构备案。

第四章 一般程序

第一节 一般规定

第十四条 除依照本规定适用简易调查程序的外，公安机关消防机构对火灾进行调查时，火灾事故调查人员不得少于两人。必要时，可以聘请专家或者专业人员协助调查。

第十五条　公安部和省级人民政府公安机关应当成立火灾事故调查专家组，协助调查复杂、疑难的火灾。专家组的专家协助调查火灾的，应当出具专家意见。

第十六条　火灾发生地的县级公安机关消防机构应当根据火灾现场情况，排除现场险情，保障现场调查人员的安全，并初步划定现场封闭范围，设置警戒标志，禁止无关人员进入现场，控制火灾肇事嫌疑人。

公安机关消防机构应当根据火灾事故调查需要，及时调整现场封闭范围，并在现场勘验结束后及时解除现场封闭。

第十七条　封闭火灾现场的，公安机关消防机构应当在火灾现场对封闭的范围、时间和要求等予以公告。

第十八条　公安机关消防机构应当自接到火灾报警之日起三十日内作出火灾事故认定；情况复杂、疑难的，经上一级公安机关消防机构批准，可以延长三十日。

火灾事故调查中需要进行检验、鉴定的，检验、鉴定时间不计入调查期限。

第二节　现场调查

第十九条　火灾事故调查人员应当根据调查需要，对发现、扑救火灾人员，熟悉起火场所、部位和生产工艺人员，火灾肇事嫌疑人和被侵害人等知情人员进行询问。对火灾肇事嫌疑人可以依法传唤。必要时，可以要求被询问人到火灾现场进行指认。

询问应当制作笔录，由火灾事故调查人员和被询问人签名或者捺指印。被询问人拒绝签名和捺指印的，应当在笔录中注明。

第二十条　勘验火灾现场应当遵循火灾现场勘验规则，采取现场照相或者录像、录音，制作现场勘验笔录和绘制现场图等方法记录现场情况。

对有人员死亡的火灾现场进行勘验的，火灾事故调查人员应当对尸体表面进行观察并记录，对尸体在火灾现场的位置进行调查。

现场勘验笔录应当由火灾事故调查人员、证人或者当事人签名。证人、当事人拒绝签名或者无法签名的，应当在现场勘验笔录上注明。现场图应当由制图人、审核人签字。

第二十一条　现场提取痕迹、物品，应当按照下列程序实施：

（一）量取痕迹、物品的位置、尺寸，并进行照相或者录像。

（二）填写火灾痕迹、物品提取清单，由提取人、证人或者当事人签名；证人、当事人拒绝签名或者无法签名的，应当在清单上注明。

（三）封装痕迹、物品，粘贴标签，标明火灾名称和封装痕迹、物品的名称、编号及其提取时间，由封装人、证人或者当事人签名；证人、当事人拒绝签名或者无法签名的，应当在标签上注明。

提取的痕迹、物品，应当妥善保管。

第二十二条　根据调查需要，经负责火灾事故调查的公安机关消防机构负责人批准，可以进行现场实验。现场实验应当照相或者录像，制作现场实验报告，并由实验人员签字。现场实验报告应当载明下列事项：

（一）实验的目的；

（二）实验时间、环境和地点；

（三）实验使用的仪器或者物品；

（四）实验过程；

（五）实验结果；

（六）其他与现场实验有关的事项。

第三节　检验、鉴定

第二十三条　现场提取的痕迹、物品需要进行专门性技术鉴定的，公安机关消防机构应当委托依法设立的鉴定机构进行，并与鉴定机构约定鉴定期限和鉴定检材的保管期限。

公安机关消防机构可以根据需要委托依法设立的价格鉴证机构对火灾直接财产损失进行鉴定。

第二十四条　有人员死亡的火灾，为了确定死因，公安机关消防机构应当立即通知本级公安机关刑事科学技术部门进行尸体检验。公安机关刑事科学技术部门应当出具尸体检验鉴定文书，确定死亡原因。

第二十五条　卫生行政主管部门许可的医疗机构具有执业资格的医生出具的诊断证明，可以作为公安机关消防机构认定人身伤害程度的依据。但是，具有下列情形之一的，应当由法医进行伤情鉴定：

（一）受伤程度较重，可能构成重伤的；

（二）火灾受伤人员要求作鉴定的；

（三）当事人对伤害程度有争议的；

（四）其他应当进行鉴定的情形。

第二十六条　对受损单位和个人提供的由价格鉴证机构出具的鉴定意见，公安机关消防机构应当审查下列事项：

（一）鉴证机构、鉴证人是否具有资质、资格；

（二）鉴证机构、鉴证人是否盖章签名；

（三）鉴定意见依据是否充分；

（四）鉴定是否存在其他影响鉴定意见正确性的情形。

对符合规定的，可以作为证据使用；对不符合规定的，不予采信。

第四节　火灾损失统计

第二十七条　受损单位和个人应当于火灾扑灭之日起七日内向火灾发生地的县级公安机关消防机构如实申报火灾直接财产损失，并附有效证明材料。

第二十八条　公安机关消防机构应当根据受损单位和个人的申报、依法设立的价格鉴证机构出具的火灾直接财产损失鉴定意见以及调查核实情况，按照有关规定，对火灾直接经济损失和人员伤亡进行如实统计。

第五节　火灾事故认定

第二十九条　公安机关消防机构应当根据现场勘验、调查询问和有关检验、鉴定意见等调查情况，及时作出起火原因的认定。

第三十条　对起火原因已经查清的，应当认定起火时间、起火部位、起火点和起火原因；对起火原因无法查清的，应当认定起火时间、起火点或者起火部位以及有证据能够排除和不能排除的起火原因。

第三十一条　公安机关消防机构在作出火灾事故认定前，应当召集当事人到场，说明拟认定的起火原因，听取当事人意见；当事人不到场的，应当记录在案。

第三十二条　公安机关消防机构应当制作火灾事故认定书，自作出之日起七日内送达当事人，并告知当事人申请复核的权利。无法送达的，可以在作出火灾事故认定之日起七日内公告送达。公告期为二十日，公告期满即视为送达。

第三十三条　对较大以上的火灾事故或者特殊的火灾事故，公安机关消防机构应当开展消防技术调查，形成消防技术调查报告，逐级上报至省级人民政府公安机关消防机构，重大以上的火灾事故调查报告报公安部消防局备案。调查报告应当包括下列内容：

（一）起火场所概况；

（二）起火经过和火灾扑救情况；

（三）火灾造成的人员伤亡、直接经济损失统计情况；

（四）起火原因和灾害成因分析；

（五）防范措施。

火灾事故等级的确定标准按照公安部的有关规定执行。

第三十四条　公安机关消防机构作出火灾事故认定后，当事人可以申请查阅、复制、摘录火灾事故认定书、现场勘验笔录和检验、鉴定意见，公安机关消防机构应当自接到申请之日起七日内提供，但涉及国家秘密、商业秘密、个人隐私或者移交公安机关其他部门处理的依法不予提供，并说明理由。

第六节　复核

第三十五条　当事人对火灾事故认定有异议的，可以自火灾事故认定书送达之日起十五日内，向上一级公安机关消防机构提出书面复核申请；对省级人民政府公安机关消防机构作出的火灾事故认定有异议的，向省级人民政府公安机关提出书面复核申请。

复核申请应当载明申请人的基本情况，被申请人的名称，复核请求，申请复核的主要事实、理由和证据，申请人的签名或者盖章，申请复核的日期。

第三十六条 复核机构应当自收到复核申请之日起七日内作出是否受理的决定并书面通知申请人。有下列情形之一的，不予受理：

（一）非火灾当事人提出复核申请的；

（二）超过复核申请期限的；

（三）复核机构维持原火灾事故认定或者直接作出火灾事故复核认定的；

（四）适用简易调查程序作出火灾事故认定的。

公安机关消防机构受理复核申请的，应当书面通知其他当事人，同时通知原认定机构。

第三十七条 原认定机构应当自接到通知之日起十日内，向复核机构作出书面说明，并提交火灾事故调查案卷。

第三十八条 复核机构应当对复核申请和原火灾事故认定进行书面审查，必要时，可以向有关人员进行调查；火灾现场尚存且未被破坏的，可以进行复核勘验。

复核审查期间，复核申请人撤回复核申请的，公安机关消防机构应当终止复核。

第三十九条 复核机构应当自受理复核申请之日起三十日内，作出复核决定，并按照本规定第三十二条规定的时限送达申请人、其他当事人和原认定机构。对需要向有关人员进行调查或者火灾现场复核勘验的，经复核机构负责人批准，复核期限可以延长三十日。

原火灾事故认定主要事实清楚、证据确实充分、程序合法，起火原因认定正确的，复核机构应当维持原火灾事故认定。

原火灾事故认定具有下列情形之一的，复核机构应当直接作出火灾事故复核认定或者责令原认定机构重新作出火灾事故认定，并撤销原认定机构作出的火灾事故认定：

（一）主要事实不清，或者证据不确实充分的；

（二）违反法定程序，影响结果公正的；

（三）认定行为存在明显不当，或者起火原因认定错误的；

（四）超越或者滥用职权的。

第四十条 原认定机构接到重新作出火灾事故认定的复核决定后，应当重新调查，在十五日内重新作出火灾事故认定。

复核机构直接作出火灾事故认定和原认定机构重新作出火灾事故认定前，应当向申请人、其他当事人说明重新认定情况；原认定机构重新作出的火灾事故认定书，应当按照本规定第三十二条规定的时限送达当事人，并报复核机构备案。

复核以一次为限。当事人对原认定机构重新作出的火灾事故认定，可以按照本规定第三十五条的规定申请复核。

第五章　火灾事故调查的处理

第四十一条 公安机关消防机构在火灾事故调查过程中，应当根据下列情况分别作出处理：

（一）涉嫌失火罪、消防责任事故罪的，按照《公安机关办理刑事案件程序规定》立案侦查；涉嫌其他犯罪的，及时移送有关主管部门办理。

（二）涉嫌消防安全违法行为的，按照《公安机关办理行政案件程序规定》调查处理；涉嫌其他违法行为的，及时移送有关主管部门调查处理。

（三）依照有关规定应当给予处分的，移交有关主管部门处理。

对经过调查不属于火灾事故的，公安机关消防机构应当告知当事人处理途径并记录在案。

第四十二条 公安机关消防机构向有关主管部门移送案件的，应当在本级公安机关消防机构负责人批准后的二十四小时内移送，并根据案件需要附下列材料：

（一）案件移送通知书；

（二）案件调查情况；

（三）涉案物品清单；

（四）询问笔录，现场勘验笔录，检验、鉴定意见以及照相、录像、录音等资料；

（五）其他相关材料。

构成放火罪需要移送公安机关刑侦部门处理的，火灾现场应当一并移交。

第四十三条 公安机关其他部门应当自接受公安机关消防机构移送的涉嫌犯罪案件之日起十日内，进行审查并作出决定。依法决定立案的，应当书面通知移送案件的公安机关消防机构；依法不予立案的，应当说明理由，并书面通知移送案件的公安机关消防机构，退回案卷材料。

第四十四条 公安机关消防机构及其工作人员有下列行为之一的，依照有关规定给予责任人员处分；构成犯罪的，依法追究刑事责任：

（一）指使他人错误认定或者故意错误认定起火原因的；

（二）瞒报火灾、火灾直接经济损失、人员伤亡情况的；

（三）利用职务上的便利，索取或者非法收受他人财物的；

（四）其他滥用职权、玩忽职守、徇私舞弊的行为。

第六章　附　则

第四十五条　本规定中下列用语的含义：

（一）"当事人"，是指与火灾发生、蔓延和损失有直接利害关系的单位和个人。

（二）"户"，用于统计居民、村民住宅火灾，按照公安机关登记的家庭户统计。

（三）本规定中十五日以内（含本数）期限的规定是指工作日，不含法定节假日。

（四）本规定所称的"以上"含本数、本级，"以下"不含本数。

第四十六条　火灾事故调查中有关回避、证据、调查取证、鉴定等要求，本规定没有规定的，按照《公安机关办理行政案件程序规定》执行。

第四十七条　执行本规定所需要的法律文书式样，由公安部制定。

第四十八条　本规定自 2009 年 5 月 1 日起施行。1999 年 3 月 15 日发布施行的《火灾事故调查规定》（公安部令第 37 号）和 2008 年 3 月 18 日发布施行的《火灾事故调查规定修正案》（公安部令第 100 号）同时废止。

注册消防工程师管理规定

中华人民共和国公安部令第 143 号

《注册消防工程师管理规定》已经 2017 年 2 月 27 日公安部部长办公会议通过,现予发布,自 2017 年 10 月 1 日起施行。

部长 郭声琨

2017 年 3 月 16 日

第一章 总 则

第一条 为了加强对注册消防工程师的管理,规范注册消防工程师的执业行为,保障消防安全技术服务与管理质量,根据《中华人民共和国消防法》,制定本规定。

第二条 取得注册消防工程师资格证书人员的注册、执业和继续教育及其监督管理,适用本规定。

第三条 本规定所称注册消防工程师,是指取得相应级别注册消防工程师资格证书并依法注册后,从事消防设施维护保养检测、消防安全评估和消防安全管理等工作的专业技术人员。

第四条 注册消防工程师实行注册执业管理制度。注册消防工程师分为一级注册消防工程师和二级注册消防工程师。

第五条 公安部消防局对全国注册消防工程师的注册、执业和继续教育实施指导和监督管理。

县级以上地方公安机关消防机构对本行政区域内注册消防工程师的注册、执业和继续教育实施指导和监督管理。

第六条　注册消防工程师应当严格遵守有关法律、法规和国家标准、行业标准，恪守职业道德和执业准则，增强服务意识和社会责任感，不断提高专业素质和业务水平。

第七条　鼓励依托消防协会成立注册消防工程师行业协会。注册消防工程师行业协会应当依法登记和开展活动，加强行业自律管理，规范执业行为，促进行业健康发展。

注册消防工程师行业协会不得从事营利性社会消防技术服务活动，不得通过制定行业规则或者其他方式妨碍公平竞争，损害他人利益和社会公共利益。

第二章　注　册

第八条　取得注册消防工程师资格证书的人员，必须经过注册，方能以相应级别注册消防工程师的名义执业。

未经注册，不得以注册消防工程师的名义开展执业活动。

第九条　省、自治区、直辖市公安机关消防机构（以下简称省级公安机关消防机构）是一级、二级注册消防工程师的注册审批部门。

第十条　注册消防工程师的注册分为初始注册、延续注册和变更注册。

第十一条　申请注册的人员，应当同时具备以下条件：

（一）依法取得注册消防工程师资格证书；

（二）受聘于一个消防技术服务机构或者消防安全重点单位，并担任技术负责人、项目负责人或者消防安全管理人；

（三）无本规定第二十三条所列情形。

第十二条　申请注册的人员，应当通过聘用单位向单位所在地（企业工商注册地）的省级或者地市级公安机关消防机构提交注册申请材料。

申请注册的人员，拟在消防技术服务机构的分支机构所在地开展执业活动的，应当通过该分支机构向其所在地的省级或者地市级公安机关消防机构提交注册申请材料。

第十三条　公安机关消防机构收到注册申请材料后，对申请材料齐全、符合法定形式的，应当出具受理凭证；不予受理的，应当出具不予受理凭证并载明理由。对申请材料不齐全或者不符合法定形式的，应当当场或者在5日内一次告知申请人需要补正的全部内容，逾期不告知的，自收到申请材料之日起即为受理。

地市级公安机关消防机构受理注册申请后，应当在3日内将申请材料送至省级公安机关消防机构。

第十四条　省级公安机关消防机构应当自受理之日起20日内对申请人条件和注册申请材料进行审查并作出注册决定。在规定的期限内不能作出注册决定的，经省级公安机关消防机构负责人批准，可以延长10日，并应当将延长期限的理由告知申请人。

第十五条　省级公安机关消防机构应当自作出注册决定之日起10日内颁发相应级别的注册证、执业印章，并向社会公告；对作出不予注册决定的，应当出具不予注册决定书并载明理由。

注册消防工程师的注册证、执业印章式样由公安部消防局统一制定，省级公安机关消防机构组织制作。

第十六条　注册证、执业印章的有效期为3年，自作出注册决定之日起计算。

申请人领取一级注册消防工程师注册证、执业印章时，已经取得二级注册消防工程师注册证、执业印章的，应当同时将二级注册消防工程师注册证、执业印章交回。

第十七条 申请初始注册的，应当自取得注册消防工程师资格证书之日起1年内提出。

本规定施行前已经取得注册消防工程师资格但尚未注册的，应当在本规定施行之日起1年内提出申请。

逾期未申请初始注册的，应当参加继续教育，并在达到继续教育的要求后方可申请初始注册。

第十八条 申请初始注册应当提交下列材料：

（一）初始注册申请表；

（二）申请人身份证明材料、注册消防工程师资格证书等复印件；

（三）聘用单位消防技术服务机构资质证书副本复印件或者消防安全重点单位证明材料；

（四）与聘用单位签订的劳动合同或者聘用文件复印件，社会保险证明或者人事证明复印件。

聘用单位同时申请消防技术服务机构资质的，申请人无需提供前款第三项规定的材料。

逾期申请初始注册的，还应当提交达到继续教育要求的证明材料。

第十九条 注册有效期满需继续执业的，应当在注册有效期届满3个月前，按照本规定第十二条的规定申请延续注册，并提交下列材料：

（一）延续注册申请表；

（二）原注册证、执业印章；

（三）与聘用单位签订的劳动合同或者聘用文件复印件，社会保险证明或者人事证明复印件；

（四）符合本规定第二十九条第二款规定的执业业绩证明材料；

（五）继续教育的证明材料。

第二十条 注册消防工程师在注册有效期内发生下列情形之一的，应当按照本规定第十二条的规定申请变更注册：

（一）变更聘用单位的；

（二）聘用单位名称变更的；

（三）注册消防工程师姓名变更的。

第二十一条 申请变更注册，应当提交变更注册申请表、原注册证和执业印章，以及下列变更事项证明材料：

（一）注册消防工程师变更聘用单位的，提交新聘用单位的消防技术服务机构资质证书副本复印件或者消防安全重点单位证明材料，与新聘用单位签订的劳动合同或者聘用文件复印件，社会保险证明或者人事证明复印件，与原聘用单位解除（终止）工作关系证明；

（二）注册消防工程师聘用单位名称变更的，提交变更后的单位工商营业执照等证明文件复印件；

（三）注册消防工程师姓名变更的，提交户籍信息变更材料。

变更注册后，有效期仍延续原注册有效期。原注册有效期届满在半年以内的，可以同时提出延续注册申请；准予延续的，注册有效期重新计算。

第二十二条 注册消防工程师在申请变更注册之日起，至注册审批部门准予其变更注册之前不得执业。

第二十三条 申请人有下列情形之一的，不予注册：

（一）不具有完全民事行为能力或者年龄超过 70 周岁的；

（二）申请在非消防技术服务机构、非消防安全重点单位，或者 2 个以上消防技术服务机构、消防安全重点单位注册的；

（三）刑事处罚尚未执行完毕，或者因违法执业行为受到刑事处罚，自刑事处罚执行完毕之日起至申请注册之日止不满5年的；

（四）未达到继续教育、执业业绩要求的；

（五）因存在本规定第五十条违法行为被撤销注册，自撤销注册之日起至申请注册之日止不满3年的；

（六）因存在本规定第五十五条第二项、第五十六条、第五十七条违法执业行为之一被注销注册，自注销注册之日起至申请注册之日止不满3年的；

（七）因存在本规定第五十五条第一项、第三项违法执业行为之一被注销注册，自注销注册之日起至申请注册之日止不满1年的；

（八）因违法执业行为受到公安机关消防机构行政处罚，未履行完毕的。

第二十四条　注册消防工程师注册证、执业印章遗失的，应当及时向原注册审批部门备案。

注册消防工程师注册证或者执业印章遗失、污损需要补办、更换的，应当持聘用单位和本人共同出具的遗失说明，或者污损的原注册证、执业印章，向原注册审批部门申请补办、更换。原注册审批部门应当自受理之日起10日内办理完毕。补办、更换的注册证、执业印章有效期延续原注册有效期。

第三章　执　业

第二十五条　注册证、执业印章是注册消防工程师的执业凭证，由注册消防工程师本人保管、使用。

第二十六条　一级注册消防工程师可以在全国范围内执业；二

级注册消防工程师可以在注册所在省、自治区、直辖市范围内执业。

第二十七条　一级注册消防工程师的执业范围包括：

（一）消防技术咨询与消防安全评估；

（二）消防安全管理与消防技术培训；

（三）消防设施维护保养检测（含灭火器维修）；

（四）消防安全监测与检查；

（五）火灾事故技术分析；

（六）公安部或者省级公安机关规定的其他消防安全技术工作。

第二十八条　二级注册消防工程师的执业范围包括：

（一）除100米以上公共建筑、大型的人员密集场所、大型的危险化学品单位外的火灾高危单位消防安全评估；

（二）除250米以上公共建筑、大型的危险化学品单位外的消防安全管理；

（三）单体建筑面积4万平方米以下建筑的消防设施维护保养检测（含灭火器维修）；

（四）消防安全监测与检查；

（五）公安部或者省级公安机关规定的其他消防安全技术工作。

省级公安机关消防机构应当结合实际，根据上款规定确定本地区二级注册消防工程师的具体执业范围。

第二十九条　注册消防工程师的执业范围应当与其聘用单位业务范围和本人注册级别相符合，本人的执业范围不得超越其聘用单位的业务范围。

受聘于消防技术服务机构的注册消防工程师，每个注册有效期应当至少参与完成3个消防技术服务项目；受聘于消防安全重点单位的注册消防工程师，1个年度内应当至少签署1个消防安全技术文件。

注册消防工程师的聘用单位应当加强对本单位注册消防工程师的管理，对其执业活动依法承担法律责任。

第三十条 下列消防安全技术文件应当以注册消防工程师聘用单位的名义出具，并由担任技术负责人、项目负责人或者消防安全管理人的注册消防工程师签名，加盖执业印章：

（一）消防技术咨询、消防安全评估、火灾事故技术分析等书面结论文件；

（二）消防安全重点单位年度消防工作综合报告；

（三）消防设施维护保养检测书面结论文件；

（四）灭火器维修合格证；

（五）法律、法规规定的其他消防安全技术文件。

修改经注册消防工程师签名盖章的消防安全技术文件，应当由原注册消防工程师进行；因特殊情况，原注册消防工程师不能进行修改的，应当由其他相应级别的注册消防工程师修改，并签名、加盖执业盖章，对修改部分承担相应的法律责任。

第三十一条 注册消防工程师享有下列权利：

（一）使用注册消防工程师称谓；

（二）保管和使用注册证和执业印章；

（三）在规定的范围内开展执业活动；

（四）对违反相关法律、法规和国家标准、行业标准的行为提出劝告，拒绝签署违反国家标准、行业标准的消防安全技术文件；

（五）参加继续教育；

（六）依法维护本人的合法执业权利。

第三十二条 注册消防工程师应当履行下列义务：

（一）遵守和执行法律、法规和国家标准、行业标准；

（二）接受继续教育，不断提高消防安全技术能力；

（三）保证执业活动质量，承担相应的法律责任；

（四）保守知悉的国家秘密和聘用单位的商业、技术秘密。

第三十三条 注册消防工程师不得有下列行为：

（一）同时在 2 个以上消防技术服务机构，或者消防安全重点单位执业；

（二）以个人名义承接执业业务、开展执业活动；

（三）在聘用单位出具的虚假、失实消防安全技术文件上签名、加盖执业印章；

（四）变造、倒卖、出租、出借，或者以其他形式转让资格证书、注册证或者执业印章；

（五）超出本人执业范围或者聘用单位业务范围开展执业活动；

（六）不按照国家标准、行业标准开展执业活动，减少执业活动项目内容、数量，或者降低执业活动质量；

（七）违反法律、法规规定的其他行为。

第四章 继续教育

第三十四条 注册消防工程师在每个注册有效期内应当达到继续教育要求。具有注册消防工程师资格证书的非注册人员，应当持续参加继续教育，并达到继续教育要求。

第三十五条 公安部消防局统一管理全国注册消防工程师的继续教育工作，组织制定一级注册消防工程师的继续教育规划和计划。

省级公安机关消防机构负责本行政区域内一级、二级注册消防工程师继续教育的组织实施和管理，组织制定二级注册消防工程师的继续教育规划和计划。省级公安机关消防机构可以委托教育培训机构实施继续教育。

第三十六条　注册消防工程师继续教育可以按照注册级别，采取集中面授、网络教学等多种形式进行。

第三十七条　对达到继续教育要求的注册消防工程师，实施继续教育培训的机构应当出具证明材料。

第五章　监督管理

第三十八条　县级以上公安机关消防机构依照有关法律、法规和本规定，对本行政区域内注册消防工程师的执业活动实施监督管理。

注册消防工程师及其聘用单位对公安机关消防机构依法进行的监督管理应当协助与配合，不得拒绝或者阻挠。

第三十九条　省级公安机关消防机构应当制定对注册消防工程师执业活动的监督抽查计划。县级以上地方公安机关消防机构应当根据监督抽查计划，结合日常消防监督检查工作，对注册消防工程师的执业活动实施监督抽查。

公安机关消防机构对注册消防工程师的执业活动实施监督抽查时，检查人员不得少于2人，并应当表明执法身份。

第四十条　公安机关消防机构对发现的注册消防工程师违法执业行为，应当责令立即改正或者限期改正，并依法查处。

公安机关消防机构对注册消防工程师作出处理决定后，应当在作出处理决定之日起7日内将违法执业事实、处理结果或者处理建议抄告原注册审批部门。原注册审批部门收到抄告后，应当依法作出责令停止执业、注销注册或者吊销注册证等处理。

第四十一条 公安机关消防机构工作人员滥用职权、玩忽职守作出准予注册决定的，作出决定的公安机关消防机构或者其上级公安机关消防机构可以撤销注册。

第四十二条 注册消防工程师有下列情形之一的，注册审批部门应当予以注销注册，并将其注册证、执业印章收回或者公告作废：

（一）不具有完全民事行为能力或者年龄超过70周岁的；

（二）申请注销注册或者注册有效期满超过3个月未延续注册的；

（三）被撤销注册、吊销注册证的；

（四）在1个注册有效期内有本规定第五十五条第二项、第五十六条、第五十七条所列情形1次以上，或者第五十五条第一项、第三项所列情形2次以上的；

（五）执业期间受到刑事处罚的；

（六）聘用单位破产、解散、被撤销，或者被注销消防技术服务机构资质的；

（七）与聘用单位解除（终止）工作关系超过3个月的；

（八）法律、行政法规规定的其他情形。

被注销注册的人员在具备初始注册条件后，可以重新申请初始注册。

第四十三条 公安机关消防机构实施监督检查时，有权采取下列措施：

（一）查看注册消防工程师的注册证、执业印章、签署的消防安全技术文件和社会保险证明；

（二）查阅注册消防工程师聘用单位、服务单位相关资料，询问有关事项；

（三）实地抽查注册消防工程师执业活动情况，核查执业活动质量；

（四）法律、行政法规规定的其他措施。

第四十四条　公安机关消防机构实施监督检查时，应当重点抽查下列情形：

（一）注册消防工程师聘用单位是否符合要求；

（二）注册消防工程师是否具备注册证、执业印章；

（三）是否存在违反本规定第三十条、第三十三条规定的情形。

第四十五条　公安机关消防机构对注册消防工程师执业活动中的违法行为除给予行政处罚外，实行违法行为累积记分制度。

累积记分管理的具体办法，由公安部制定。

第四十六条　注册消防工程师聘用单位应当建立本单位注册消防工程师的执业档案，并确保执业档案真实、准确、完整。

第四十七条　任何单位和个人都有权对注册消防工程师执业活动中的违法行为和公安机关消防机构及其工作人员监督管理工作中的违法行为进行举报、投诉。

公安机关消防机构接到举报、投诉后，应当及时进行核查、处理。

第六章　法律责任

第四十八条　注册消防工程师及其聘用单位违反本规定的行为，法律、法规已经规定法律责任的，依照有关规定处理。

第四十九条　隐瞒有关情况或者提供虚假材料申请注册的，公安机关消防机构不予受理或者不予许可，申请人在 1 年内不得再次申请注册；聘用单位为申请人提供虚假注册申请材料的，同时对聘用单位处 1 万元以上 3 万元以下罚款。

第五十条　申请人以欺骗、贿赂等不正当手段取得注册消防工程师资格注册的，原注册审批部门应当撤销其注册，并处 1 万元以下罚款；申请人在 3 年内不得再次申请注册。

第五十一条　未经注册擅自以注册消防工程师名义执业，或者被依法注销注册后继续执业的，责令停止违法活动，处 1 万元以上 3 万元以下罚款。

第五十二条　注册消防工程师有需要变更注册的情形，未经注册审批部门准予变更注册而继续执业的，责令改正，处 1000 元以上 1 万元以下罚款。

第五十三条　注册消防工程师聘用单位出具的消防安全技术文件，未经注册消防工程师签名或者加盖执业印章的，责令改正，处 1000 元以上 1 万元以下罚款。

第五十四条　注册消防工程师未按照国家标准、行业标准开展执业活动，减少执业活动项目内容、数量，或者执业活动质量不符合国家标准、行业标准的，责令改正，处 1000 元以上 1 万元以下罚款。

第五十五条　注册消防工程师有下列行为之一的，责令改正，处 1 万元以上 2 万元以下罚款：

（一）以个人名义承接执业业务、开展执业活动的；

（二）变造、倒卖、出租、出借或者以其他形式转让资格证书、注册证、执业印章的；

（三）超出本人执业范围或者聘用单位业务范围开展执业活动的。

第五十六条　注册消防工程师同时在 2 个以上消防技术服务机构或者消防安全重点单位执业的，依据《社会消防技术服务管理规定》第四十七条第二款的规定处罚。

第五十七条　注册消防工程师在聘用单位出具的虚假、失实消防安全技术文件上签名或者加盖执业印章的，依据《中华人民共和国消防法》第六十九条的规定处罚。

第五十八条　本规定规定的行政处罚，除第五十条、第五十七条另有规定的外，由违法行为地的县级以上公安机关消防机构决定。

第五十九条　注册消防工程师对公安机关消防机构在注册消防工程师监督管理中作出的具体行政行为不服的，可以依法申请行政复议或者提起行政诉讼。

第六十条　公安机关消防机构工作人员有下列行为之一，尚不构成犯罪的，依法给予处分；构成犯罪的，依法追究刑事责任：

（一）超越法定职权、违反法定程序或者对不符合法定条件的申请人准予注册的；

（二）对符合法定条件的申请人不予受理、注册或者拖延办理的；

（三）利用职务上的便利，索取或者收受他人财物或者谋取不正当利益的；

（四）不依法履行监督管理职责或者发现违法行为不依法处理的。

第七章　附　则

第六十一条　本规定中的"日"是指工作日，不含法定节假日；"以上""以下"包括本数、本级。

第六十二条　本规定自 2017 年 10 月 1 日起施行。

社会消防安全教育培训规定

中华人民共和国公安部

中华人民共和国教育部

中华人民共和国民政部

中华人民共和国人力资源和社会保障部

中华人民共和国住房和城乡建设部　　　　　令第 109 号

中华人民共和国文化部

国家广播电影电视总局

国家安全生产监督管理总局

国家旅游局

《社会消防安全教育培训规定》已经 2008 年 12 月 30 日公安部部长办公会议通过，并经教育部、民政部、人力资源社会保障部、住房城乡建设部、文化部、广电总局、安全监管总局、国家旅游局同意，现予发布，自 2009 年 6 月 1 日起施行。

公安部部长　孟建柱

教育部部长　周　济

民政部部长　李学举

人力资源社会保障部部长　尹蔚民

住房城乡建设部部长　姜伟新

文化部部长　蔡　武

广电总局局长　王太华

安全监管总局局长　骆　琳

旅游局局长　邵琪伟

二〇〇九年四月十三日

第一章 总 则

第一条 为了加强社会消防安全教育培训工作，提高公民消防安全素质，有效预防火灾，减少火灾危害，根据《中华人民共和国消防法》等有关法律法规，制定本规定。

第二条 机关、团体、企业、事业等单位（以下统称单位）、社区居民委员会、村民委员会依照本规定开展消防安全教育培训工作。

第三条 公安、教育、民政、人力资源和社会保障、住房和城乡建设、文化、广电、安全监管、旅游、文物等部门应当按照各自职能，依法组织和监督管理消防安全教育培训工作，并纳入相关工作检查、考评。

各部门应当建立协作机制，定期研究、共同做好消防安全教育培训工作。

第四条 消防安全教育培训的内容应当符合全国统一的消防安全教育培训大纲的要求，主要包括：

（一）国家消防工作方针、政策；

（二）消防法律法规；

（三）火灾预防知识；

（四）火灾扑救、人员疏散逃生和自救互救知识；

（五）其他应当教育培训的内容。

第二章 管理职责

第五条 公安机关应当履行下列职责，并由公安机关消防机构具体实施：

（一）掌握本地区消防安全教育培训工作情况，向本级人民政府及相关部门提出工作建议；

（二）协调有关部门指导和监督社会消防安全教育培训工作；

（三）会同教育行政部门、人力资源和社会保障部门对消防安全专业培训机构实施监督管理；

（四）定期对社区居民委员会、村民委员会的负责人和专（兼）职消防队、志愿消防队的负责人开展消防安全培训。

第六条 教育行政部门应当履行下列职责：

（一）将学校消防安全教育培训工作纳入教育培训规划，并进行教育督导和工作考核；

（二）指导和监督学校将消防安全知识纳入教学内容；

（三）将消防安全知识纳入学校管理人员和教师在职培训内容；

（四）依法在职责范围内对消防安全专业培训机构进行审批和监督管理。

第七条 民政部门应当履行下列职责：

（一）将消防安全教育培训工作纳入减灾规划并组织实施，结合救灾、扶贫济困和社会优抚安置、慈善等工作开展消防安全教育；

（二）指导社区居民委员会、村民委员会和各类福利机构开展消防安全教育培训工作；

（三）负责消防安全专业培训机构的登记，并实施监督管理。

第八条 人力资源和社会保障部门应当履行下列职责：

（一）指导和监督机关、企业和事业单位将消防安全知识纳入干部、职工教育、培训内容；

（二）依法在职责范围内对消防安全专业培训机构进行审批和

监督管理。

第九条 住房和城乡建设行政部门应当指导和监督勘察设计单位、施工单位、工程监理单位、施工图审查机构、城市燃气企业、物业服务企业、风景名胜区经营管理单位和城市公园绿地管理单位等开展消防安全教育培训工作，将消防法律法规和工程建设消防技术标准纳入建设行业相关执业人员的继续教育和从业人员的岗位培训及考核内容。

第十条 文化、文物行政部门应当积极引导创作优秀消防安全文化产品，指导和监督文物保护单位、公共娱乐场所和公共图书馆、博物馆、文化馆、文化站等文化单位开展消防安全教育培训工作。

第十一条 广播影视行政部门应当指导和协调广播影视制作机构和广播电视播出机构，制作、播出相关消防安全节目，开展公益性消防安全宣传教育，指导和监督电影院开展消防安全教育培训工作。

第十二条 安全生产监督管理部门应当履行下列职责：

（一）指导、监督矿山、危险化学品、烟花爆竹等生产经营单位开展消防安全教育培训工作；

（二）将消防安全知识纳入安全生产监管监察人员和矿山、危险化学品、烟花爆竹等生产经营单位主要负责人、安全生产管理人员以及特种作业人员培训考核内容；

（三）将消防法律法规和有关消防技术标准纳入注册安全工程师培训及执业资格考试内容。

第十三条 旅游行政部门应当指导和监督相关旅游企业开展消防安全教育培训工作，督促旅行社加强对游客的消防安全教育，并将消防安全条件纳入旅游饭店、旅游景区等相关行业标准，将消防安全知识纳入旅游从业人员的岗位培训及考核内容。

第三章　消防安全教育培训

第十四条　单位应当根据本单位的特点，建立健全消防安全教育培训制度，明确机构和人员，保障教育培训工作经费，按照下列规定对职工进行消防安全教育培训：

（一）定期开展形式多样的消防安全宣传教育；

（二）对新上岗和进入新岗位的职工进行上岗前消防安全培训；

（三）对在岗的职工每年至少进行一次消防安全培训；

（四）消防安全重点单位每半年至少组织一次、其他单位每年至少组织一次灭火和应急疏散演练。

单位对职工的消防安全教育培训应当将本单位的火灾危险性、防火灭火措施、消防设施及灭火器材的操作使用方法、人员疏散逃生知识等作为培训的重点。

第十五条　各级各类学校应当开展下列消防安全教育工作：

（一）将消防安全知识纳入教学内容；

（二）在开学初、放寒（暑）假前、学生军训期间，对学生普遍开展专题消防安全教育；

（三）结合不同课程实验课的特点和要求，对学生进行有针对性的消防安全教育；

（四）组织学生到当地消防站参观体验；

（五）每学年至少组织学生开展一次应急疏散演练；

（六）对寄宿学生开展经常性的安全用火用电教育和应急疏散演练。

各级各类学校应当至少确定一名熟悉消防安全知识的教师担任消防安全课教员，并选聘消防专业人员担任学校的兼职消防辅导员。

第十六条 中小学校和学前教育机构应当针对不同年龄阶段学生认知特点，保证课时或者采取学科渗透、专题教育的方式，每学期对学生开展消防安全教育。

小学阶段应当重点开展火灾危险及危害性、消防安全标志标识、日常生活防火、火灾报警、火场自救逃生常识等方面的教育。

初中和高中阶段应当重点开展消防法律法规、防火灭火基本知识和灭火器材使用等方面的教育。

学前教育机构应当采取游戏、儿歌等寓教于乐的方式，对幼儿开展消防安全常识教育。

第十七条 高等学校应当每学年至少举办一次消防安全专题讲座，在校园网络、广播、校内报刊等开设消防安全教育栏目，对学生进行消防法律法规、防火灭火知识、火灾自救他救知识和火灾案例教育。

第十八条 国家支持和鼓励有条件的普通高等学校和中等职业学校根据经济社会发展需要，设置消防类专业或者开设消防类课程，培养消防专业人才，并依法面向社会开展消防安全培训。

人民警察训练学校应当根据教育培训对象的特点，科学安排培训内容，开设消防基础理论和消防管理课程，并列入学生必修课程。

师范院校应当将消防安全知识列入学生必修内容。

第十九条 社区居民委员会、村民委员会应当开展下列消防安全教育工作：

（一）组织制定防火安全公约；

（二）在社区、村庄的公共活动场所设置消防宣传栏，利用文化活动站、学习室等场所，对居民、村民开展经常性的消防安全宣传教育；

（三）组织志愿消防队、治安联防队和灾害信息员、保安人员等开展消防安全宣传教育；

（四）利用社区、乡村广播、视频设备定时播放消防安全常识，在火灾多发季节、农业收获季节、重大节日和乡村民俗活动期间，有针对性地开展消防安全宣传教育。

社区居民委员会、村民委员会应当确定至少一名专（兼）职消防安全员，具体负责消防安全宣传教育工作。

第二十条 物业服务企业应当在物业服务工作范围内，根据实际情况积极开展经常性消防安全宣传教育，每年至少组织一次本单位员工和居民参加的灭火和应急疏散演练。

第二十一条 由两个以上单位管理或者使用的同一建筑物，负责公共消防安全管理的单位应当对建筑物内的单位和职工进行消防安全宣传教育，每年至少组织一次灭火和应急疏散演练。

第二十二条 歌舞厅、影剧院、宾馆、饭店、商场、集贸市场、体育场馆、会堂、医院、客运车站、客运码头、民用机场、公共图书馆和公共展览馆等公共场所应当按照下列要求对公众开展消防安全宣传教育：

（一）在安全出口、疏散通道和消防设施等处的醒目位置设置消防安全标志、标识等；

（二）根据需要编印场所消防安全宣传资料供公众取阅；

（三）利用单位广播、视频设备播放消防安全知识。

养老院、福利院、救助站等单位，应当对服务对象开展经常性的用火用电和火场自救逃生安全教育。

第二十三条 旅游景区、城市公园绿地的经营管理单位、大型群众性活动主办单位应当在景区、公园绿地、活动场所醒目位置设置疏散路线、消防设施示意图和消防安全警示标识，利用广播、视频设备、宣传栏等开展消防安全宣传教育。

导游人员、旅游景区工作人员应当向游客介绍景区消防安全常识和管理要求。

第二十四条 在建工程的施工单位应当开展下列消防安全教育工作：

（一）建设工程施工前应当对施工人员进行消防安全教育；

（二）在建设工地醒目位置、施工人员集中住宿场所设置消防安全宣传栏，悬挂消防安全挂图和消防安全警示标识；

（三）对明火作业人员进行经常性的消防安全教育；

（四）组织灭火和应急疏散演练。

在建工程的建设单位应当配合施工单位做好上述消防安全教育工作。

第二十五条 新闻、广播、电视等单位应当积极开设消防安全教育栏目，制作节目，对公众开展公益性消防安全宣传教育。

第二十六条 公安、教育、民政、人力资源和社会保障、住房和城乡建设、安全监管、旅游部门管理的培训机构，应当根据教育培训对象特点和实际需要进行消防安全教育培训。

第四章 消防安全培训机构

第二十七条 国家机构以外的社会组织或者个人利用非国家财政性经费，举办消防安全专业培训机构，面向社会从事消防安全专业培训的，应当经省级教育行政部门或者人力资源和社会保障部门依法批准，并到省级民政部门申请民办非企业单位登记。

第二十八条 成立消防安全专业培训机构应当符合下列条件：

（一）具有法人条件，有规范的名称和必要的组织机构；

（二）注册资金或者开办费 100 万元以上；

（三）有健全的组织章程和培训、考试制度；

（四）具有与培训规模和培训专业相适应的专（兼）职教员队伍；

（五）有同时培训 200 人以上规模的固定教学场所、训练场地，具有满足技能培训需要的消防设施、设备和器材；

（六）消防安全专业培训需要的其他条件。

前款第（四）项所指专（兼）职教员队伍中，专职教员应当不少于教员总数的 1/2；具有建筑、消防等相关专业中级以上职称，并有五年以上消防相关工作经历的教员不少于十人；消防安全管理、自动消防设施、灭火救援等专业课程应当分别配备理论教员和实习操作教员不少于两人。

第二十九条 申请成立消防安全专业培训机构，依照国家有关法律法规，应当向省级教育行政部门或者人力资源和社会保障部门申请。

省级教育行政部门或者人力资源和社会保障部门受理申请后，可以征求同级公安机关消防机构的意见。

省级公安机关消防机构收到省级教育行政部门或者人力资源和社会保障部门移送的申请材料后，应当配合对申请成立消防安全培训专业机构的师资条件、场地和设施、设备、器材等进行核查，并出具书面意见。

教育行政部门或者人力资源和社会保障部门根据有关民办职业培训机构的规定，并综合公安机关消防机构出具的书面意见进行评定，符合条件的予以批准，并向社会公告。

第三十条　消防安全专业培训机构应当按照有关法律法规、规章和章程规定，开展消防安全专业培训，保证培训质量。

消防安全专业培训机构开展消防安全专业培训，应当将消防安全管理、建筑防火和自动消防设施施工、操作、检测、维护技能作为培训的重点，对经理论和技能操作考核合格的人员，颁发培训证书。

消防安全专业培训的收费标准，应当符合国家有关规定，并向社会公布。

第三十一条　省级教育行政部门或者人力资源和社会保障部门应当依法对消防安全专业培训机构进行管理，监督、指导消防安全专业培训机构依法开展活动。

省级教育行政部门或者人力资源和社会保障部门应当对消防安全专业培训机构定期组织质量评估，并向社会公布监督评估情况。省级教育行政部门或者人力资源和社会保障部门在对消防安全专业培训机构进行质量评估时，可以邀请公安机关消防机构专业人员参加。

第五章　奖　惩

第三十二条　地方各级人民政府及有关部门对在消防安全教育培训工作中有突出贡献或者成绩显著的单位和个人，应当给予表彰奖励。

单位对消防安全教育培训工作成绩突出的职工，应当给予表彰奖励。

第三十三条　地方各级人民政府公安、教育、民政、人力资源和社会保障、住房和城乡建设、文化、广电、安全监管、旅游、文物等部门不依法履行消防安全教育培训工作职责的，上级部门应当给予批评；对直接责任人员由上级部门和所在单位视情节轻重，根据权限依法给予批评教育或者建议有权部门给予处分。

公安机关消防机构工作人员在协助审查消防安全专业培训机构的工作中疏于职守的，由上级机关责令改正；情节严重的，对直接负责的主管人员和其他直接责任人员依法给予处分。

第三十四条　学校未按照本规定第十五条、第十六条、第十七条、第十八条规定开展消防安全教育工作的，教育、公安、人力资源和社会保障等主管部门应当按照职责分工责令其改正，并视情对学校负责人和其他直接责任人员给予处分。

第三十五条　单位违反本规定，构成违反消防管理行为的，由公安机关消防机构依照《中华人民共和国消防法》予以处罚。

第三十六条　社会组织或者个人未经批准擅自举办消防安全专业培训机构的，或者消防安全专业培训机构在培训活动中有违法违规行为的，由教育、人力资源和社会保障、民政等部门依据各自职责依法予以处理。

第六章　附　则

第三十七条　全国统一的消防安全教育培训大纲由公安部会同教育部、人力资源和社会保障部共同制定。

消防产品监督管理规定

中华人民共和国公安部

国家工商行政管理总局　　　　　令第 122 号

国家质量监督检验检疫总局

《消防产品监督管理规定》已经 2012 年 4 月 10 日公安部部长办公会议通过，并经国家工商行政管理总局、国家质量监督检验检疫总局同意，现予发布，自 2013 年 1 月 1 日起施行。

公安部部长　　孟建柱

工商总局局长　　周伯华

质检总局局长　　支树平

2012 年 8 月 13 日

第一章　总　则

第一条　为了加强消防产品监督管理，提高消防产品质量，依据《中华人民共和国消防法》《中华人民共和国产品质量法》《中华人民共和国认证认可条例》等有关法律、行政法规，制定本规定。

第二条　在中华人民共和国境内生产、销售、使用消防产品，以及对消防产品质量实施监督管理，适用本规定。

本规定所称消防产品是指专门用于火灾预防、灭火救援和火灾防护、避难、逃生的产品。

第三条　消防产品必须符合国家标准；没有国家标准的，必须符合行业标准。未制定国家标准、行业标准的，应当符合消防安全要求，并符合保障人体健康、人身财产安全的要求和企业标准。

第四条　国家质量监督检验检疫总局、国家工商行政管理总局和公安部按照各自职责对生产、流通和使用领域的消防产品质量实施监督管理。

县级以上地方质量监督部门、工商行政管理部门和公安机关消防机构按照各自职责对本行政区域内生产、流通和使用领域的消防产品质量实施监督管理。

第二章　市场准入

第五条　依法实行强制性产品认证的消防产品，由具有法定资质的认证机构按照国家标准、行业标准的强制性要求认证合格后，方可生产、销售、使用。

消防产品认证机构应当将消防产品强制性认证有关信息报国家认证认可监督管理委员会和公安部消防局。

实行强制性产品认证的消防产品目录由国家质量监督检验检疫总局、国家认证认可监督管理委员会会同公安部制定并公布，消防产品认证基本规范、认证规则由国家认证认可监督管理委员会制定并公布。

第六条　国家认证认可监督管理委员会应当按照《中华人民共和国认证认可条例》的有关规定，经评审并征求公安部消防局意见后，指定从事消防产品强制性产品认证活动的机构以及与认证有关的检查机构、实验室，并向社会公布。

第七条　消防产品认证机构及其工作人员应当按照有关规定从

事认证活动，客观公正地出具认证结论，对认证结果负责。不得增加、减少、遗漏或者变更认证基本规范、认证规则规定的程序。

第八条 从事消防产品强制性产品认证活动的检查机构、实验室及其工作人员，应当确保检查、检测结果真实、准确，并对检查、检测结论负责。

第九条 新研制的尚未制定国家标准、行业标准的消防产品，经消防产品技术鉴定机构技术鉴定符合消防安全要求的，方可生产、销售、使用。消防安全要求由公安部制定。

消防产品技术鉴定机构应当具备国家认证认可监督管理委员会依法认定的向社会出具具有证明作用的数据和结果的消防产品实验室资格或者从事消防产品合格评定活动的认证机构资格。消防产品技术鉴定机构名录由公安部公布。

公安机关消防机构和认证认可监督管理部门按照各自职责对消防产品技术鉴定机构进行监督。

公安部会同国家认证认可监督管理委员会参照消防产品认证机构和实验室管理工作规则，制定消防产品技术鉴定工作程序和规范。

第十条 消防产品技术鉴定应当遵守以下程序：

（一）委托人向消防产品技术鉴定机构提出书面委托，并提供有关文件资料。

（二）消防产品技术鉴定机构依照有关规定对文件资料进行审核。

（三）文件资料经审核符合要求的，消防产品技术鉴定机构按照消防安全要求和有关规定，组织实施消防产品型式检验和工厂检查。

（四）经鉴定认为消防产品符合消防安全要求的，技术鉴定机构应当在接受委托之日起 90 日内颁发消防产品技术鉴定证书，并将消防产品有关信息报公安部消防局；认为不符合消防安全要求的，应当书面通知委托人，并说明理由。

消防产品检验时间不计入技术鉴定时限。

第十一条 消防产品技术鉴定机构及其工作人员应当按照有关规定开展技术鉴定工作，对技术鉴定结果负责。

第十二条 消防产品技术鉴定证书有效期为 3 年。

有效期届满，生产者需要继续生产消防产品的，应当在有效期届满前的 6 个月内，依照本规定第十条的规定，重新申请消防产品技术鉴定证书。

第十三条 在消防产品技术鉴定证书有效期内，消防产品的生产条件、检验手段、生产技术或者工艺发生变化，对性能产生重大影响的，生产者应当重新委托消防产品技术鉴定。

第十四条 在消防产品技术鉴定证书有效期内，相关消防产品的国家标准、行业标准颁布施行的，生产者应当保证生产的消防产品符合国家标准、行业标准。

前款规定的消防产品被列入强制性产品认证目录的，应当按照本规定实施强制性产品认证。未列入强制性产品认证目录的，在技术鉴定证书有效期届满后，不再实行技术鉴定。

第十五条 消防产品技术鉴定机构应当对其鉴定合格的产品实施有效的跟踪调查，鉴定合格的产品不能持续符合技术鉴定要求的，技术鉴定机构应当暂停其使用直至撤销鉴定证书，并予公布。

第十六条 经强制性产品认证合格或者技术鉴定合格的消防产品，公安部消防局应当予以公布。

第三章 产品质量责任和义务

第十七条 消防产品生产者应当对其生产的消防产品质量负责，建立有效的质量管理体系，保持消防产品的生产条件，保证产品质量、标志、标识符合相关法律法规和标准要求。不得生产应当获得而未获得市场准入资格的消防产品、不合格的消防产品或者国家明令淘汰的消防产品。

消防产品生产者应当建立消防产品销售流向登记制度，如实记录产品名称、批次、规格、数量、销售去向等内容。

第十八条 消防产品销售者应当建立并执行进货检查验收制度，验明产品合格证明和其他标识，不得销售应当获得而未获得市场准入资格的消防产品、不合格的消防产品或者国家明令淘汰的消防产品。

销售者应当采取措施，保持销售产品的质量。

第十九条 消防产品使用者应当查验产品合格证明、产品标识和有关证书，选用符合市场准入的、合格的消防产品。

建设工程设计单位在设计中选用的消防产品，应当注明产品规格、性能等技术指标，其质量要求应当符合国家标准、行业标准。当需要选用尚未制定国家标准、行业标准的消防产品时，应当选用经技术鉴定合格的消防产品。

建设工程施工企业应当按照工程设计要求、施工技术标准、合同的约定和消防产品有关技术标准，对进场的消防产品进行现场检查或者检验，如实记录进货来源、名称、批次、规格、数量等内容；现场检查或者检验不合格的，不得安装。现场检查记录或者检验报告应当存档备查。建设工程施工企业应当建立安装质量管理制度，严格执行有关标准、施工规范和相关要求，保证消防产品的安装质量。

工程监理单位应当依照法律、行政法规及有关技术标准、设计文件和建设工程承包合同对建设工程使用的消防产品的质量及其安装质量实施监督。

机关、团体、企业、事业等单位应当按照国家标准、行业标准定期组织对消防设施、器材进行维修保养，确保完好有效。

第四章　监督检查

第二十条　质量监督部门、工商行政管理部门依据《中华人民共和国产品质量法》以及相关规定对生产领域、流通领域的消防产品质量进行监督检查。

第二十一条　公安机关消防机构对使用领域的消防产品质量进行监督检查，实行日常监督检查和监督抽查相结合的方式。

第二十二条　公安机关消防机构在消防监督检查和建设工程消防监督管理工作中，对使用领域的消防产品质量进行日常监督检查，按照公安部《消防监督检查规定》《建设工程消防监督管理规定》执行。

第二十三条　公安机关消防机构对使用领域的消防产品质量进行专项监督抽查，由省级以上公安机关消防机构制定监督抽查计划，由县级以上地方公安机关消防机构具体实施。

第二十四条　公安机关消防机构对使用领域的消防产品质量进行监督抽查，应当检查下列内容：

（一）列入强制性产品认证目录的消防产品是否具备强制性产品认证证书，新研制的尚未制定国家标准、行业标准的消防产品是否具备技术鉴定证书；

（二）按照强制性国家标准或者行业标准的规定，应当进行型式检验和出厂检验的消防产品，是否具备型式检验合格和出厂检验合格的证明文件；

（三）消防产品的外观标志、规格型号、结构部件、材料、性能参数、生产厂名、厂址与产地等是否符合有关规定；

（四）消防产品的关键性能是否符合消防产品现场检查判定规则的要求；

（五）法律、行政法规规定的其他内容。

第二十五条 公安机关消防机构实施消防产品质量监督抽查时，检查人员不得少于 2 人，并应当出示执法身份证件。

实施消防产品质量监督抽查应当填写检查记录，由检查人员、被检查单位管理人员签名；被检查单位管理人员对检查记录有异议或者拒绝签名的，检查人员应当在检查记录中注明。

第二十六条 公安机关消防机构应当根据本规定和消防产品现场检查判定规则，实施现场检查判定。对现场检查判定为不合格的，应当在 3 日内将判定结论送达被检查人。被检查人对消防产品现场检查判定结论有异议的，公安机关消防机构应当在 5 日内依照有关规定将样品送符合法定条件的产品质量检验机构进行监督检验，并自收到检验结果之日起 3 日内，将检验结果告知被检查人。

检验抽取的样品由被检查人无偿供给，其数量不得超过检验的合理需要。检验费用在规定经费中列支，不得向被检查人收取。

第二十七条 被检查人对公安机关消防机构抽样送检的产品检验结果有异议的，可以自收到检验结果之日起 5 日内向实施监督检查的公安机关消防机构提出书面复检申请。

公安机关消防机构受理复检申请，应当当场出具受理凭证。

公安机关消防机构受理复检申请后，应当在 5 日内将备用样品送检，自收到复检结果之日起 3 日内，将复检结果告知申请人。

复检申请以一次为限。复检合格的，费用列入监督抽查经费；不合格的，费用由申请人承担。

第二十八条　质量监督部门、工商行政管理部门接到对消防产品质量问题的举报投诉，应当按职责及时依法处理。对不属于本部门职责范围的，应当及时移交或者书面通报有关部门。

公安机关消防机构接到对消防产品质量问题的举报投诉，应当及时受理、登记，并按照公安部《公安机关办理行政案件程序规定》的相关规定和本规定中消防产品质量监督检查程序处理。

公安机关消防机构对举报投诉的消防产品质量问题进行核查后，对消防安全违法行为应当依法处理。核查、处理情况应当在 3 日内告知举报投诉人；无法告知的，应当在受理登记中注明。

第二十九条　公安机关消防机构发现使用依法应当获得市场准入资格而未获得准入资格的消防产品或者不合格的消防产品、国家明令淘汰的消防产品等使用领域消防产品质量违法行为，应当依法责令限期改正。

公安机关消防机构应当在收到当事人复查申请或者责令限期改正期限届满之日起 3 日内进行复查。复查应当填写记录。

第三十条　公安机关消防机构对发现的使用领域消防产品质量违法行为，应当依法查处，并及时将有关情况书面通报同级质量监督部门、工商行政管理部门；质量监督部门、工商行政管理部门应当对生产者、销售者依法及时查处。

第三十一条　质量监督部门、工商行政管理部门和公安机关消防机构应当按照有关规定，向社会公布消防产品质量监督检查情况、重大消防产品质量违法行为的行政处罚情况等信息。

第三十二条 任何单位和个人在接受质量监督部门、工商行政管理部门和公安机关消防机构依法开展的消防产品质量监督检查时，应当如实提供有关情况和资料。

任何单位和个人不得擅自转移、变卖、隐匿或者损毁被采取强制措施的物品，不得拒绝依法进行的监督检查。

第五章　法律责任

第三十三条 生产、销售不合格的消防产品或者国家明令淘汰的消防产品的，由质量监督部门或者工商行政管理部门依照《中华人民共和国产品质量法》的规定从重处罚。

第三十四条 有下列情形之一的，由公安机关消防机构责令改正，依照《中华人民共和国消防法》第五十九条处罚：

（一）建设单位要求建设工程施工企业使用不符合市场准入的消防产品、不合格的消防产品或者国家明令淘汰的消防产品的；

（二）建设工程设计单位选用不符合市场准入的消防产品，或者国家明令淘汰的消防产品进行消防设计的；

（三）建设工程施工企业安装不符合市场准入的消防产品、不合格的消防产品或者国家明令淘汰的消防产品的；

（四）工程监理单位与建设单位或者建设工程施工企业串通，弄虚作假，安装、使用不符合市场准入的消防产品、不合格的消防产品或者国家明令淘汰的消防产品的。

第三十五条 消防产品技术鉴定机构出具虚假文件的，由公安机关消防机构责令改正，依照《中华人民共和国消防法》第六十九条处罚。

第三十六条　人员密集场所使用不符合市场准入的消防产品的，由公安机关消防机构责令限期改正；逾期不改正的，依照《中华人民共和国消防法》第六十五条第二款处罚。

非人员密集场所使用不符合市场准入的消防产品、不合格的消防产品或者国家明令淘汰的消防产品的，由公安机关消防机构责令限期改正；逾期不改正的，对非经营性场所处 500 元以上 1000 元以下罚款，对经营性场所处 5000 元以上 1 万元以下罚款，并对直接负责的主管人员和其他直接责任人员处 500 元以下罚款。

第三十七条　公安机关消防机构及其工作人员进行消防产品监督执法，应当严格遵守廉政规定，坚持公正、文明执法，自觉接受单位和公民的监督。

公安机关及其工作人员不得指定消防产品的品牌、销售单位，不得参与或者干预建设工程消防产品的招投标活动，不得接受被检查单位、个人的财物或者其他不正当利益。

第三十八条　质量监督部门、工商行政管理部门、公安机关消防机构工作人员在消防产品监督管理中滥用职权、玩忽职守、徇私舞弊的，依法给予处分。

第三十九条　违反本规定，构成犯罪的，依法追究刑事责任。

第六章　附　则

第四十条　消防产品目录由公安部消防局制定并公布。

第四十一条　消防产品进出口检验监管，由出入境检验检疫部门按照有关规定执行。

消防产品属于《中华人民共和国特种设备安全监察条例》规定的特种设备的，还应当遵守特种设备安全监察有关规定。

第四十二条　本规定中的"3日""5日"是指工作日，不含法定节假日。

第四十三条　公安机关消防机构执行本规定所需要的法律文书式样，由公安部制定。

第四十四条　本规定自 2013 年 1 月 1 日起施行。

高等学校消防安全管理规定

中华人民共和国教育部
中华人民共和国公安部 令第 28 号

《高等学校消防安全管理规定》已经 2009 年 7 月 3 日教育部第 20 次部长办公会议审议通过，并经公安部同意，现予公布，自 2010 年 1 月 1 日起施行。

教育部部长　周　济
公安部部长　孟建柱
二〇〇九年十月十九日

第一章　总　则

第一条　为了加强和规范高等学校的消防安全管理，预防和减少火灾危害，保障师生员工生命财产和学校财产安全，根据消防法、高等教育法等法律、法规，制定本规定。

第二条　普通高等学校和成人高等学校（以下简称学校）的消防安全管理，适用本规定。

驻校内其他单位的消防安全管理，按照本规定的有关规定执行。

第三条　学校在消防安全工作中，应当遵守消防法律、法规和规章，贯彻预防为主、防消结合的方针，履行消防安全职责，保障消防安全。

第四条　学校应当落实逐级消防安全责任制和岗位消防安全责任制，明确逐级和岗位消防安全职责，确定各级、各岗位消防安全责任人。

第五条 学校应当开展消防安全教育和培训，加强消防演练，提高师生员工的消防安全意识和自救逃生技能。

第六条 学校各单位和师生员工应当依法履行保护消防设施、预防火灾、报告火警和扑救初起火灾等维护消防安全的义务。

第七条 教育行政部门依法履行对高等学校消防安全工作的管理职责，检查、指导和监督高等学校开展消防安全工作，督促高等学校建立健全并落实消防安全责任制和消防安全管理制度。

公安机关依法履行对高等学校消防安全工作的监督管理职责，加强消防监督检查，指导和监督高等学校做好消防安全工作。

第二章 消防安全责任

第八条 学校法定代表人是学校消防安全责任人，全面负责学校消防安全工作，履行下列消防安全职责：

（一）贯彻落实消防法律、法规和规章，批准实施学校消防安全责任制、学校消防安全管理制度；

（二）批准消防安全年度工作计划、年度经费预算，定期召开学校消防安全工作会议；

（三）提供消防安全经费保障和组织保障；

（四）督促开展消防安全检查和重大火灾隐患整改，及时处理涉及消防安全的重大问题；

（五）依法建立志愿消防队等多种形式的消防组织，开展群众性自防自救工作；

（六）与学校二级单位负责人签订消防安全责任书；

（七）组织制定灭火和应急疏散预案；

（八）促进消防科学研究和技术创新；

（九）法律、法规规定的其他消防安全职责。

第九条　分管学校消防安全的校领导是学校消防安全管理人，协助学校法定代表人负责消防安全工作，履行下列消防安全职责：

（一）组织制定学校消防安全管理制度，组织、实施和协调校内各单位的消防安全工作；

（二）组织制定消防安全年度工作计划；

（三）审核消防安全工作年度经费预算；

（四）组织实施消防安全检查和火灾隐患整改；

（五）督促落实消防设施、器材的维护、维修及检测，确保其完好有效，确保疏散通道、安全出口、消防车通道畅通；

（六）组织管理志愿消防队等消防组织；

（七）组织开展师生员工消防知识、技能的宣传教育和培训，组织灭火和应急疏散预案的实施和演练；

（八）协助学校消防安全责任人做好其他消防安全工作。

其他校领导在分管工作范围内对消防工作负有领导、监督、检查、教育和管理职责。

第十条　学校必须设立或者明确负责日常消防安全工作的机构（以下简称学校消防机构），配备专职消防管理人员，履行下列消防安全职责：

（一）拟订学校消防安全年度工作计划、年度经费预算，拟订学校消防安全责任制、灭火和应急疏散预案等消防安全管理制度，并报学校消防安全责任人批准后实施；

（二）监督检查校内各单位消防安全责任制的落实情况；

（三）监督检查消防设施、设备、器材的使用与管理，以及消防基础设施的运转，定期组织检验、检测和维修；

（四）确定学校消防安全重点单位（部位）并监督指导其做好消防安全工作；

（五）监督检查有关单位做好易燃易爆等危险品的储存、使用和管理工作，审批校内各单位动用明火作业；

（六）开展消防安全教育培训，组织消防演练，普及消防知识，提高师生员工的消防安全意识、扑救初起火灾和自救逃生技能；

（七）定期对志愿消防队等消防组织进行消防知识和灭火技能培训；

（八）推进消防安全技术防范工作，做好技术防范人员上岗培训工作；

（九）受理驻校内其他单位在校内和学校、校内各单位新建、扩建、改建及装饰装修工程和公众聚集场所投入使用、营业前消防行政许可或者备案手续的校内备案审查工作，督促其向公安机关消防机构进行申报，协助公安机关消防机构进行建设工程消防设计审核、消防验收或者备案以及公众聚集场所投入使用、营业前消防安全检查工作；

（十）建立健全学校消防工作档案及消防安全隐患台账；

（十一）按照工作要求上报有关信息数据；

（十二）协助公安机关消防机构调查处理火灾事故，协助有关部门做好火灾事故处理及善后工作。

第十一条 学校二级单位和其他驻校单位应当履行下列消防安全职责：

（一）落实学校的消防安全管理规定，结合本单位实际制定并落实本单位的消防安全制度和消防安全操作规程；

（二）建立本单位的消防安全责任考核、奖惩制度；

（三）开展经常性的消防安全教育、培训及演练；

（四）定期进行防火检查，做好检查记录，及时消除火灾隐患；

（五）按规定配置消防设施、器材并确保其完好有效；

（六）按规定设置安全疏散指示标志和应急照明设施，并保证疏散通道、安全出口畅通；

（七）消防控制室配备消防值班人员，制定值班岗位职责，做好监督检查工作；

（八）新建、扩建、改建及装饰装修工程报学校消防机构备案；

（九）按照规定的程序与措施处置火灾事故；

（十）学校规定的其他消防安全职责。

第十二条　校内各单位主要负责人是本单位消防安全责任人，驻校内其他单位主要负责人是该单位消防安全责任人，负责本单位的消防安全工作。

第十三条　除本规定第十一条外，学生宿舍管理部门还应当履行下列安全管理职责：

（一）建立由学生参加的志愿消防组织，定期进行消防演练；

（二）加强学生宿舍用火、用电安全教育与检查；

（三）加强夜间防火巡查，发现火灾立即组织扑救和疏散学生。

第三章　消防安全管理

第十四条　学校应当将下列单位（部位）列为学校消防安全重点单位（部位）：

（一）学生宿舍、食堂（餐厅）、教学楼、校医院、体育场（馆）、会堂（会议中心）、超市（市场）、宾馆（招待所）、托儿所、幼儿园以及其他文体活动、公共娱乐等人员密集场所；

（二）学校网络、广播电台、电视台等传媒部门和驻校内邮政、通信、金融等单位；

（三）车库、油库、加油站等部位；

（四）图书馆、展览馆、档案馆、博物馆、文物古建筑；

（五）供水、供电、供气、供热等系统；

（六）易燃易爆等危险化学物品的生产、充装、储存、供应、使用部门；

（七）实验室、计算机房、电化教学中心和承担国家重点科研项目或配备有先进精密仪器设备的部位，监控中心、消防控制中心；

（八）学校保密要害部门及部位；

（九）高层建筑及地下室、半地下室；

（十）建设工程的施工现场以及有人员居住的临时性建筑；

（十一）其他发生火灾可能性较大以及一旦发生火灾可能造成重大人身伤亡或者财产损失的单位（部位）。

重点单位和重点部位的主管部门，应当按照有关法律法规和本规定履行消防安全管理职责，设置防火标志，实行严格消防安全管理。

第十五条　在学校内举办文艺、体育、集会、招生和就业咨询等大型活动和展览，主办单位应当确定专人负责消防安全工作，明确并落实消防安全职责和措施，保证消防设施和消防器材配置齐全、完好有效，保证疏散通道、安全出口、疏散指示标志、应急照明和消防车通道符合消防技术标准和管理规定，制定灭火和应急疏散预案并组织演练，并经学校消防机构对活动现场检查合格后方可举办。

依法应当报请当地人民政府有关部门审批的，经有关部门审核同意后方可举办。

第十六条　学校应当按照国家有关规定，配置消防设施和器材，设置消防安全疏散指示标志和应急照明设施，每年组织检测维修，确保消防设施和器材完好有效。

学校应当保障疏散通道、安全出口、消防车通道畅通。

第十七条　学校进行新建、改建、扩建、装修、装饰等活动，必须严格执行消防法规和国家工程建设消防技术标准，并依法办理建设工程消防设计审核、消防验收或者备案手续。学校各项工程及驻校内各单位在校内的各项工程消防设施的招标和验收，应当有学校消防机构参加。

施工单位负责施工现场的消防安全，并接受学校消防机构的监督、检查。竣工后，建筑工程的有关图纸、资料、文件等应当报学校档案机构和消防机构备案。

第十八条　地下室、半地下室和用于生产、经营、储存易燃易爆、有毒有害等危险物品场所的建筑不得用作学生宿舍。

生产、经营、储存其他物品的场所与学生宿舍等居住场所设置在同一建筑物内的，应当符合国家工程建设消防技术标准。

学生宿舍、教室和礼堂等人员密集场所，禁止违规使用大功率电器，在门窗、阳台等部位不得设置影响逃生和灭火救援的障碍物。

第十九条　利用地下空间开设公共活动场所，应当符合国家有关规定，并报学校消防机构备案。

第二十条　学校消防控制室应当配备专职值班人员，持证上岗。

消防控制室不得挪作他用。

第二十一条　学校购买、储存、使用和销毁易燃易爆等危险品，应当按照国家有关规定严格管理、规范操作，并制定应急处置预案和防范措施。

学校对管理和操作易燃易爆等危险品的人员，上岗前必须进行培训，持证上岗。

第二十二条 学校应当对动用明火实行严格的消防安全管理。禁止在具有火灾、爆炸危险的场所吸烟、使用明火；因特殊原因确需进行电、气焊等明火作业的，动火单位和人员应当向学校消防机构申办审批手续，落实现场监管人，采取相应的消防安全措施。作业人员应当遵守消防安全规定。

第二十三条 学校内出租房屋的，当事人应当签订房屋租赁合同，明确消防安全责任。出租方负责对出租房屋的消防安全管理。学校授权的管理单位应当加强监督检查。

外来务工人员的消防安全管理由校内用人单位负责。

第二十四条 发生火灾时，学校应当及时报警并立即启动应急预案，迅速扑救初起火灾，及时疏散人员。

学校应当在火灾事故发生后两个小时内向所在地教育行政主管部门报告。较大以上火灾同时报教育部。

火灾扑灭后，事故单位应当保护现场并接受事故调查，协助公安机关消防机构调查火灾原因、统计火灾损失。未经公安机关消防机构同意，任何人不得擅自清理火灾现场。

第二十五条 学校及其重点单位应当建立健全消防档案。

消防档案应当全面反映消防安全和消防安全管理情况，并根据情况变化及时更新。

第四章　消防安全检查和整改

第二十六条 学校每季度至少进行一次消防安全检查。检查的主要内容包括：

（一）消防安全宣传教育及培训情况；

（二）消防安全制度及责任制落实情况；

（三）消防安全工作档案建立健全情况；

（四）单位防火检查及每日防火巡查落实及记录情况；

（五）火灾隐患和隐患整改及防范措施落实情况；

（六）消防设施、器材配置及完好有效情况；

（七）灭火和应急疏散预案的制定和组织消防演练情况；

（八）其他需要检查的内容。

第二十七条　学校消防安全检查应当填写检查记录，检查人员、被检查单位负责人或者相关人员应当在检查记录上签名，发现火灾隐患应当及时填发《火灾隐患整改通知书》。

第二十八条　校内各单位每月至少进行一次防火检查。检查的主要内容包括：

（一）火灾隐患和隐患整改情况以及防范措施的落实情况；

（二）疏散通道、疏散指示标志、应急照明和安全出口情况；

（三）消防车通道、消防水源情况；

（四）消防设施、器材配置及有效情况；

（五）消防安全标志设置及其完好、有效情况；

（六）用火、用电有无违章情况；

（七）重点工种人员以及其他员工消防知识掌握情况；

（八）消防安全重点单位（部位）管理情况；

（九）易燃易爆危险物品和场所防火防爆措施落实情况以及其他重要物资防火安全情况；

（十）消防（控制室）值班情况和设施、设备运行、记录情况；

（十一）防火巡查落实及记录情况；

（十二）其他需要检查的内容。

防火检查应当填写检查记录。检查人员和被检查部门负责人应当在检查记录上签名。

第二十九条 校内消防安全重点单位（部位）应当进行每日防火巡查，并确定巡查的人员、内容、部位和频次。其他单位可以根据需要组织防火巡查。巡查的内容主要包括：

（一）用火、用电有无违章情况；

（二）安全出口、疏散通道是否畅通，安全疏散指示标志、应急照明是否完好；

（三）消防设施、器材和消防安全标志是否在位、完整；

（四）常闭式防火门是否处于关闭状态，防火卷帘下是否堆放物品影响使用；

（五）消防安全重点部位的人员在岗情况；

（六）其他消防安全情况。

校医院、学生宿舍、公共教室、实验室、文物古建筑等应当加强夜间防火巡查。

防火巡查人员应当及时纠正消防违章行为，妥善处置火灾隐患，无法当场处置的，应当立即报告。发现初起火灾应当立即报警、通知人员疏散、及时扑救。

防火巡查应当填写巡查记录，巡查人员及其主管人员应当在巡查记录上签名。

第三十条 对下列违反消防安全规定的行为，检查、巡查人员应当责成有关人员改正并督促落实：

（一）消防设施、器材或者消防安全标志的配置、设置不符合国家标准、行业标准，或者未保持完好有效的；

（二）损坏、挪用或者擅自拆除、停用消防设施、器材的；

（三）占用、堵塞、封闭消防通道、安全出口的；

（四）埋压、圈占、遮挡消火栓或者占用防火间距的；

（五）占用、堵塞、封闭消防车通道，妨碍消防车通行的；

（六）人员密集场所在门窗上设置影响逃生和灭火救援的障碍物的；

（七）常闭式防火门处于开启状态，防火卷帘下堆放物品影响使用的；

（八）违章进入易燃易爆危险物品生产、储存等场所的；

（九）违章使用明火作业或者在具有火灾、爆炸危险的场所吸烟、使用明火等违反禁令的；

（十）消防设施管理、值班人员和防火巡查人员脱岗的；

（十一）对火灾隐患经公安机关消防机构通知后不及时采取措施消除的；

（十二）其他违反消防安全管理规定的行为。

第三十一条　学校对教育行政主管部门和公安机关消防机构、公安派出所指出的各类火灾隐患，应当及时予以核查、消除。

对公安机关消防机构、公安派出所责令限期改正的火灾隐患，学校应当在规定的期限内整改。

第三十二条　对不能及时消除的火灾隐患，隐患单位应当及时向学校及相关单位的消防安全责任人或者消防安全工作主管领导报告，提出整改方案，确定整改措施、期限以及负责整改的部门、人员，并落实整改资金。

火灾隐患尚未消除的，隐患单位应当落实防范措施，保障消防安全。对于随时可能引发火灾或者一旦发生火灾将严重危及人身安全的，应当将危险部位停止使用或停业整改。

第三十三条　对于涉及城市规划布局等学校无力解决的重大火灾隐患，学校应当及时向其上级主管部门或者当地人民政府报告。

第三十四条　火灾隐患整改完毕，整改单位应当将整改情况记录报送相应的消防安全工作责任人或者消防安全工作主管领导签字确认后存档备查。

第五章　消防安全教育和培训

第三十五条　学校应当将师生员工的消防安全教育和培训纳入学校消防安全年度工作计划。

消防安全教育和培训的主要内容包括：

（一）国家消防工作方针、政策，消防法律、法规；

（二）本单位、本岗位的火灾危险性，火灾预防知识和措施；

（三）有关消防设施的性能、灭火器材的使用方法；

（四）报火警、扑救初起火灾和自救互救技能；

（五）组织、引导在场人员疏散的方法。

第三十六条　学校应当采取下列措施对学生进行消防安全教育，使其了解防火、灭火知识，掌握报警、扑救初起火灾和自救、逃生方法：

（一）开展学生自救、逃生等防火安全常识的模拟演练，每学年至少组织一次学生消防演练；

（二）根据消防安全教育的需要，将消防安全知识纳入教学和培训内容；

（三）对每届新生进行不低于4学时的消防安全教育和培训；

（四）对进入实验室的学生进行必要的安全技能和操作规程培训；

（五）每学年至少举办一次消防安全专题讲座，并在校园网络、广播、校内报刊开设消防安全教育栏目。

第三十七条　学校二级单位应当组织新上岗和进入新岗位的员工进行上岗前的消防安全培训。

消防安全重点单位（部位）对员工每年至少进行一次消防安全培训。

第三十八条　下列人员应当依法接受消防安全培训：

（一）学校及各二级单位的消防安全责任人、消防安全管理人；

（二）专职消防管理人员、学生宿舍管理人员；

（三）消防控制室的值班、操作人员；

（四）其他依照规定应当接受消防安全培训的人员。

前款规定中的第（三）项人员必须持证上岗。

第六章　灭火、应急疏散预案和演练

第三十九条　学校、二级单位、消防安全重点单位（部位）应当制定相应的灭火和应急疏散预案，建立应急反应和处置机制，为火灾扑救和应急救援工作提供人员、装备等保障。

灭火和应急疏散预案应当包括以下内容：

（一）组织机构：指挥协调组、灭火行动组、通讯联络组、疏散引导组、安全防护救护组；

（二）报警和接警处置程序；

（三）应急疏散的组织程序和措施；

（四）扑救初起火灾的程序和措施；

（五）通讯联络、安全防护救护的程序和措施；

（六）其他需要明确的内容。

第四十条 学校实验室应当有针对性地制定突发事件应急处置预案，并将应急处置预案涉及的生物、化学及易燃易爆物品的种类、性质、数量、危险性和应对措施及处置药品的名称、产地和储备等内容报学校消防机构备案。

第四十一条 校内消防安全重点单位应当按照灭火和应急疏散预案每半年至少组织一次消防演练，并结合实际，不断完善预案。

消防演练应当设置明显标识并事先告知演练范围内的人员，避免意外事故发生。

第七章　消防经费

第四十二条 学校应当将消防经费纳入学校年度经费预算，保证消防经费投入，保障消防工作的需要。

第四十三条 学校日常消防经费用于校内灭火器材的配置、维修、更新，灭火和应急疏散预案的备用设施、材料，以及消防宣传教育、培训等，保证学校消防工作正常开展。

第四十四条 学校安排专项经费，用于解决火灾隐患，维修、检测、改造消防专用给水管网、消防专用供水系统、灭火系统、自动报警系统、防排烟系统、消防通讯系统、消防监控系统等消防设施。

第四十五条 消防经费使用坚持专款专用、统筹兼顾、保证重点、勤俭节约的原则。

任何单位和个人不得挤占、挪用消防经费。

第八章　奖　惩

第四十六条　学校应当将消防安全工作纳入校内评估考核内容，对在消防安全工作中成绩突出的单位和个人给予表彰奖励。

第四十七条　对未依法履行消防安全职责、违反消防安全管理制度，或者擅自挪用、损坏、破坏消防器材、设施等违反消防安全管理规定的，学校应当责令其限期整改，给予通报批评；对直接负责的主管人员和其他直接责任人员根据情节轻重给予警告等相应的处分。

前款涉及民事损失、损害的，有关责任单位和责任人应当依法承担民事责任。

第四十八条　学校违反消防安全管理规定或者发生重特大火灾的，除依据消防法的规定进行处罚外，教育行政部门应当取消其当年评优资格，并按照国家有关规定对有关主管人员和责任人员依法予以处分。

第九章　附　则

第四十九条　学校应当依据本规定，结合本校实际，制定本校消防安全管理办法。

高等学校以外的其他高等教育机构的消防安全管理，参照本规定执行。

第五十条　本规定所称学校二级单位，包括学院、系、处、所、中心等。

第五十一条　本规定自 2010 年 1 月 1 日起施行。

建设工程消防设计审查验收管理
暂行规定

中华人民共和国住房和城乡建设部令第 58 号

《住房和城乡建设部关于修改〈建设工程消防设计审查验收管理暂行规定〉的决定》已经 2023 年 7 月 24 日第 2 次部务会议审议通过，现予公布，自 2023 年 10 月 30 日起施行。

部 长 倪 虹

2023 年 8 月 21 日

第一章 总 则

第一条 为了加强建设工程消防设计审查验收管理，保证建设工程消防设计、施工质量，根据《中华人民共和国建筑法》《中华人民共和国消防法》《建设工程质量管理条例》等法律、行政法规，制定本规定。

第二条 特殊建设工程的消防设计审查、消防验收，以及其他建设工程的消防验收备案（以下简称备案）、抽查，适用本规定。

本规定所称特殊建设工程，是指本规定第十四条所列的建设工程。

本规定所称其他建设工程，是指特殊建设工程以外的其他按照国家工程建设消防技术标准需要进行消防设计的建设工程。

第三条 国务院住房和城乡建设主管部门负责指导监督全国建设工程消防设计审查验收工作。

县级以上地方人民政府住房和城乡建设主管部门（以下简称消

防设计审查验收主管部门）依职责承担本行政区域内建设工程的消防设计审查、消防验收、备案和抽查工作。

跨行政区域建设工程的消防设计审查、消防验收、备案和抽查工作，由该建设工程所在行政区域消防设计审查验收主管部门共同的上一级主管部门指定负责。

第四条 消防设计审查验收主管部门应当运用互联网技术等信息化手段开展消防设计审查、消防验收、备案和抽查工作，建立健全有关单位和从业人员的信用管理制度，不断提升政务服务水平。

第五条 消防设计审查验收主管部门实施消防设计审查、消防验收、备案和抽查工作所需经费，按照《中华人民共和国行政许可法》等有关法律法规的规定执行。

第六条 消防设计审查验收主管部门应当及时将消防验收、备案和抽查情况告知消防救援机构，并与消防救援机构共享建筑平面图、消防设施平面布置图、消防设施系统图等资料。

第七条 从事建设工程消防设计审查验收的工作人员，以及建设、设计、施工、工程监理、技术服务等单位的从业人员，应当具备相应的专业技术能力，定期参加职业培训。

第二章　有关单位的消防设计、施工质量责任与义务

第八条 建设单位依法对建设工程消防设计、施工质量负首要责任。设计、施工、工程监理、技术服务等单位依法对建设工程消防设计、施工质量负主体责任。建设、设计、施工、工程监理、技术服务等单位的从业人员依法对建设工程消防设计、施工质量承担

相应的个人责任。

第九条 建设单位应当履行下列消防设计、施工质量责任和义务：

（一）不得明示或者暗示设计、施工、工程监理、技术服务等单位及其从业人员违反建设工程法律法规和国家工程建设消防技术标准，降低建设工程消防设计、施工质量；

（二）依法申请建设工程消防设计审查、消防验收，办理备案并接受抽查；

（三）实行工程监理的建设工程，依法将消防施工质量委托监理；

（四）委托具有相应资质的设计、施工、工程监理单位；

（五）按照工程消防设计要求和合同约定，选用合格的消防产品和满足防火性能要求的建筑材料、建筑构配件和设备；

（六）组织有关单位进行建设工程竣工验收时，对建设工程是否符合消防要求进行查验；

（七）依法及时向档案管理机构移交建设工程消防有关档案。

第十条 设计单位应当履行下列消防设计、施工质量责任和义务：

（一）按照建设工程法律法规和国家工程建设消防技术标准进行设计，编制符合要求的消防设计文件，不得违反国家工程建设消防技术标准强制性条文；

（二）在设计文件中选用的消防产品和具有防火性能要求的建筑材料、建筑构配件和设备，应当注明规格、性能等技术指标，符合国家规定的标准；

（三）参加建设单位组织的建设工程竣工验收，对建设工程消防设计实施情况签章确认，并对建设工程消防设计质量负责。

第十一条　施工单位应当履行下列消防设计、施工质量责任和义务：

（一）按照建设工程法律法规、国家工程建设消防技术标准，以及经消防设计审查合格或者满足工程需要的消防设计文件组织施工，不得擅自改变消防设计进行施工，降低消防施工质量；

（二）按照消防设计要求、施工技术标准和合同约定检验消防产品和具有防火性能要求的建筑材料、建筑构配件和设备的质量，使用合格产品，保证消防施工质量；

（三）参加建设单位组织的建设工程竣工验收，对建设工程消防施工质量签章确认，并对建设工程消防施工质量负责。

第十二条　工程监理单位应当履行下列消防设计、施工质量责任和义务：

（一）按照建设工程法律法规、国家工程建设消防技术标准，以及经消防设计审查合格或者满足工程需要的消防设计文件实施工程监理；

（二）在消防产品和具有防火性能要求的建筑材料、建筑构配件和设备使用、安装前，核查产品质量证明文件，不得同意使用或者安装不合格的消防产品和防火性能不符合要求的建筑材料、建筑构配件和设备；

（三）参加建设单位组织的建设工程竣工验收，对建设工程消防施工质量签章确认，并对建设工程消防施工质量承担监理责任。

第十三条　提供建设工程消防设计图纸技术审查、消防设施检测或者建设工程消防验收现场评定等服务的技术服务机构，应当按照建设工程法律法规、国家工程建设消防技术标准和国家有关规定提供服务，并对出具的意见或者报告负责。

第三章　特殊建设工程的消防设计审查

第十四条　具有下列情形之一的建设工程是特殊建设工程：

（一）总建筑面积大于二万平方米的体育场馆、会堂，公共展览馆、博物馆的展示厅；

（二）总建筑面积大于一万五千平方米的民用机场航站楼、客运车站候车室、客运码头候船厅；

（三）总建筑面积大于一万平方米的宾馆、饭店、商场、市场；

（四）总建筑面积大于二千五百平方米的影剧院，公共图书馆的阅览室，营业性室内健身、休闲场馆，医院的门诊楼，大学的教学楼、图书馆、食堂，劳动密集型企业的生产加工车间，寺庙、教堂；

（五）总建筑面积大于一千平方米的托儿所、幼儿园的儿童用房，儿童游乐厅等室内儿童活动场所，养老院、福利院，医院、疗养院的病房楼，中小学校的教学楼、图书馆、食堂，学校的集体宿舍，劳动密集型企业的员工集体宿舍；

（六）总建筑面积大于五百平方米的歌舞厅、录像厅、放映厅、卡拉OK厅、夜总会、游艺厅、桑拿浴室、网吧、酒吧，具有娱乐功能的餐馆、茶馆、咖啡厅；

（七）国家工程建设消防技术标准规定的一类高层住宅建筑；

（八）城市轨道交通、隧道工程，大型发电、变配电工程；

（九）生产、储存、装卸易燃易爆危险物品的工厂、仓库和专用车站、码头，易燃易爆气体和液体的充装站、供应站、调压站；

（十）国家机关办公楼、电力调度楼、电信楼、邮政楼、防灾指挥调度楼、广播电视楼、档案楼；

（十一）设有本条第一项至第六项所列情形的建设工程；

（十二）本条第十项、第十一项规定以外的单体建筑面积大于四万平方米或者建筑高度超过五十米的公共建筑。

第十五条 对特殊建设工程实行消防设计审查制度。

特殊建设工程的建设单位应当向消防设计审查验收主管部门申请消防设计审查，消防设计审查验收主管部门依法对审查的结果负责。

特殊建设工程未经消防设计审查或者审查不合格的，建设单位、施工单位不得施工。

第十六条 建设单位申请消防设计审查，应当提交下列材料：

（一）消防设计审查申请表；

（二）消防设计文件；

（三）依法需要办理建设工程规划许可的，应当提交建设工程规划许可文件；

（四）依法需要批准的临时性建筑，应当提交批准文件。

第十七条 特殊建设工程具有下列情形之一的，建设单位除提交本规定第十六条所列材料外，还应当同时提交特殊消防设计技术资料：

（一）国家工程建设消防技术标准没有规定的；

（二）消防设计文件拟采用的新技术、新工艺、新材料不符合国家工程建设消防技术标准规定的；

（三）因保护利用历史建筑、历史文化街区需要，确实无法满足国家工程建设消防技术标准要求的。

前款所称特殊消防设计技术资料，应当包括特殊消防设计文件，以及两个以上有关的应用实例、产品说明等资料。

特殊消防设计涉及采用国际标准或者境外工程建设消防技术标

准的，还应当提供相应的中文文本。

第十八条　特殊消防设计文件应当包括特殊消防设计必要性论证、特殊消防设计方案、火灾数值模拟分析等内容，重大工程、火灾危险等级高的应当包括实体试验验证内容。

特殊消防设计方案应当对两种以上方案进行比选，从安全性、经济性、可实施性等方面进行综合分析后形成。

火灾数值模拟分析应当科学设定火灾场景和模拟参数，实体试验应当与实际场景相符。火灾数值模拟分析结论和实体试验结论应当一致。

第十九条　消防设计审查验收主管部门收到建设单位提交的消防设计审查申请后，对申请材料齐全的，应当出具受理凭证；申请材料不齐全的，应当一次性告知需要补正的全部内容。

第二十条　对具有本规定第十七条情形之一的建设工程，消防设计审查验收主管部门应当自受理消防设计审查申请之日起五个工作日内，将申请材料报送省、自治区、直辖市人民政府住房和城乡建设主管部门组织专家评审。

第二十一条　省、自治区、直辖市人民政府住房和城乡建设主管部门应当建立由具有工程消防、建筑等专业高级技术职称人员组成的专家库，制定专家库管理制度。

第二十二条　省、自治区、直辖市人民政府住房和城乡建设主管部门应当在收到申请材料之日起十个工作日内组织召开专家评审会，对建设单位提交的特殊消防设计技术资料进行评审。

评审专家从专家库随机抽取，对于技术复杂、专业性强或者国家有特殊要求的项目，可以直接邀请相应专业的中国科学院院士、中国工程院院士、全国工程勘察设计大师以及境外具有相应资历的专家参加评审；与特殊建设工程设计单位有利害关系的专家不得参加评审。

评审专家应当符合相关专业要求，总数不得少于七人，且独立出具同意或者不同意的评审意见。特殊消防设计技术资料经四分之三以上评审专家同意即为评审通过，评审专家有不同意见的，应当注明。省、自治区、直辖市人民政府住房和城乡建设主管部门应当将专家评审意见，书面通知报请评审的消防设计审查验收主管部门。

第二十三条 消防设计审查验收主管部门应当自受理消防设计审查申请之日起十五个工作日内出具书面审查意见。依照本规定需要组织专家评审的，专家评审时间不超过二十个工作日。

第二十四条 对符合下列条件的，消防设计审查验收主管部门应当出具消防设计审查合格意见：

（一）申请材料齐全、符合法定形式；

（二）设计单位具有相应资质；

（三）消防设计文件符合国家工程建设消防技术标准（具有本规定第十七条情形之一的特殊建设工程，特殊消防设计技术资料通过专家评审）。

对不符合前款规定条件的，消防设计审查验收主管部门应当出具消防设计审查不合格意见，并说明理由。

第二十五条 实行施工图设计文件联合审查的，应当将建设工程消防设计的技术审查并入联合审查。

第二十六条 建设、设计、施工单位不得擅自修改经审查合格的消防设计文件。确需修改的，建设单位应当依照本规定重新申请消防设计审查。

第四章 特殊建设工程的消防验收

第二十七条 对特殊建设工程实行消防验收制度。

特殊建设工程竣工验收后，建设单位应当向消防设计审查验收主管部门申请消防验收；未经消防验收或者消防验收不合格的，禁止投入使用。

第二十八条 建设单位组织竣工验收时，应当对建设工程是否符合下列要求进行查验：

（一）完成工程消防设计和合同约定的消防各项内容；

（二）有完整的工程消防技术档案和施工管理资料（含涉及消防的建筑材料、建筑构配件和设备的进场试验报告）；

（三）建设单位对工程涉及消防的各分部分项工程验收合格，施工、设计、工程监理、技术服务等单位确认工程消防质量符合有关标准；

（四）消防设施性能、系统功能联调联试等内容检测合格。

经查验不符合前款规定的建设工程，建设单位不得编制工程竣工验收报告。

第二十九条 建设单位申请消防验收，应当提交下列材料：

（一）消防验收申请表；

（二）工程竣工验收报告；

（三）涉及消防的建设工程竣工图纸。

消防设计审查验收主管部门收到建设单位提交的消防验收申请后，对申请材料齐全的，应当出具受理凭证；申请材料不齐全的，应当一次性告知需要补正的全部内容。

第三十条 消防设计审查验收主管部门受理消防验收申请后，

应当按照国家有关规定，对特殊建设工程进行现场评定。现场评定包括对建筑物防（灭）火设施的外观进行现场抽样查看；通过专业仪器设备对涉及距离、高度、宽度、长度、面积、厚度等可测量的指标进行现场抽样测量；对消防设施的功能进行抽样测试、联调联试消防设施的系统功能等内容。

第三十一条 消防设计审查验收主管部门应当自受理消防验收申请之日起十五日内出具消防验收意见。对符合下列条件的，应当出具消防验收合格意见：

（一）申请材料齐全、符合法定形式；

（二）工程竣工验收报告内容完备；

（三）涉及消防的建设工程竣工图纸与经审查合格的消防设计文件相符；

（四）现场评定结论合格。

对不符合前款规定条件的，消防设计审查验收主管部门应当出具消防验收不合格意见，并说明理由。

第三十二条 实行规划、土地、消防、人防、档案等事项联合验收的建设工程，消防验收意见由地方人民政府指定的部门统一出具。

第五章　其他建设工程的消防设计、备案与抽查

第三十三条 其他建设工程，建设单位申请施工许可或者申请批准开工报告时，应当提供满足施工需要的消防设计图纸及技术资料。

未提供满足施工需要的消防设计图纸及技术资料的，有关部门

不得发放施工许可证或者批准开工报告。

第三十四条　对其他建设工程实行备案抽查制度，分类管理。

其他建设工程经依法抽查不合格的，应当停止使用。

第三十五条　省、自治区、直辖市人民政府住房和城乡建设主管部门应当制定其他建设工程分类管理目录清单。

其他建设工程应当依据建筑所在区域环境、建筑使用功能、建筑规模和高度、建筑耐火等级、疏散能力、消防设施设备配置水平等因素分为一般项目、重点项目等两类。

第三十六条　其他建设工程竣工验收合格之日起五个工作日内，建设单位应当报消防设计审查验收主管部门备案。

建设单位办理备案，应当提交下列材料：

（一）消防验收备案表；

（二）工程竣工验收报告；

（三）涉及消防的建设工程竣工图纸。

本规定第二十八条有关建设单位竣工验收消防查验的规定，适用于其他建设工程。

第三十七条　消防设计审查验收主管部门收到建设单位备案材料后，对备案材料齐全的，应当出具备案凭证；备案材料不齐全的，应当一次性告知需要补正的全部内容。

一般项目可以采用告知承诺制的方式申请备案，消防设计审查验收主管部门依据承诺书出具备案凭证。

第三十八条　消防设计审查验收主管部门应当对备案的其他建设工程进行抽查，加强对重点项目的抽查。

抽查工作推行"双随机、一公开"制度，随机抽取检查对象，随机选派检查人员。抽取比例由省、自治区、直辖市人民政府住房和城乡建设主管部门，结合辖区内消防设计、施工质量情况确定，并向社会公示。

第三十九条 消防设计审查验收主管部门应当自其他建设工程被确定为检查对象之日起十五个工作日内，按照建设工程消防验收有关规定完成检查，制作检查记录。检查结果应当通知建设单位，并向社会公示。

第四十条 建设单位收到检查不合格整改通知后，应当停止使用建设工程，并组织整改，整改完成后，向消防设计审查验收主管部门申请复查。

消防设计审查验收主管部门应当自收到书面申请之日起七个工作日内进行复查，并出具复查意见。复查合格后方可使用建设工程。

第六章 附 则

第四十一条 违反本规定的行为，依照《中华人民共和国建筑法》《中华人民共和国消防法》《建设工程质量管理条例》等法律法规给予处罚；构成犯罪的，依法追究刑事责任。

建设、设计、施工、工程监理、技术服务等单位及其从业人员违反有关建设工程法律法规和国家工程建设消防技术标准，除依法给予处罚或者追究刑事责任外，还应当依法承担相应的民事责任。

第四十二条 建设工程消防设计审查验收规则和执行本规定所需要的文书式样，由国务院住房和城乡建设主管部门制定。

第四十三条 新颁布的国家工程建设消防技术标准实施之前，建设工程的消防设计已经依法审查合格的，按原审查意见的标准执行。

第四十四条　住宅室内装饰装修、村民自建住宅、救灾和非人员密集场所的临时性建筑的建设活动，不适用本规定。

第四十五条　省、自治区、直辖市人民政府住房和城乡建设主管部门可以根据有关法律法规和本规定，结合本地实际情况，制定实施细则。

第四十六条　本规定自 2020 年 6 月 1 日起施行。

租赁厂房和仓库消防安全管理办法（试行）

消防〔2023〕72号

各省、自治区、直辖市消防救援总队，各森林消防总队：

为了加强租赁厂房和仓库消防安全管理，遏制重特大火灾事故发生，国家消防救援局制定了《租赁厂房和仓库消防安全管理办法（试行）》，已经2023年7月10日国家消防救援局第5次局务会议审议通过。现印发给你们，自发布之日起施行。

国家消防救援局

2023年7月14日

第一章　总　　则

第一条　为了加强租赁厂房、仓库的消防安全管理，预防和减少火灾危害，根据《中华人民共和国消防法》《仓库防火安全管理规则》《机关、团体、企业、事业单位消防安全管理规定》等法律、法规、规章，制定本办法。

第二条　本办法适用于租赁厂房、仓库的消防安全管理。

生产、储存火药、炸药、火工品、烟花爆竹的厂房、仓库，其消防安全要求按照国家有关规定执行。

第三条　租赁厂房、仓库应当符合消防安全要求，不得违规改变厂房、仓库的使用性质和使用功能。

第四条　租赁厂房、仓库的出租人、承租人、物业服务企业应当按照消防法律、法规、规章和本办法，履行消防安全职责，加强消防安全管理。

第二章　消防安全责任

第五条　租赁厂房、仓库的出租人、承租人是消防安全责任主体，对厂房、仓库的消防安全负责。出租人、承租人是单位的，其主要负责人是本单位租赁厂房、仓库的消防安全责任人。

第六条　租赁厂房、仓库应当落实逐级消防安全责任制和岗位消防安全责任制，明确逐级和岗位消防安全职责，确定各级、各岗位的消防安全责任人员。

第七条　租赁厂房、仓库的出租人、承租人应当以书面形式明确各方的消防安全责任；未以书面形式明确的，出租人对共用的疏散通道、安全出口、建筑消防设施和消防车通道负责统一管理，承租人对承租厂房、仓库的消防安全负责。

同一厂房、仓库有两个及以上出租人、承租人使用的，应当委托物业服务企业，或者明确一个出租人、承租人负责统一管理，并通过书面形式明确出租人、承租人、物业服务企业各方消防安全责任。

第八条　承租人将租赁厂房、仓库的全部或者部分转租给次承租人的，应当经出租人同意并以书面形式明确出租人、承租人、次承租人各方的消防安全责任。

第九条　出租人、承租人应当保障租赁厂房、仓库消防安全所必需的资金投入，并对消防安全资金投入不足导致的后果承担责任。

第十条　租赁厂房、仓库的出租人、承租人可以委托物业服务企业或者消防技术服务机构等专业服务单位提供消防安全服务，并在服务合同中约定消防安全服务的具体内容。

第十一条　租赁厂房、仓库的出租人应当履行以下消防安全职责：

（一）提供符合消防安全要求的厂房、仓库；

（二）事先告知承租人、物业服务企业相关的消防安全要求；

（三）定期了解租赁厂房、仓库的消防安全情况，及时制止承租人、物业服务企业危害消防安全的行为；

（四）督促承租人、物业服务企业加强消防安全管理，及时整改火灾隐患；

（五）及时向承租人、物业服务企业传达有关行政主管部门的消防工作要求。

出租人应当负责租赁厂房、仓库消防设施的维修，但是另有约定的除外。

第十二条 租赁厂房、仓库的承租人应当履行以下消防安全职责：

（一）落实消防安全责任制，制定消防安全制度、消防安全操作规程；

（二）保障疏散通道、安全出口、消防车通道畅通，保证防火防烟分区、防火间距不被破坏、占用；

（三）定期开展防火巡查、检查，及时消除火灾隐患；

（四）开展经常性的消防安全宣传教育；

（五）制定灭火和应急疏散预案，组织进行有针对性的消防演练；

（六）对消防设施、器材进行维护保养。

第十三条 租赁厂房、仓库的出租人、承租人委托物业服务企业实施消防安全管理的，物业服务企业应当与出租人、承租人书面明确共用消防设施、器材维护保养责任，并按照约定履行消防安全职责。

物业服务企业发现违反消防法律、法规、规章的行为，应当及时采取合理措施制止、向有关行政主管部门报告并协助处理。

第十四条 出租人、承租人、物业服务企业发现合同方有违反消防法律、法规、规章的行为且拒不改正的，可以依照法律规定或者合同约定解除合同。

第三章 消防安全管理

第十五条 出租前，出租人应当了解承租人生产、储存物品的火灾危险性类别。

承租人生产、储存物品的火灾危险性应当与租赁厂房、仓库的建筑消防安全设防水平相符。

第十六条 承租人应当向出租人、物业服务企业如实提供其生产的火灾危险性类别、主要工艺环节和储存物品的名称、火灾危险性类别、数量等信息。

第十七条 租赁厂房、仓库内设置办公室、休息室应当符合国家工程建设消防技术标准。严禁在租赁厂房、仓库内设置员工宿舍。

第十八条 承租人需要改变厂房、仓库使用性质和使用功能的，应当书面征得出租人同意；依法需要审批的，应当报有关行政主管部门批准。

第十九条 甲、乙类厂房和储存甲、乙、丙类物品的仓库出租的，承租人不得擅自改变厂房和仓库布局、厂房生产的火灾危险性类别、仓库储存物品的火灾危险性类别及核定的最大储存量。确需改变的，应当书面征得出租人同意；依法需要审批的，应当报有关行政主管部门批准。

第二十条　出租人发现承租人擅自改变生产、储存物品的火灾危险性类别导致租赁厂房、仓库不符合国家工程建设消防技术标准的，应当予以制止；制止无效的，应当向有关行政主管部门报告。

第二十一条　租赁厂房内中间仓库和租赁仓库内甲乙类物品、一般物品以及容易相互发生化学反应或者灭火方法不同的物品，必须分间、分库储存，并在醒目处标明储存物品的名称、性质和灭火方法。

第二十二条　同一厂房、仓库有两个及以上出租人、承租人使用的，其整体及各自使用部分的平面布置、防火分隔、安全疏散、装修装饰和消防设施设置应当符合国家工程建设消防技术标准。

租赁厂房、仓库存在分拣、加工、包装等作业的，应当采用符合规定的防火分隔措施，不得减少疏散通道、安全出口的数量和宽度。

严禁采用易燃可燃材料分隔租赁厂房、仓库。

第二十三条　同一厂房、仓库有两个及以上出租人、承租人使用的，各方应当建立消防协作机制，共同制定防火安全公约，开展联合防火巡查检查、消防安全宣传教育和消防演练，定期召开会议，推动解决消防安全重大问题。

第二十四条　租赁厂房、仓库的消防设施、器材，应当由专人管理，负责检查、维修、保养和更换，保证完好有效，不得损坏、挪用或者擅自拆除、停用。消防设施因改造或者检修需要停用时，出租人、承租人、物业服务企业应当采取相应的应对措施并在建筑内显著位置进行公告。

设置消防控制室的租赁厂房、仓库，消防安全责任人或者消防安全管理人应当查验自动消防系统的操作人员是否依法持证上岗。

消防控制室的日常管理应当由出租人、承租人共同协商指定专人负责。

第二十五条 租赁厂房、仓库应当建立用火安全管理制度，对使用明火实施严格的消防安全管理，不得在具有火灾、爆炸危险的场所使用明火。

租赁厂房、仓库不得违法生产、储存易燃易爆危险品。

设置在租赁厂房内的劳动密集型企业生产加工车间，在生产加工期间禁止进行动火作业。

租赁仓库内严禁使用明火；仓库以及周围五十米内，严禁燃放烟花爆竹。

第二十六条 租赁厂房、仓库因生产工艺、装修改造或者其他特殊情况需要进行电焊、气焊等具有火灾危险作业的，动火部门和人员应当按照用火安全管理制度事先办理审批手续。动火审批手续应当经消防安全责任人或者消防安全管理人批准，并落实相应的消防安全措施，在确认无火灾、爆炸危险后方可动火施工。动火审批手续应当注明动火地点、时间、动火作业人、现场监护人、批准人和消防安全措施等事项。

进行电焊、气焊等具有火灾危险作业的，消防安全责任人或者消防安全管理人应当查验电焊、气焊等具有火灾危险作业的人员是否依法持证上岗。

第二十七条 租赁厂房、仓库应当建立用电安全管理制度。电器产品的安装、使用及其线路的敷设、维护保养、检测，必须符合消防技术标准和管理规定。

严禁在租赁厂房、仓库内为电动自行车、电驱动车辆充电。

第二十八条 租赁厂房、仓库使用燃油燃气设备的，应当建立用油用气安全管理制度，制定用油用气事故应急处置预案，在明显位置设置用油用气安全标识；燃油燃气管道敷设、燃油燃气设备安装、防火防爆设施设置必须符合消防技术标准和管理规定。

第二十九条　承租人对租赁厂房、仓库进行施工作业前，应当向出租人了解可能引发火灾事故的周边设施、隐蔽工程、易燃易爆危险品等情况。出租人应当进行消防安全技术交底，如实说明相关情况。

第三十条　租赁厂房、仓库内的冷库应当由具备相应工程设计、施工资质的单位进行建设，保温材料燃烧性能、防火分隔、安全疏散、消防设施设置、制冷机房的安全防护、电气线路敷设等应当符合国家工程建设消防技术标准。

严禁冷库使用易燃、可燃保温隔热材料，严禁私搭乱接电气线路。

第三十一条　租赁厂房、仓库应当按照规定或者根据需要建立专职消防队、志愿消防队等多种形式的消防组织，配备消防装备、器材，制定灭火和应急疏散预案，定期组织开展消防演练，加强联勤联动。

发生火灾后，各方应当立即报警、组织初起火灾扑救、引导人员疏散，并做好应急处置工作。

第四章　火灾隐患整改

第三十二条　承租人、物业服务企业对在防火巡查、检查以及消防救援机构消防监督检查中发现的火灾隐患，应当立即采取措施整改隐患；不能及时整改的，应当采取必要的防范措施；属于出租人管理责任范围的火灾隐患应当书面告知出租人整改。

出租人发现火灾隐患，应当书面通知承租人、物业服务企业进行整改，并对整改情况跟踪落实。

第三十三条 租赁厂房、仓库的火灾隐患整改应当符合以下要求：

（一）发现火灾隐患立即改正，不能立即改正的，及时报告消防安全责任人或者消防安全管理人；

（二）消防安全责任人或者消防安全管理人组织对报告的火灾隐患进行认定，对整改情况进行跟踪督促，并对整改完毕的进行确认；

（三）明确火灾隐患整改责任部门、责任人、整改的期限和所需经费来源；

（四）在火灾隐患整改期间，采取相应防范措施，保障消防安全；

（五）在火灾隐患未消除前，不能确保消防安全，随时可能引发火灾的，将危险部位自行停止使用；

（六）对消防救援机构责令改正的火灾隐患，在规定的期限内改正。

第三十四条 违反本办法，依法应当给予行政处罚的，依照有关法律、法规、规章予以处罚；构成犯罪的，依法追究刑事责任。

第五章 附 则

第三十五条 本办法下列用语的含义：

（一）租赁厂房、仓库是指租赁用于从事生产、储存物品的工业建筑；

（二）出租人，是指租赁厂房、仓库的所有权人，包括单位和个人；

（三）承租人，是指租赁厂房、仓库的使用权人，包括单位和个人。

第三十六条 租赁露天生产场所、堆栈、货场的消防安全管理，可以参照本办法执行。

第三十七条 各省、自治区、直辖市消防救援机构可以根据本办法，结合实际制定实施细则。

第三十八条 本办法自发布之日起施行。

规范性文件

国务院关于加强和改进消防工作的意见

国发〔2011〕46号

各省、自治区、直辖市人民政府，国务院各部委、各直属机构：

"十一五"以来，各地区、各有关部门认真贯彻国家有关加强消防工作的部署和要求，坚持预防为主、防消结合，全面落实各项消防安全措施，抗御火灾的整体能力不断提升，火灾形势总体平稳，为服务经济社会发展、保障人民生命财产安全作出了重要贡献。但是，随着我国经济社会的快速发展，致灾因素明显增多，火灾发生几率和防控难度相应增大，一些地区、部门和单位消防安全责任不落实、工作不到位，公共消防安全基础建设同经济社会发展不相适应，消防安全保障能力同人民群众的安全需求不相适应，公众消防安全意识同现代社会管理要求不相适应，消防工作形势依然严峻，总体上仍处于火灾易发、多发期。为进一步加强和改进消防工作，现提出以下意见：

一、指导思想、基本原则和主要目标

（一）指导思想。以邓小平理论和"三个代表"重要思想为指导，深入贯彻落实科学发展观，认真贯彻《中华人民共和国消防法》等法律法规，坚持政府统一领导、部门依法监管、单位全面负责、公民积极参与，加强和创新消防安全管理，落实责任，强化预防，整治隐患，夯实基础，进一步提升火灾防控和灭火应急救援能力，不断提高公共消防安全水平，有效预防火灾和减少火灾危害，为经济社会发展、人民安居乐业创造良好的消防安全环境。

（二）基本原则。坚持政府主导，不断完善社会化消防工作格局；

坚持改革创新，努力完善消防安全管理体制机制；坚持综合治理，着力夯实城乡消防安全基础；坚持科技支撑，大力提升防火和灭火应急救援能力；坚持以人为本，切实保障人民群众生命财产安全。

（三）主要目标。到2015年，消防工作与经济社会发展基本适应，消防法律法规进一步健全，社会化消防工作格局基本形成，公共消防设施和消防装备建设基本达标，覆盖城乡的灭火应急救援力量体系逐步完善，公民消防安全素质普遍增强，全社会抗御火灾能力明显提升，重特大尤其是群死群伤火灾事故得到有效遏制。

二、切实强化火灾预防

（四）加强消防安全源头管控。制定城乡规划要充分考虑消防安全需要，留足消防安全间距，确保消防车通道等符合标准。建立建设工程消防设计、施工质量和消防审核验收终身负责制，建设、设计、施工、监理单位及执业人员和公安消防部门要严格遵守消防法律法规，严禁擅自降低消防安全标准。行政审批部门对涉及消防安全的事项要严格依法审批，凡不符合法定审批条件的，规划、建设、房地产管理部门不得核发建设工程相关许可证照，安全监管部门不得核发相关安全生产许可证照，教育、民政、人力资源社会保障、卫生、文化、文物、人防等部门不得批准开办学校、幼儿园、托儿所、社会福利机构、人力资源市场、医院、博物馆和公共娱乐场所等。对不符合消防安全条件的宾馆、景区，在限期改正、消除隐患之前，旅游部门不得评定为星级宾馆、A级景区。对生产、经营假冒伪劣消防产品的，质检部门要依法取消其相关产品市场准入资格，工商部门要依照消防法和产品质量法吊销其营业执照；对使用不合格消防产品的，公安消防部门要依法查处。

（五）强化火灾隐患排查整治。要建立常态化火灾隐患整治机制，组织开展人员密集场所、易燃易爆单位、城乡结合部、城市老街区、集生产储存居住为一体的"三合一"场所、"城中村""棚户区"、出租屋、连片村寨等薄弱环节的消防安全治理，对存在影响公共消防安全的区域性火灾隐患的，当地政府要制定并组织实施整治工作规划，及时督促消除火灾隐患；对存在严重威胁公共消防安全隐患的单位和场所，要督促采取改造、搬迁、停产、停用等措施加以整改。要严格落实重大火灾隐患立案销案、专家论证、挂牌督办和公告制度，当地人民政府接到报请挂牌督办、停产停业整改报告后，要在7日内作出决定，并督促整改。要建立完善火灾隐患举报、投诉制度，及时查处受理的火灾隐患。

（六）严格火灾高危单位消防安全管理。对容易造成群死群伤火灾的人员密集场所、易燃易爆单位和高层、地下公共建筑等高危单位，要实施更加严格的消防安全监管，督促其按要求配备急救和防护用品，落实人防、物防、技防措施，提高自防自救能力。要建立火灾高危单位消防安全评估制度，由具有资质的机构定期开展评估，评估结果向社会公开，作为单位信用评级的重要参考依据。火灾高危单位应当参加火灾公众责任保险。省级人民政府要制定火灾高危单位消防安全管理规定，明确界定范围、消防安全标准和监管措施。

（七）严格建筑工地、建筑材料消防安全管理。要依法加强对建设工程施工现场的消防安全检查，督促施工单位落实用火用电等消防安全措施，公共建筑在营业、使用期间不得进行外保温材料施工作业，居住建筑进行节能改造作业期间应撤离居住人员，并设消防安全巡逻人员，严格分离用火用焊作业与保温施工作业，严禁在施工建筑内安排人员住宿。新建、改建、扩建工程的外保温材料一律不得使用易燃材料，严格限制使用可燃材料。住房城乡建设部要会同有关部门，抓紧修订相关标准规范，加快研发和推广具有良好防火性能的新型建筑保温材料，采取严格的管理措施和有效的技术措施，提高建筑外保温材料系统的防火性能，减少火灾隐患。建筑室内装饰装修材料必须符合国家、行业标准和消防安全要求。相关部门要尽快研究提高建筑材料性能，建立淘汰机制，将部分易燃、有毒及职业危害严重的建筑材料纳入淘汰范围。

（八）加强消防宣传教育培训。要认真落实《全民消防安全宣传教育纲要（2011—2015）》，多形式、多渠道开展以"全民消防、生命至上"为主题的消防宣传教育，不断深化消防宣传进学校、进社区、进企业、进农村、进家庭工作，大力普及消防安全知识。注意加强对老人、妇女和儿童的消防安全教育。要重视发挥继续教育作用，将消防法律法规和消防知识纳入党政领导干部及公务员培训、职业培训、科普和普法教育、义务教育内容。报刊、广播、电视、网络等新闻媒体要积极开展消防安全宣传，安排专门时段、版块刊播消防公益广告。中小学要在相关课程中落实好消防教育，每年开展不少于1次的全员应急疏散演练。居（村）委会和物业服务企业每年至少组织居民开展1次灭火应急疏散演练。充分依托公安消防专业院校加强人才培养。国家鼓励高等学校开设与消防工程、消防管理相关的专业和课程，支持社会力量开展消防培训，积极培养社会消防专业人才。要加强对单位消防安全责任人、消防安全管理人、消防控制室操作人员和消防设计、施工、监理人员及保安、电（气）焊工、消防技术服务机构从业人员的消防安全培训。

三、着力夯实消防工作基础

（九）完善消防法律法规体系。要及时制定消防法实施条例，完善消防产品质量监督和市场准入制度、社会消防技术服务、建设工程消防监督审核和消防监督检查等方面的消防法规和技术标准规范。有立法权的地方要针对本地消防安全突出问题，及时制定、完善地方性法规、地方政府规章和技术标准。直辖市、省会市、副省级市和其他大城市要从建设工程防火设计、公共消防设施建设、隐患排查整治、灭火救援等方面制定并执行更加严格的消防安全标准。

（十）强化消防科学技术支撑。要继续将消防科学技术研究纳入科技发展规划和科研计划，积极推动消防科学技术创新，不断提高利用科学技术抗御火灾的水平。要研究落实相关政策措施，鼓励和支持先进技术装备的研发和推广应用。要加强火灾科学与消防工程、灾害防控基础理论研究，加快消防科研成果转化应用。要加强高层、地下建筑和轨道交通等防火、灭火救援技术与装备的研发，鼓励自主创新和引进消化吸收国际先进技术，推广应用消防新产品、新技术、新材料，加快推进消防救援装备向通用化、系列化、标准化方向发展。要加强消防信息化建设和应用，不断提高消防工作信息化水平。

（十一）加强公共消防设施建设。要科学编制和严格落实城乡消防规划，对没有消防规划内容的城乡规划不得批准实施。要合理布设生产、储存易燃易爆危险品的单位和场所，确保城乡消防安全布局符合要求，消防站、消防供水、消防通信、消防车通道等公共消防设施建设要与城乡基础设施建设同步发展，确保符合国家标准。负责公共消防设施维护管理的部门和单位要加强公共消防设施维护保养，保证其能够正常使用。商业步行街、集贸市场等公共场所和住宅区要保证消防车通道畅通。任何单位和个人不得埋压、圈占、损坏公共消防设施，不得挪用、挤占公共消防设施建设用地。

（十二）大力发展多种形式消防队伍。要逐步加强现役消防力量建设，加强消防业务技术骨干力量建设。要按照国家有关规定，大力发展政府专职消防队、企业事业单位专职消防队和志愿消防队。多种形式消防队伍要配备必要的装备器材，开展相应的业务训练，不断提升战斗力。继续探索发展和规范消防执法辅助队伍。要确保非现役消防员工资待遇与当地经济社会发展和所从事的高危险职业相适应，将非现役消防员按规定纳入当地社会保险体系；对因公伤亡的非现役消防员，要按照国家有关规定落实各项工伤保险待遇，参照有关规定评功、评烈。省级人民政府要制定专职消防队伍管理办法，明确建队范围、建设标准、用工性质、车辆管理、经费保障和优惠政策。

（十三）规范消防技术服务机构及从业人员管理。要制定消防技术服务机构管理规定，严格消防技术服务机构资质、资格审批，规范发展消防设施检测、维护保养和消防安全评估、咨询、监测等消防技术服务机构，督促消防技术服务机构规范服务行为，不断提升服务质量和水平。消防技术服务机构及从业人员违法违规、弄虚作假的要依法依规追究责任，并降低或取消相关资质、资格。要加强消防行业特有工种职业技能鉴定工作，完善消防从业人员职业资格制度，探索建立行政许可类消防专业人员职业资格制度，推进社会消防从业人员职业化建设。

（十四）提升灭火应急救援能力。县级以上地方人民政府要依托公安消防队伍及其他优势专业应急救援队伍加强综合性应急救援队伍建设，建立健全灭火应急救援指挥平台和社会联动机制，完善灭火应急救援预案，强化灭火应急救援演练，提高应急处置水平。公安消防部门要加强对高层建筑、石油化工等特殊火灾扑救和地震等灾害应急救援的技战术研究和应用，强化各级指战员专业训练，加强执勤备战，不断提高快速反应、攻坚作战能力。要加强消防训练基地和消防特勤力量建设，优化消防装备结构，配齐灭火应急救援常规装备和特种装备，探索使用直升机进行应急救援。要加强灭火应急救援装备和物资储备，建立平战结合、遂行保障的战勤保障体系。

四、全面落实消防安全责任

（十五）全面落实消防安全主体责任。机关、团体、企业事业单位法定代表人是本单位消防安全第一责任人。各单位要依法履行职责，保障必要的消防投入，切实提高检查消除火灾隐患、组织扑救初起火灾、组织人员疏散逃生和消防宣传教育培训的能力。要建立消防安全自我评估机制，消防安全重点单位每季度、其他单位每半年自行或委托有资质的机构对本单位进行一次消防安全检查评估，做到安全自查、隐患自除、责任自负。要建立建筑消防设施日常维护保养制度，每年至少进行一次全面检测，确保消防设施完好有效。要严格落实消防控制室管理和应急程序规定，消防控制室操作人员必须持证上岗。

（十六）依法履行管理和监督职责。坚持谁主管、谁负责，各部门、各单位在各自职责范围内依法做好消防工作。建设、商务、文化、教育、卫生、民政、文物等部门要切实加强建筑工地、宾馆、饭店、商场、市场、学校、医院、公共娱乐场所、社会福利机构、烈士纪念设施、旅游景区（点）、博物馆、文物保护单位等消防安全管理，建立健全消防安全制度，严格落实各项消防安全措施。安全监管、工商、质检、交通运输、铁路、公安等部门要加强危险化学品和烟花爆竹、压力容器的安全监管，依法严厉打击违法违规生产、运输、经营、燃放烟花爆竹的行为。环境保护等部门要加强核电厂消防安全检查，落实火灾防控措施。

公安机关及其消防部门要严格履行职责，每半年对消防安全形势进行分析研判和综合评估，及时报告当地政府，采取针对性措施解决突出问题。要加大执法力度，依法查处消防违法行为，对严重危及公众生命安全的要依法从严查处；公安派出所和社区（农村）警务室要加强日常消防监督检查，开展消防安全宣传，及时督促整改火灾隐患。

（十七）切实加强组织领导。地方各级人民政府全面负责本地区消防工作，政府主要负责人为第一责任人，分管负责人为主要责任人，其他负责人要认真落实消防安全"一岗双责"制度。要将消防工作纳入经济社会发展总体规划，纳入政府目标责任、社会管理综合治理内容，严格督查考评。要加大消防投入，保障消防事业发展所需经费。中央和省级财政对贫困地区消防事业发展给予一定的支持。市、县两级人民政府要组织制定并实施城乡消防规划，切实加强公共消防设施、消防力量、消防装备建设，整治消除火灾隐患。乡镇人民政府和街道办事处要建立消防安全组织，明确专人负责消防工作，推行消防安全网格化管理，加强消防安全基础建设，全面提升农村和社区消防工作水平。地方各级人民政府要建立健全消防工作协调机制，定期研究解决重大消防安全问题，扎实推进社会消防安全"防火墙"工程，认真组织开展火灾事故调查和统计工作。对热心消防公益事业、主动报告火警和扑救火灾的单位和个人，要给予奖励。各省、自治区、直辖市人民政府每年要将本地区消防工作情况向国务院作出专题报告。

（十八）严格考核和责任追究。要建立健全消防工作考核评价体系，对各地区、各部门、各单位年度消防工作完成情况进行严格考核，并建立责任追究机制。地方各级人民政府和有关部门不依法履行职责，在涉及消防安全行政审批、公共消防设施建设、重大火灾隐患整改、消防力量发展等方面工作不力、失职渎职的，要依法依纪追究有关人员的责任，涉嫌犯罪的，移送司法机关处理。公安机关及其消防部门工作人员滥用职权、玩忽职守、徇私舞弊、以权谋私的，要依法依纪严肃处理。各单位因消防安全责任不落实、火灾防控措施不到位，发生人员伤亡火灾事故的，要依法依纪追究有关人员的责任；发生重大火灾事故的，要依法依纪追究单位负责人、实际控制人、上级单位主要负责人和当地政府及有关部门负责人的责任；发生特别重大火灾事故的，要根据情节轻重，追究地市级分管领导或主要领导的责任；后果特别严重、影响特别恶劣的，要按照规定追究省部级相关领导的责任。

国务院

二〇一一年十二月三十日

中共中央办公厅　国务院办公厅
印发《关于深化消防执法改革的意见》的
通知

厅字〔2019〕34号

各省、自治区、直辖市党委和人民政府，中央和国家机关各部委，解放军各大单位、中央军委机关各部门，各人民团体：

《关于深化消防执法改革的意见》已经中央领导同志同意，现印发给你们，请结合实际认真贯彻落实。

中共中央办公厅

国务院办公厅

2019 年 5 月 30 日

关于深化消防执法改革的意见

消防事业关系人民群众生命财产安全，是促进经济社会协调健康发展的重要保障。党中央、国务院历来高度重视消防工作，党的十八大以来作出一系列重大决策部署，深化落实消防安全责任制，全面提升防灾减灾救灾能力，消防工作取得显著进步。当前，消防执法工作中还存在审批难、执法随意、消防中介行业垄断和权力寻租等问题，与新时代新务新要求不相适应。为贯彻落实党中央、国务院有关工作部署，进一步深化消防执法改革，现提出如下意见。

一、总体要求

（一）指导思想。以习近平新时代中国特色社会主义思想为指导，全面贯彻党的十九大和十九届二中、三中全会精神，认真落实习近平总书记在国家综合性消防救援队伍授旗仪式上的重要训词精神，坚持以人民为中心，坚持安全发展理念，按照深化"放管服"改革决策部署，推动消防执法理念、制度、作风全方位深层次变革，打造清正廉洁、作风优良、服务为民的消防执法队伍，构建科学合理、规范高效、公正公开的消防监督管理体系，增强全社会火灾防控能力，确保消防安全形势持续稳定向好，为经济社会高质量发展提供安全保障。

（二）基本原则。

坚持问题导向、源头治理。从社会反映强烈的消防执法突出问题抓起，全面改革消防监督管理工作，打破垄断、清除积弊，创新监管方式，健全制度机制，从源头上堵塞制度漏洞、防范化解风险。

坚持简政放权、便民利企。按照建设法治政府的要求，最大力度推行"证照分离"，坚决破除消防监督管理中各种不合理门槛和限制，压减审批项目，改变审批方式，简化审批流程，缩短审批时间，提升服务质量。

坚持放管并重、宽进严管。发挥市场在资源配置中的决定性作用，把该放的权力充分放给市场，更好发挥政府作用，做好简化审批与强化监管有效衔接，落实"双随机、一公开"监管要求，加强和规范事中事后监管，先立后破，守住消防安全底线。

坚持公开透明、规范有序。推行消防执法事项全部及时准确向社会公开，强化自我约束，健全执法制度、规范执法行为、完善执法程序、创新执法方式、加强执法监督，让权力在阳光下运行。

二、主要任务

（三）取消消防技术服务机构资质许可。取消消防设施护保养检测、消防安全评估机构资质许可制度，消防设施维护保养检测、消防安全评估机构的技术服务结论不再作为消防审批的前置条件，企业办理营业执照后即可开展经营活动。消防部门制定消防技术服务机构从业条件和服务标准，引导加强行业自律、规范从业行为、落实主体责任，加强对相关从业行为的监督抽查，依法惩处不具备从业条件、弄虚作假等违法违规行为，对严重违法违规的消防技术服务机构和人员实行行业退出、永久禁入。

（四）简化公众聚集场所投入使用、营业前消防安全检查，实行告知承诺管理。消防部门制定公众聚集场所消防安全标准并向社会公布，提供告知承诺书格式文本。公众聚集场所在取得营业执照或依法具备投入使用条件后，通过在线政务服务平台或当面提交申请，向消防部门作出其符合消防安全标准的承诺后即可投入使用、营业。消防部门应及时对公众聚集场所进行抽查，发现未作出承诺或承诺失实的，应依法责令其改正并予以处罚，记入信用记录；对存在严重违法违规行为的，依法责令其停止使用、营业并依法依规从重处罚。

（五）放宽消防产品市场准入限制。市场监管总局会同应急管理部将强制性产品认证目录中的消防水带、喷水灭火产品、消防车、灭火剂、建筑耐火构件、泡沫灭火设备产品、消防装备产品、火灾防护产品、消防给水设备产品、气体灭火设备产品、干粉灭火设备产品、消防防烟排烟设备产品、消防通信产品等13类消防产品调整出目录，改为自愿性认证，仅保留公共场所、住宅使用的火灾报警产品、灭火器、避难逃生产品的强制性产品认证。向社会开放消防产品认证检验市场，凡是具备法定条件的认证、检验机构，均可开展认证、检验工作，对出具的文件负责并承担相应法律责任。市场监管、消防部门按照职责分工依法依规对生产、流通、使用领域的消防产品质量实施监督管理，发现产品质量问题的坚决予以查处，构成犯罪的依法追究刑事责任。

（六）实行"双随机、一公开"监管。加强消防安全事中事后监管，制定年度检查计划，明确抽查范围、抽查事项和抽查细则，合理确定抽查比例和频次。按计划开展"双随机"检查，检查计划和检查结果要及时告知被检查单位并向社会公开。在年度检查计划外，针对火灾多发频发的行业和领域，适时开展集中专项整治。对检查发现的违法违规行为，依法依规严肃查处并纳入信用记录；对检查发现的火灾隐患，紧盯不放、督促整改；对隐患突出、有严重违法违规记录的单位，实施重点监管。建立消防举报投诉奖励制度鼓励群众参与监督，接到消防举报投诉要及时核查并反馈。

（七）严格限制处罚自由裁量权。制定统一的消防行政处罚裁量基准，细化量化具体的处罚条件、情形、种类和幅度，加强对处罚裁量情况的日常抽查，防止标准不一、执法随意。对情节轻微、当场改正的消防违法行为不予处罚。对案情复杂及作出责令停产停业、停止使用或较大数额罚款等的处罚，应当由集体讨论决定，并按照规定组织听证，有关情况报上一级消防部门备案。对当事人提出申辩、申诉的，及时予以答复。

（八）实行消防执法全程监督。全面实施消防执法全过程记录，同步应用执法记录仪和执法场所音视频监控，实现监督全覆盖。全面落实消防执法事项法制审核制度，每项执法决定必须经过合法性审查。全面推行消防执法公示制度，将执法依据、人员、程序、结果和文书等信息全部公开，接受社会监督。严格执行双人执法、持证上岗制度，消防干部、消防员必须经执法资格考试合格，方可从事执法活动。严格落实执法人员岗位交流制度，达到规定年限及时轮岗。

（九）推行消防监管"一网通办"。完善"互联网＋监管"执法工作机制，运用物联网和大数据技术，全时段、可视化监测消防安全状况，实时化、智能化评估消防安全风险，实现差异化精准监管。将消防监督执法信息全部纳入消防监督管理信息系统，实现消防监督执法所有环节网上流转、全程留痕、闭环管理。将立案标准、自由裁量基准、判罚案例等嵌入系统，实现自动生成立案和量裁意见。通过系统监测执法数据，及时预警超越权限执法、审批超期、处罚畸轻畸重等风险。开展网上执法巡查，考核评价执法质量，及时发现和纠正执法中存在的问题。

（十）强化火灾事故倒查追责。逐起组织调查造成人员死亡或重大社会影响的火灾，倒查工程建设、中介服务、消防产品质量、使用管理等各方主体责任，依法给予相关责任单位停业整顿、降低资质等级、吊销资质证书和营业执照相关责任人员暂停执业、吊销资格证书、一定时间内直至终身行业禁入等处罚，对严重违法失信的纳入"黑名单"管理，依法实施联合惩戒。严格追究属地管理和部门监管责任，建立较大以上火灾事故调查处理信息通报和整改措施落实情况评估制度，评估结果及时向社会公开，强化警示教育。

（十一）严肃消防执法责任追究。建立健全消防执法责任制和执法质量终身负责制，明确执法岗位和执法人员具体责任。对发现的消防执法不作为和乱作为等问题，坚决做到有责必问、追责必严。对违法违规实施审批或处罚的，一律追究行政责任；对利用职权谋取不正当利益的，一律予以停职查办；对造成恶劣影响或严重后果的，除追究直接责任人责任外，一律追究相关领导责任。涉嫌贪污贿赂、失职渎职犯罪的，移交监察机关立案调查。

（十二）严禁消防人员及其近亲属违规从业。制定消防人员职业规范，明确消防人员及其近亲属从业限制，严格落实回避制度。消防人员不得指定或变相指定消防工程施工企业、消防技术服务机构、消防产品；消防干部及其近亲属不准承揽消防工程、经营消防技术服务机构、生产销售消防产品；辞去公职或离退休的消防领导干部和执法干部在离职5年内，其他干部在离职3年内，不得接受原任职地区消防企业和中介机构聘任，或从事与消防行业相关的营利活动。

（十三）消防部门与行业协会、中介组织彻底脱钩。取消消防部门与消防行业协会的主办、主管、联系和挂靠关系，做到职能、人员、财务完全分离。现职消防人员一律不得在消防行业协会、中介机构兼职（任职），离退休人员在消防行业协会兼职（任职）的，必须符合国家有关规定且不得领取报酬。认真做好脱钩行业协会党的建设工作，确保脱钩不脱管。消防部门管理的科研、认证机构要积极破除行业垄断，尽快理顺隶属关系，一律不得开展与消防执法相关的中介服务。

（十四）优化便民利企服务。全面清理消防执法领域于法无据的证明材料，能够通过部门交互获取的信息不再要求单位和个人提供。实行容缺后补、绿色通道、邮政或快递送达等便利化措施，推行预约办理、同城通办、跨层联办、智能导办、一对一专办等服务方式，多渠道多途径提高办事效率和服务水平。开放消防救援站，设立基层消防宣传教育站点，为群众就近免费接受消防培训提供便利。

三、保障措施

（十五）加强组织领导。地方各级党委和政府要高度重视消防执法改革工作，切实履行领导责任，把这项工作为当前一项重要任务，结合地方机构改革统筹推进。各省（自治区、直辖市）政府要细化改革措施，层层压实责任，落实经费保障，加大工作力度，扎实有序推进。各有关部门要根据各自职责，2019年6月制定完成时间表、路线图，主动开展工作，加强协作配合，积极指导推动相关任务落实。在完成试点任务基础上，2019年10月1日在全国范围全面推行"双随机、一公开"消防监管工作。

（十六）强化协同监管。有关部门要加强沟通衔接，平稳有序推进职责划转和取消、精简审批事项有关工作，强化事中事后监管，实现无缝对接。住房城乡建设、市场监管、应急管理等部门要通过信息公示、抽查、抽检等方式，综合运用提醒、约谈、告诫等手段，强化对市场主体及有关人员的事中监管，及时化解风险。各有关部门要强化对市场主体的事后监管，依法及时认定违法违规行为的类型和性质，依据各自职能实施联合惩处。有关企业的行政处罚、"黑名单"、抽查检查结果等信息应当记入信用记录，依法纳入全国信用信息共享平台，并通过国家企业信用信息公示系统和"信用中国"网站等向社会公布。

（十七）完善法律法规。各有关部门要做好政策制度衔接，落实重大改革于法有据的要求，加快推动消防法等法律法规修订工作，抓紧清理、修改、完善与消防执法改革不相适应的政策规定，清除制约改革发展的法规制度障碍，为改革顺利推进提供法治保障。各地区要相应做好有关法规规章清理、修订工作。

（十八）抓好督促落实。各地区各有关部门要明确工作要求，严格落实责任，充分调动各方面推进改革的积极性和主动性，做细做实各项改革工作，坚决防止出现对改革任务消极怠慢、敷衍塞责、变通执行等现象。要加强对本意见落实情况的督促指导，将消防执法改革各项任务纳入本地区本部门相关工作考核内容，对落实不力的要依法依规严肃问责。

关于全面加强新形势下
森林草原防灭火工作的意见

中办发〔2022〕60号

森林草原防灭火工作是事关人民群众生命财产安全和国家生态安全的大事。党的十八大以来，以习近平同志为核心的党中央高度重视森林草原防灭火工作，将其作为防灾减灾的重要任务，作出一系列重要决策部署，森林草原防灭火工作取得长足发展，火灾综合防控能力显著提升。同时，森林草原防灭火工作在思想认识、体制机制、基础设施、力量建设、科技支撑等方面，与新形势新任务新要求还不完全适应，全球气候变暖也带来新的挑战。为全面加强新形势下森林草原防灭火工作，现提出如下意见。

一、总体要求

（一）指导思想。以习近平新时代中国特色社会主义思想为指导，坚持"预防为主、积极消灭、生命至上、安全第一"工作方针，全面推进防灭火一体化，持续优化体制机制，压紧压实防控责任，深化源头治理，加强基础建设，推动科技创新，提升队伍能力，有效防范化解重特大火灾风险，全力维护人民群众生命财产安全和国家生态安全。

（二）工作要求。坚持党的领导、属地负责，把党的领导贯彻到森林草原防灭火工作的全过程各方面，严格落实属地责任。坚持预防为主、防救结合，把预防工作放在首位，全力防未防危防违，处置火情打早打小打了。坚持建强基础、补齐短板，把基础设施作为有力支撑，系统谋划、扬长补短、整体推进。坚持依法治理、从严管控，把法治建设作为重要保障，健全相关法律法规制度，加大执法力度。坚持科技引领、创新驱动，着眼破解现实难题，开展基础理论和关键技术攻关，加快先进装备和信息技术深度应用。

（三）主要目标。到 2025 年，实现森林草原防灭火工作重心向深化源头管控、全力防范风险纵深拓展，治理方式向实化群防群治、依法严格管理纵深拓展，基础建设向科学统筹规划、不断提质增效纵深拓展，火灾扑救向推广以水灭火、强化空地一体纵深拓展，安全建设向注重抓在平时、关键严在战时纵深拓展。森林火灾受害率控制在 0.9‰以内，草原火灾受害率控制在 2‰以内。到 2030 年，森林草原防灭火能力显著增强，全民防火意识和法治观念持续提高，综合防控水平全面提升。

二、明确工作职责，压实火灾防控责任

（四）严格落实地方党委和政府领导责任。按照党政同责、一岗双责、齐抓共管、失职追责的要求，强化属地责任。地方各级党委加强对森林草原防灭火工作的领导，实行地方政府行政首长负责制，结合落实林长制压实第一责任人森林草原火灾防控责任，建立健全乡镇防灭火责任落实机制，构建完善纵向到底、横向到边的责任体系。

（五）严格落实部门监管责任。各级森林草原防灭火指挥机构成员单位和相关部门根据职责分工承担各自责任。应急管理部门负责综合指导各地和相关部门森林草原火灾防控工作，牵头开展火灾预警监测和信息发布，组织指导协调火灾扑救工作。林业草原主管部门具体负责火灾预防，开展防火巡护、火源管理、日常检查、宣传教育、防火设施建设和火情早期处理等工作。公安部门负责火场

警戒、交通疏导、治安维护、火案侦破，协同林业草原主管部门开展防火宣传、火灾隐患排查、重点区域巡护、违规用火处罚等工作。

（六）严格落实经营单位和个人责任。在林牧区从事各类活动的单位和个人要严格履行责任，划定责任区，确定责任人，签订责任书，认真落实各项火灾防控措施。

三、优化体制机制，建强组织指挥体系

（七）健全指挥体系。完善各级森林草原防灭火指挥机构，实现上下基本对应。加强各级指挥机构办公室和主管部门业务能力建设，在主管部门领导班子中配备防灭火实战经验丰富的领导干部。加强指挥员队伍建设，研究建立持证上岗制度，完善考核评估制度，实行国家负责省市两级、省级负责县级和基层的指挥员培训机制。

（八）强化职能作用。充分发挥国家森林草原防灭火指挥部及其办公室的牵头抓总作用，强化组织、协调、指导、督促职能。各有关部门及地方政府在国家森林草原防灭火指挥部统一指挥下，细化任务分工，明确衔接关系，形成工作合力。

（九）健全运行机制。完善会商研判、预警响应、信息共享、督查检查等机制。建立规范的工作运行秩序。探索处置重特大火灾期间森林草原防灭火指挥机构成员单位和相关部门实战化运行模式。

四、深化源头治理，防范化解火灾风险

（十）提高全民防火意识。坚持不懈培养群众防火意识，推进宣传教育常态化、全覆盖，突出对重点时段、重点地区、重点人群的宣传教育。丰富宣教手段，倡导移风易俗，推广将森林草原防灭火纳入村规民约等有效做法。

（十一）严格火源管控。严格落实用火审批、防火检查、日常巡护等常态化管控手段，重点加强祭扫用火、农事用火、林牧区施工生产用火和景区野外用火管理。多措并举提升林草生态系统耐火阻燃能力，科学组织计划烧除和清理重点林缘部位可燃物。加强火情早期处理，做到早发现、早报告、早出动和安全高效处理。加强与有关邻国合作，及时妥善处置边境火情。

（十二）加强火灾风险隐患排查整治。推进火灾风险普查、评估、区划等工作。深入开展重大火险隐患排查整治，突出国家公园、城市面山、森林公园等重要区域和重要目标，建立隐患台账及责任清单，实行销号整治。工业和信息化、民政、交通运输、农业农村、文化和旅游等部门及石油化工、电力等企业要在各级森林草原防灭火指挥机构的组织下，协同开展本行业领域森林草原火灾隐患的排查整治。

五、加强力量建设，稳步提升实战能力

（十三）抓好国家综合性消防救援力量建设。提升国家综合性消防救援队伍森林草原防灭火核心能力，加快形成"固守重点、因险前置、区域联动、全域救援"的布防格局。落实国家有关航空消防建设方案，坚持存量与增量相结合，合理确定航空器部署规模。

（十四）加强地方防灭火专业力量建设。落实国家应急体系规划，地方各级政府和国有林草经营单位以建设标准化、管理规范化、装备机械化为重点，加强防灭火专业力量建设。2025 年年底前，全面加强防火重点区域县级防灭火专业力量。防灭火任务较重的省市两级政府要同步加强机动专业力量建设。探索将地方防灭火专业队伍纳入国家消防救援力量，按规定给予一定荣誉和保障。规范地方防

灭火专业、半专业力量的训练内容、组训方式、考核标准，完善管理和保障机制。

（十五）发挥社会扑救力量作用。加强民兵等力量及地方干部群众的防灭火技能训练和装备配备。探索建立森林草原志愿消防员制度。

（十六）加强专业人才队伍建设。建立森林草原防灭火专业人才目录清单，拓展急需紧缺人才培育供给渠道，完善人才评价标准。加强森林草原防灭火智库建设，建立防灭火专家咨询制度。加强森林草原防灭火学科专业建设，鼓励高等学校、职业学校、科研院所开设相关学科专业。加强灭火指挥、航空消防等紧缺人才培养。注重在实战中发现、培养和使用人才。

六、注重夯实根基，加强基础设施建设

（十七）做好统筹规划。完善各级森林草原防灭火专项规划并推动实施，优化建设任务，提升工程建设质量。林牧区各类工程建设要同步规划、同步设计、同步施工、同步验收防灭火设施。

（十八）建强重要基础设施。坚持新建与改造相结合，着眼网格化治理，探索实施生态防火工程建设，开展耐火树种选育推广，因地制宜加强森林草原防火阻隔系统和防火道路建设，加快完善重点火险区火灾防控基础设施。加强森林草原防火应急路网建设，力争到 2025 年国有林区路网密度达到 3.1 米 / 公顷。加强森林草原防火阻隔系统建设，力争到 2025 年重点林区林火阻隔网密度达到 4.7 米 / 公顷，边境草原防火隔离带开设基本实现机械化。在森林城市周边构建自然阻隔、工程阻隔、生物阻隔相结合的保护防线。重点加强环区域、环目标核心圈的防火道、隔离带、视频监控及应急消防站、蓄水池等防灭火设施建设。加快建设场站、起降点、取水点、实训

基地等航空消防基础设施。加强重点林牧区通信基础设施建设，保障断路、断网、断电等极端条件下通信畅通。

七、突出科技赋能，加大创新技术应用力度

（十九）强化科技支撑。发挥高等学校和科研院所优势，深化林火行为、大火巨灾成灾机理等方面基础理论和重大课题研究。搭建科技创新平台，引导高新技术企业加强智慧防火、智能灭火技术的研发应用，提升科技赋能的质量效益。

（二十）提升信息化水平。强化综合集成，建设国家级火灾预防管理系统和灭火指挥通信系统。加快大数据、物联网、区块链、人工智能等信息技术深度应用，普及应用防火码、"互联网＋防火"等防控手段，实现信息共享、互联互通。

（二十一）加快装备转型升级。国家层面建立森林草原防灭火装备型谱和认证制度，重点加强新特、轻便、大型、智能装备和航空消防装备的研发配备与引进推广。地方层面突出以水灭火、航空灭火、个人防护等装备建设，推广应用高科技防灭火装备。建立相关部门与科研院所、企业间的装备发展协作机制，构建森林草原防灭火装备创新研发平台。

八、树牢底线思维，提高应急处置能力

（二十二）大力提升预警监测能力。以国家森林草原防灭火信息共享平台为依托，以重点地区预警监测机构为骨干，以各级预警监测系统为补充，建立上下贯通、左右衔接、融合集成的预警监测体系。深化部门协作，强化多级联动，完善风险研判、滚动会商、预警发布等机制。优化系统布局，加强监测技术融合应用，采取卫

星监测、航空巡护、视频监控、塔台瞭望、地面巡查、舆情监测等多种手段，提升火情监测覆盖率、识别准确率、核查反馈率。开展雷击火监测应对科技攻关，抓紧建立重点林区雷击火预警系统。

（二十三）强化应急准备。健全各级各类森林草原火灾应急预案，强化针对性演练。建立国家和地方各类救援力量联防联训联战机制。动态优化部署，在重点时段、重点地区实施指挥、力量、装备靠前驻防。深化对不同区域环境、多方力量协同、多种作战样式综合运用的战法研究。建立防灭火物资全链条保障机制。

（二十四）有效应对极端情况。在常态化防控的基础上，综合运用现代火险感知手段和多渠道信息，提升大火巨灾早期预判能力，加强预警响应，全力阻断致灾因子耦合导致大火巨灾。把林牧区重要目标、村屯、林（农、牧）场、森林城市等列入重大风险清单，科学谋划应对措施、前置安排以及保底手段，强化组织指挥、力量编成、扑火资源调配，完善配套保障，确保防范化解重大风险。

（二十五）抓实安全建设。强化经常性教育培训，突出紧急避险训练，提高扑火人员自救互救能力。落实专业指挥的刚性要求，规范现场指挥，加强火场管控，探索建立安全员制度。抓好航空消防飞行安全工作。按照有关标准严格配备防灭火人员防护装备。

九、完善法律法规体系，提升依法治火水平

（二十六）建立健全法律法规制度。完善防灭火法律法规，加快推进森林草原防灭火条例等法规制定修订工作。健全优化森林草原防灭火标准体系，组建技术组织，坚持急用先行制定相关标准。完善防灭火工作监督、检查、考评和火灾调查评估等制度。

（二十七）加大执法和追责问责力度。提高执法队伍素质能力，

依法查处违法违规行为，提高火案侦破效率。健全火灾责任追究制度，培育森林草原火灾调查评估司法鉴定机构，严肃追究火灾肇事者法律责任，对防灭火工作中失职失责，造成严重后果或者恶劣影响的，依规依纪依法追究地方党委和政府、有关部门、经营单位及有关人员的责任。

十、强化组织实施

（二十八）加强组织领导。各级党委和政府及有关部门要提高思想认识，坚持人民至上、生命至上，主动担起责任，把森林草原防灭火工作纳入经济社会发展全局积极谋划推动，确保各项措施落地见效。

（二十九）强化资金保障。按照中央与地方财政事权和支出责任划分原则，在充分利用现有资源的基础上，合理安排相关经费，优先保障重点事项。拓宽长期资金筹措渠道，探索建立多层次、多渠道、多主体的防灭火投入长效机制。

（三十）加大政策支持力度。针对防灭火高危行业特点，国家有关部门按职责完善相关政策，合理保障防灭火从业人员待遇，落实防灭火人员人身保险，按规定开展表彰奖励。地方各级政府根据防灭火实际配备专用车辆，落实车辆编制并纳入特种专业技术用车管理。制定地方森林草原消防车辆使用管理规定和配备标准，规范车辆管理，统一标识涂装。地方森林草原消防车辆依法依规享受应急救援车辆相关政策，确保扑救火灾时快速通行。

（三十一）加强宣传引导。畅通信息发布渠道，采取多种形式加强政策解读，积极回应社会关切，及时总结推广先进经验与做法，营造关心和支持森林草原防灭火工作的良好氛围。

关于调整火灾等级标准的通知

公消〔2007〕234 号

各省、自治区、直辖市公安厅、局，新疆生产建设兵团公安局：

为贯彻执行国务院 4 月 6 日颁布的《生产安全事故报告和调查处理条例》（国务院令 493 号，自 2007 年 6 月 1 日起施行，以下简称《条例》），按照《条例》要求做好有关火灾事故的统计和报告工作。经部领导批准，现依据《条例》有关规定对火灾等级标准调整如下：

一、火灾等级增加为四个等级，由原来的特大火灾、重大火灾、一般火灾三个等级调整为特别重大火灾、重大火灾、较大火灾和一般火灾四个等级。

二、根据《条例》规定的生产安全事故等级标准，特别重大、重大、较大和一般火灾的等级标准分别为：

特别重大火灾是指造成 30 人以上死亡，或者 100 人以上重伤，或者 1 亿元以上直接财产损失的火灾；

重大火灾是指造成 10 人以上 30 人以下死亡，或者 50 人以上 100 人以下重伤，或者 5000 万元以上 1 亿元以下直接财产损失的火灾；

较大火灾是指造成 3 人以上 10 人以下死亡，或者 10 人以上 50 人以下重伤，或者 1000 万元以上 5000 万元以下直接财产损失的火灾；

一般火灾是指造成 3 人以下死亡，或者 10 人以下重伤，或者 1000 万元以下直接财产损失的火灾。

注："以上"包括本数，"以下"不包括本数。

三、火灾事故等级标准调整后，《重要火灾和处置灾害事故信息报告及处理规定（试行）》（公消〔2004〕306号）中有关特大、重大火灾的上报要求相应调整为特别重大、重大和较大火灾的上报要求，死亡1至2人的火灾及其他重要火灾继续按照现行要求上报。

四、新的火灾等级标准从2007年6月1日起执行，各地要从通知下发之日起按照新的等级标准报送火灾信息，并从2007年6月份起采用新的等级标准汇总、统计和公布火灾数据。

特此通知。

公安部办公厅

二〇〇七年六月二十六日

关于印发《关于建立建设工程消防质量终身负责制的指导意见》的通知

公消〔2013〕94号

各省、自治区、直辖市公安厅、局，新疆生产建设兵团公安局：

为认真贯彻《国务院关于加强和改进消防工作的意见》（国发〔2011〕46号），加强消防安全源头管控，预防和减少火灾事故的发生，公安部制定了《关于建立建设工程消防质量终身负责制的指导意见》，现印发给你们，请结合本地实际，认真贯彻落实。

公安部

2013年4月9日

关于建立建设工程消防质量终身负责制的指导意见

为认真贯彻《国务院关于加强和改进消防工作的意见》，严格落实"建立建设工程消防设计、施工质量和消防审核验收终身负责制，建设、设计、施工、监理单位及执业人员和公安消防部门要严格遵守消防法律法规，严禁擅自降低消防安全标准"的要求，加强消防安全源头管控，预防和减少火灾事故的发生，现就建立建设工程消防设计、施工质量和消防审核验收终身负责制（以下简称终身负责制）提出以下意见：

一、建设工程消防质量终身负责的范围

（一）建设工程消防质量终身负责的单位。依照有关法律法规规定，建设工程的建设、设计、施工、监理单位，施工图审查机构，消防技术服务机构，按照各自的职责对工程消防质量负终身责任。

（二）建设工程消防质量终身负责的个人。依照有关法律法规规定，建设工程的建设、设计、施工、监理单位及施工图审查机构，消防技术服务机构的法定代表人、工程项目负责人、工程项目技术负责人、注册执业人员、施工图审查人员、技术服务从业人员，按照各自职责对工程在设计使用年限内的消防质量负终身责任。上述人员因工作调动、退休等原因离开该单位后，无论调到哪里工作、担任什么职务，如被发现在该单位工作期间违反国家消防法律法规、建设工程质量管理法规和国家消防技术标准，造成建设工程存在先天性重大火灾隐患、导致发生较大以上亡人火灾或重特大火灾事故的，要依法追究相应责任。

（三）建设工程消防行政审批部门的终身责任。依法实施建设工程消防设计审核、消防验收和备案抽查的公安机关消防机构行政审批负责人及相关工作人员，对建设工程的消防设计审核、消防验收和备案抽查结果负终身责任。行政审批负责人、相关工作人员因转业、工作调动、退休等原因离开原单位后，如被发现在该单位工作期间违反消防法律法规，造成建设工程存在先天性重大火灾隐患、导致发生较大以上亡人火灾或重特大火灾事故的，要依法追究相应责任。

二、建设工程消防质量责任追究程序

（一）启动责任追究的情形

1. 建设工程在设计、施工、竣工验收过程中发现违法行为的责任追究。公安机关消防机构在对建设工程进行消防设计审核、消防验收和备案抽查过程中，发现建设、设计、施工、监理单位，施工图审查机构、消防技术服务机构及其人员，违反消防法律法规、消防技术标准强制性要求的，依法对相关单位和人员追究责任。

2. 建设工程投入使用后发现存在重大火灾隐患的责任追究。公安机关消防机构在日常监督检查中，发现存在下列由于设计、施工质量原因造成先天性重大火灾隐患的，应当在确定为重大火灾隐患之日起，依照建设工程消防设计、竣工验收时的法律法规、消防技术标准要求，追究建设、设计、施工、监理单位，施工图审查机构、消防技术服务机构及有关人员的责任：

（1）生产、储存、装卸易燃易爆危险品的工厂、仓库和专用车站、码头，易燃易爆气体和液体的充装站、供应站、调压站，设置位置不符合城乡消防安全布局要求，防火防爆设施、自动消防设施设置不符合国家工程建设消防技术标准强制性要求；

（2）甲、乙类厂房、仓库设置在建筑的地下、半地下室；

（3）甲、乙类厂房、仓库和丙类厂房与人员密集场所、住宅或宿舍混合设置在同一建筑内；

（4）建筑的安全出口、疏散楼梯的设置形式及数量，室内装修材料的燃烧性能等级，自动消防设施，消防车道，防火间距设置不符合国家工程建设消防技术标准强制性要求。

3. 发生火灾事故后的责任追究。发生较大以上亡人火灾，重大、特别重大火灾事故后30天内，依照建设工程消防设计、竣工验收时的法律法规、消防技术标准要求，追究建设、设计、施工、监理单位，施工图审查机构、消防技术服务机构及有关人员，公安机关消防机构行政审批及有关工作人员的责任。

（二）认定消防质量责任。建设工程投入使用后发现存在由于设计、施工质量造成先天性重大火灾隐患，发生较大以上亡人或重特大火灾事故的责任追究，由省级公安机关消防机构会同相关部门成立联合调查组，对建设工程消防质量责任进行调查认定。联合调查组应当有建筑、结构、给水排水、采暖通风、电气、消防等专业人员组成，具有高级职称以上的成员不应少于调查组成员人数的三分之二。必要时，省级公安机关消防机构可以责成市（地）级公安机关消防机构成立相应的调查组进行调查认定。凡对该建设工程消防质量终身负责的单位和人员应当回避，不得参与调查。调查组履行下列职责：

1. 依据有关法律法规和国家工程建设消防技术标准，认定消防质量责任，必要时进行技术检测鉴定；

2. 查阅建设工程建设档案、消防执法档案、建设工程消防质量终身负责制档案，确认应当负责的单位和人员；

3. 依照有关法律法规提出对责任单位、人员的处理建议；

4. 形成责任调查报告。

（三）处理。公安机关消防机构对负有责任的单位及个人，依法给予行政处罚；对依法应当由有关部门处罚的违法行为，及时将有关情况通报相关部门；对违法情节严重，构成犯罪的，移送司法机关依法追究刑事责任。同时，将责任追究情况记入建设工程消防质量终身负责制档案，作为不良行为向社会公布，并通告住房和城乡建设、工商、税务、银行、质检等部门，纳入诚信体系。

公安机关消防机构行政审批负责人及相关工作人员违法履行职责的，依法给予处分，构成犯罪的，依法追究刑事责任。

三、建立建设工程消防质量终身负责制档案

各地公安机关消防机构应在受理消防设计审核或备案申报之日起，结合执法档案，对建设工程建立建设工程消防质量终身负责制档案，包括以下内容：

（一）建设单位的工商营业执照等合法身份证明文件，设计、施工、工程监理、施工图审查机构、消防技术服务机构的合法身份证明和资质等级证明文件；

（二）建设工程的建设、设计、施工、监理单位，以及施工图审查机构、消防技术服务机构的相关执业人员身份证复印件及相关的执业证明文件；

（三）施工图审查合格书，消防设施检测合格证明文件；

（四）工程竣工验收报告；

（五）公安机关消防机构建设工程消防设计审核合格、消防验收合格等行政许可证明文件，建设工程消防设计备案、竣工验收消防备案凭证及检查记录，省级人民政府公安机关消防机构对特殊消防设计文件出具的专家评审意见。

以上归档内容是复印件的，应当由原单位或相关人员盖章或签字确认。

四、加强建设工程消防质量终身负责制的管理

（一）提高认识、加强领导。建立建设工程消防质量终身负责制，是落实《国务院关于加强和改进消防工作的意见》的具体举措，是推动建设工程消防行政审批制度改革，建立消防设计技术审查与行政审批分离制度的重要保障。各地公安机关要充分认识建立建设工程消防质量终身负责制，提高建设工程消防质量的重要性，由公

安机关主要领导负总责，并确定一名分管领导具体抓落实，确保建设工程消防质量终身负责制工作取得实效。

（二）密切配合、细化措施。各地公安机关要主动向当地政府汇报，并加强与相关部门的沟通联系，建立联合工作机制，定期沟通协商，完善配套制度，进一步细化终身负责的范围和责任追究的程序。省级公安机关要制定出台落实建设工程消防质量终身负责制的具体实施办法，并报公安部备案。

（三）加强宣传、狠抓督导。要加大对建设工程消防质量终身负责制的宣传和培训教育工作力度，提高社会公众、建设工程各方主体、施工图审查、消防技术服务机构等单位人员的认识和关注度，为推动工作创造良好的舆论环境。各地公安机关对工作落实情况要采取定期报告、督导检查、工作评估等形式，加强督导，确保取得实效。

从 2013 年开始，各地公安机关每年向公安部报送一次终身负责制落实情况总结。公安部将不定期对各地工作开展情况进行检查通报。

关于印发《消防安全重点单位微型消防站建设标准（试行）》《社区微型消防站建设标准（试行）》的通知❶

公消〔2015〕301号

各省、自治区、直辖市公安消防总队，新疆生产建设兵团公安局消防局：

为积极引导和规范志愿消防队伍建设，部消防局研究制定了《消防安全重点单位微型消防站建设标准（试行）》《社区微型消防站建设标准（试行）》，现印发你们，请结合实际，认真贯彻落实。

公安部消防局

2015 年 11 月 11 日

消防安全重点单位微型消防站建设标准（试行）

为积极引导和规范消防安全重点单位（简称"重点单位"）志愿消防队伍建设，推动落实单位主体责任，着力提高重点单位自查自纠、自防自救的能力，建设"有人员、有器材、有战斗力"的重点单位微型消防站，实现有效处置初起火灾的目标，特制定本标准。

一、建设原则

除按照消防法规须建立专职消防队的重点单位外，其他设有消防控制室的重点单位，以救早、灭小和"3分钟到场"扑救初起

---

❶ 结合本书特点，仅摘取了通知中《消防安全重点单位微型消防站建设标准（试行）》的内容。

火灾为目标，依托单位志愿消防队伍，配备必要的消防器材，建立重点单位微型消防站，积极开展防火巡查和初起火灾扑救等火灾防控工作。合用消防控制室的重点单位，可联合建立微型消防站。

二、人员配备

（一）微型消防站人员配备不少于6人。

（二）微型消防站应设站长、副站长、消防员、控制室值班员等岗位，配有消防车辆的微型消防站应设驾驶员岗位。

（三）站长应由单位消防安全管理人兼任，消防员负责防火巡查和初起火灾扑救工作。

（四）微型消防站人员应当接受岗前培训；培训内容包括扑救初起火灾业务技能、防火巡查基本知识等。

三、站房器材

（一）微型消防站应设置人员值守、器材存放等用房，可与消防控制室合用；有条件的，可单独设置。

（二）微型消防站应根据扑救初起火灾需要，配备一定数量的灭火器、水枪、水带等灭火器材；配置外线电话、手持对讲机等通信器材；有条件的站点可选配消防头盔、灭火防护服、防护靴、破拆工具等器材。

（三）微型消防站应在建筑物内部和避难层设置消防器材存放点，可根据需要在建筑之间分区域设置消防器材存放点。

（四）有条件的微型消防站可根据实际选配消防车辆。

四、岗位职责

（一）站长负责微型消防站日常管理，组织制定各项管理制度和灭火应急预案，开展防火巡查、消防宣传教育和灭火训练；指挥初起火灾扑救和人员疏散。

（二）消防员负责扑救初起火灾；熟悉建筑消防设施情况和灭火应急预案，熟练掌握器材性能和操作使用方法，并落实器材维护保养；参加日常防火巡查和消防宣传教育。

（三）控制室值班员应熟悉灭火应急处置程序，熟练掌握自动消防设施操作方法，接到火情信息后启动预案。

五、值守联动

（一）微型消防站应建立值守制度，确保值守人员 24 小时在岗在位，做好应急准备。

（二）接到火警信息后，控制室值班员应迅速核实火情，启动灭火处置程序。消防员应按照"3 分钟到场"要求赶赴现场处置。

（三）微型消防站应纳入当地灭火救援联勤联动体系，参与周边区域灭火处置工作。

六、管理训练

（一）重点单位是微型消防站的建设管理主体，重点单位微型消防站建成后，应向辖区公安消防部门备案。

（二）微型消防站应制定并落实岗位培训、队伍管理、防火巡查、值守联动、考核评价等管理制度。

（三）微型消防站应组织开展日常业务训练，不断提高扑救初起火灾的能力。训练内容包括体能训练、灭火器材和个人防护器材的使用等。

关于全面推进"智慧消防"建设的指导意见

公消〔2017〕297号

各省、自治区、直辖市公安消防总队：

为深入贯彻落实中央政法委和公安部党委关于提升政法及公安工作现代化水平的部署要求，加速推进现代科技与消防工作的深度融合，全面提高消防工作科技化、信息化、智能化水平，实现信息化条件下火灾防控和灭火应急救援工作转型升级，现提出如下意见：

一、基本原则

（一）突出精准防控。按照"纵向贯通、横向交换、条块融合"的原则，统一数据标准、规范数据来源，对消防内部、外部数据资源进行汇聚和挖掘分析，为火灾风险研判、灭火救援指挥、队伍管理分析、消防宣传服务和领导指挥决策等提供信息支撑。

（二）突出协同共治。建设消防安全治理工作平台，推进面向政府部门、社会单位、中介组织和社会公众的消防社会化发展进程，创新社会消防安全治理新模式，形成多元共治、齐抓共管、全民参与、全社会共享的社会消防安全治理新格局。

（三）突出服务实战。按照"信息互通、快速便捷、辅助指挥"的原则，建立覆盖全国的应急通信系统，提升应急通信网络覆盖能力，搭建"一张图"的实战指挥平台，整合灭火应急救援基础信息和社会资源，做到灭火救援预案随机调阅查询、作战全程评估和灾害事故发展趋势预判，确保部队指挥作战响应迅捷、决策科学、处置高效。

（四）突出服务民生。全面提升消防移动业务工作效能和移动信息化服务水平，为消防基层基础工作向深度、广度延伸提供保障，为社会公众个性化消防安全需求提供服务，做到让数据多跑路、群众少跑腿。

（五）突出警地融合。牢固树立"警力有限、民力无穷、科技力无尽"的理念，坚持走"军民联合、警地融合"的道路，充分发挥天津、上海、沈阳、四川消防研究所的作用，加强与龙头企业、高等院校、科研机构等深度合作，借助社会优势资源，借助"外力"联合开展项目攻关和关键技术研究，充分运用先进实用的消防科技成果。

二、工作目标

按照《消防信息化"十三五"总体规划》要求，综合运用物联网、云计算、大数据、移动互联网等新兴信息技术，加快推进"智慧消防"建设，全面促进信息化与消防业务工作的深度融合，为构建立体化、全覆盖的社会火灾防控体系，打造符合实战要求的现代消防警务勤务机制提供有力支撑，全面提升社会火灾防控能力、部队灭火应急救援能力和队伍管理水平，实现"传统消防"向"现代消防"的转变。

三、重点任务

在全面推进"智慧消防"建设的基础上，按照"急需先建、内外共建"的方式，近两年重点抓好"五大项目"建设，实现动态感知、智能研判、精准防控，为消防工作和部队建设提供信息化支撑。

（一）建设城市物联网消防远程监控系统

1. 打造城市消防远程监控系统"升级版"，综合利用 RFID（射频识别）、无线传感、云计算、大数据等技术，依托有线、无线、移动互联网等现代通信手段，整合已有的各数据中心，扩大监控系统的联网用户数量，完善系统报警联动、设施巡检、单位管理、消防监督等功能。在传统监测火灾自动报警系统的运行状态及故障、报警信号基础上，利用图像模式识别技术对火光及燃烧烟雾进行图像分析报警；监测室内消火栓和自动喷淋系统水压、高位消防水箱和消防水池水位、消防供水管道阀门启闭状态、防火门开关状态，利用单位视频监控系统监控安全出口和疏散通道、消防控制室值班情况；接入电气火灾监控系统或装置，实时监测漏电电流、线缆温度等情况；研发手机 APP 系统，动态监控、立体呈现联网单位消防安全状态，全面提升社会单位消防安全管理水平和消防监督执法效能。

2. 依托"智慧城市"建设，调整城市物联网消防远程监控系统运营现有的"中介模式"，推行由政府投资运营或政府委托有关机构运营的"政府模式"。各级公安消防部门主动向当地政府报告，申请专项经费投资建设，单位免费接入，每年安排运行经费预算，不向单位收取运行管理费，不增加单位经济负担，确保系统有序建设、规范运营、健康发展。

3. 在直辖市、省会市、首府市以及计划单列市基本建成的基础上，逐步向有条件的城市推开物联网消防远程监控系统，2018 年底地级以上城市建成并投入使用。目前已建成系统的城市，2017 年底 70% 以上的火灾高危单位和设有自动消防设施的高层建筑接入系统，2018 年底全部接入。新建系统的城市，2018 上半年 30% 以上的火灾高危单位和设有自动消防设施的高层建筑接入系统，2018 年底全部接入。

（二）建设基于"大数据""一张图"的实战指挥平台

1. 充分运用大数据、云计算、移动互联网、地理信息等技术，依托公安网（消防信息网及指挥调度网）、边界接入平台和公安PGIS地图，实现灭火救援的一张图指挥、一张图调度、一张图分析、一张图决策。灾情信息实时化，通过城市重大事故及地质性灾害事故救援两大应急通信系统，实时获取灾害现场图像、语音和数据，掌握灾情动态及发展态势；作战对象精准化，逐级汇聚一体化消防业务信息系统等数据，关联作战对象的地理位置、概况、结构、消防设施和数字化预案，以及周边道路、水源、重大危险源等信息，为分析研判作战对象提供立体式支撑；力量信息精确化，优化基础信息采集维护手段，实现辖区消防队站、多种形式消防队伍、装备器材、保障物资等信息上图展示，为科学指挥和力量调度提供准确信息参考；作战指挥可视化，应用位置定位、物联网、移动指挥终端等设备，掌握调动力量所在位置、数量和状态，实现移动式信息推送、一键式力量调度和前后方信息交互；通过共享对接政府应急联动部门、社会应急联动单位、联勤保障单位等信息资源，提高接警出动、联合处置、联动协同效能。在深度整合信息资源的基础上，实现灭火救援信息要素的"一张图"展示和"大数据"分析，为各级指挥员提供辅助决策支撑，不断提升部队灭火救援科学化、智能化水平。

2. 各级平台按照"统一数据标准、统一关键技术、属地组织建设、体现层级差异"的原则建设，确保在指挥体系上的完整和数据的共享互通。部消防局平台突出全国信息资源共享查询分析、国家级应急联动指挥、宏观态势研判和跨省指挥调度；总队平台发挥承上启下作用，突出对属地灾情处置和作战指挥的精确管控；支队平台在拓展现有消防接处警系统功能的基础上，建设个性化研判分析工具和辅助指挥应用，突出各类信息收集、上报、精细化指挥和全过程科学战评。

3. 2017 年底，各总队、支队按照《城市重大事故及地质性灾害事故救援应急通信系统建设技术方案》，完成全国 10 支应急通信保障分队和两大应急通信系统示范建设；按照《实战指挥平台建设技术指导意见》，完成本级实战指挥平台建设或升级改造项目方案编制立项，实现 10 类基础信息采集、上报，并在本级地图上加载，满足部消防局实战指挥平台调用需要。2018 年底，总队、支队按技术方案和技术指导意见，完成本级实战指挥平台建设、升级改造及两大应急通信系统建设，实现部消防局、总队、支队三级实战指挥平台联网运行，各类信息资源数据在平台上实现常态化采集维护。

（三）建设高层住宅智能消防预警系统

1. 结合当地智慧用电、用气、用水系统建设，整合高层住宅建筑各类监控系统和视频资源，建立智能消防预警系统。在新建高层住宅应用城市物联网消防远程监控系统，对消防设施、电气线路、燃气管线、疏散楼梯等进行实时监测。在老旧高层住宅建筑加装应用独立式火灾探测报警器、简易喷淋装置、火灾应急广播以及独立式可燃气体探测器、无线手动报警、无线声光警报等设施。

2. 研发手机 APP 系统，利用移动互联网技术将各类监测信息与手机互联互通，消防监督员、公安派出所民警、社区网格员、物业管理人员、微型消防站队员以及楼栋居民，可实时接收火灾报警信号，查看消防设施、安全疏散、电气燃气等各项监测数据，实现高层住宅消防安全信息化管理。

3. 结合城市物联网消防远程监控系统，同步建设高层住宅智能消防预警系统。目前已建成城市物联网消防远程监控系统的城市，2017 年底 70% 以上设有自动消防设施的高层住宅接入系统、应用

APP 平台，2018 年底全部接入应用。新建系统的城市，2018 上半年 30% 以上设有自动消防设施的高层住宅接入系统、应用 APP 平台，2018 年底全部接入应用。2018 年上半年，50% 以上的老旧高层住宅加装简易消防设施，2018 年底全部加装。

（四）建设数字化预案编制和管理应用平台

1. 充分利用物联网、移动互联网及各类传感器技术，采集作战对象的基础数据和部队基础信息，制作满足部队日常熟悉演练、作战指挥需要的数字化预案；预案能够通过全景、三维建模等方式展示灭火救援要素，动态展现灾情演变或作战效能；预案管理应用平台与 119 接警调度系统、"六熟悉"管理系统和实战指挥平台进行融合、双向互通，在现场可实现力量查询、地理信息测量、作战部署标绘、辅助单兵定位等功能，辅助指挥员开展计划指挥和临机指挥；在室内开展熟悉演练、战例复盘、作战指挥推演、三维场景展示，辅助指战员开展业务学习。

2. 部消防局研发数字化预案管理应用平台，规范预案输出和数据交换格式，研发"六熟悉"管理系统，自动采集重点单位基础信息和动态信息数据，同步导入一体化信息系统基础信息，实现"一张图"可视化管理；各地根据预案等级和作战指挥需求，采取基于地理信息系统的二维图片、全景照片、三维立体建模、无人机倾斜摄影等技术编制数字化预案。

3. 2017 年底前，总队、支队和中队完成数字化预案模版；2018 年 6 月前，完成预案管理应用平台研发，与实战指挥平台、熟悉演练平台、移动指挥终端的无缝联接；2018 年底，各地完成总队、支队级预案编制，实现案例复盘、模拟演练培训，各中队级预案完成 50%，实现移动终端远程查询，作战指挥中心远程推送。

（五）建设"智慧"社会消防安全管理系统

1. 各地特别是国家"智慧城市"试点地区，要主动争取当地政府支持，协调综治、科技、工信、住建等部门，将"智慧消防"纳入"智慧城市"建设总体规划，在汇聚整合消防部门数据资源、强化"纵向贯通"基础上，重点强化与政府有关部门数据的"横向交换"，形成外部数据"为我所用"、输送数据"共治共享"的工作格局。

2. 提请当地政府将"智慧消防"嵌入"智慧城市"管理，重点将监管部门、行业部门消防管理责任纳入城市综合管理服务"一张网"，各司其职、各负其责，在各自行业领域同步落实消防管理，建立起政府统一领导下的监管部门、行业部门、基层组织、社会单位齐抓共管的消防安全责任体系。

3. 积极创新社会消防管理，引导社会单位利用移动互联网技术建立单位内部消防安全管理系统，实现消防安全信息网上录入、巡查流程网上管理、检查活动网上监督、整改质量网上考评、安全工作网上研判，强化落实主体责任。引导消防产品生产企业提供产品终身服务，鼓励企业的远程服务系统免费接收联网用户信息。结合社会信用信息平台建设，建立消防安全诚信信息系统，完善消防安全不良行为"黑名单"制度，建立消防诚信信息与相关部门的互通互认机制。

4. 拓展社会公众消防安全服务平台功能，完善"统一受理、协同办理、按需发布"的服务模式，丰富信息服务资源，创新信息服务手段，增加执法透明度、简化优化服务流程、提高办事效率、提升群众满意度。

四、工作要求

（一）强化组织领导。各总队要成立由主官负总责的"智慧消防"

建设工作领导小组，建立实体化运行机制，统筹"智慧消防"建设规划、项目把关、指挥决策和对外协调。要针对"五大项目"逐项制定具体实施方案和工作计划，建立完善保障奖惩机制，统一规划、统一部署、协调推进，确保项目有效推进，取得实效。

（二）强化顶层设计。按照部消防局《消防信息化"十三五"总体规划》要求，坚持以块为主、条块结合，部消防局负责制定下发相关指导意见、消防大数据平台建设技术方案，总队负责本地"五大项目"统筹规划与协调建设，支队负责本地"五大项目"的业务支撑与实战应用。

（三）强化建设保障。要充分利用"智慧城市"试点建设的契机，积极争取地方政府和有关部门多层次、多渠道立项，加大建设投入，落实资金预算，纳入重点保障。要在政府的统一领导下，引导鼓励社会资本参与"五大项目"建设，按照政府购买服务或外包租赁等方式，落实有关建设经费。

（四）强化考核评估。要将"五大项目"建设纳入年度重点工作任务，按照项目化管理的方式，对目标任务推进落实情况实施过程评估、督导、考核。对工作成绩突出的单位和个人给予表彰奖励，对任务推进缓慢、工作成效不明显的要及时约谈。

公安部消防局

2017 年 10 月 10 日

住房和城乡建设部关于印发《建设工程消防设计审查验收工作细则》和《建设工程消防设计审查、消防验收、备案和抽查文书式样》的通知

建科规〔2020〕5号

各省、自治区住房和城乡建设厅，直辖市住房和城乡建设（管）委、北京市规划和自然资源委，新疆生产建设兵团住房和城乡建设局：

为贯彻落实《建设工程消防设计审查验收管理暂行规定》（住房和城乡建设部令第51号），做好建设工程消防设计审查验收工作，我部制定了《建设工程消防设计审查验收工作细则》和《建设工程消防设计审查、消防验收、备案和抽查文书式样》。现印发你们，请认真贯彻执行。

中华人民共和国住房和城乡建设部

2020 年 6 月 16 日

建设工程消防设计审查验收工作细则

第一章 总 则

第一条 为规范建设工程消防设计审查验收行为，保证建设工程消防设计、施工质量，根据《中华人民共和国建筑法》《中华人民共和国消防法》《建设工程质量管理条例》等法律法规，以及《建设工程消防设计审查验收管理暂行规定》（以下简称《暂行规定》）等部门规章，制定本细则。

第二条 本细则适用于县级以上地方人民政府住房和城乡建设主管部门（以下简称消防设计审查验收主管部门）依法对特殊建设工程的消防设计审查、消防验收，以及其他建设工程的消防验收备案（以下简称备案）、抽查。

第三条 本细则是和《暂行规定》配套的具体规定，建设工程消防设计审查验收除遵守本细则外，尚应符合其他相关法律法规和部门规章的规定。

第四条 省、自治区、直辖市人民政府住房和城乡建设主管部门可以根据有关法律法规和《暂行规定》，结合本地实际情况，细化本细则。

第五条 实行施工图设计文件联合审查的，应当将建设工程消防设计的技术审查并入联合审查，意见一并出具。消防设计审查验收主管部门根据施工图审查意见中的消防设计技术审查意见，出具消防设计审查意见。

实行规划、土地、消防、人防、档案等事项联合验收的建设工程，应当将建设工程消防验收并入联合验收。

第二章 特殊建设工程的消防设计审查

第六条 消防设计审查验收主管部门收到建设单位提交的特殊建设工程消防设计审查申请后，符合下列条件的，应当予以受理；不符合其中任意一项的，消防设计审查验收主管部门应当一次性告知需要补正的全部内容：

（一）特殊建设工程消防设计审查申请表信息齐全、完整；

（二）消防设计文件内容齐全、完整（具有《暂行规定》第十七条情形之一的特殊建设工程，提交的特殊消防设计技术资料内容齐全、完整）；

（三）依法需要办理建设工程规划许可的，已提交建设工程规划许可文件；

（四）依法需要批准的临时性建筑，已提交批准文件。

第七条 消防设计文件应当包括下列内容：

（一）封面：项目名称、设计单位名称、设计文件交付日期。

（二）扉页：设计单位法定代表人、技术总负责人和项目总负责人的姓名及其签字或授权盖章，设计单位资质，设计人员的姓名及其专业技术能力信息。

（三）设计文件目录。

（四）设计说明书，包括：

1. 工程设计依据，包括设计所执行的主要法律法规以及其他相关文件，所采用的主要标准（包括标准的名称、编号、年号和版本号），县级以上政府有关主管部门的项目批复性文件，建设单位提供的有关使用要求或生产工艺等资料，明确火灾危险性。

2. 工程建设的规模和设计范围，包括工程的设计规模及项目组成，分期建设情况，本设计承担的设计范围与分工等。

3. 总指标，包括总用地面积、总建筑面积和反映建设工程功能规模的技术指标。

4. 准执行情况，包括：

（1）消防设计执行国家工程建设消防技术标准强制性条文的情况；

（2）消防设计执行国家工程建设消防技术标准中带有"严禁""必须""应""不应""不得"要求的非强制性条文的情况；

（3）消防设计中涉及国家工程建设消防技术标准没有规定内容的情况。

5. 总平面，应当包括有关主管部门对工程批准的规划许可技术条件，场地所在地的名称及在城市中的位置，场地内原有建构筑物保留、拆除的情况，建构筑物满足防火间距情况，功能分区，竖向布置方式（平坡式或台阶式），人流和车流的组织、出入口、停车场（库）的布置及停车数量，消防车道及高层建筑消防车登高操作场地的布置，道路主要的设计技术条件等。

6. 建筑和结构，应当包括项目设计规模等级，建构筑物面积，建构筑物层数和建构筑物高度，主要结构类型，建筑结构安全等级，建筑防火分类和耐火等级，门窗防火性能，用料说明和室内外装修，幕墙工程及特殊屋面工程的防火技术要求，建筑和结构设计防火设计说明等。

7. 建筑电气，应当包括消防电源、配电线路及电器装置，消防应急照明和疏散指示系统，火灾自动报警系统，以及电气防火措施等。

8. 消防给水和灭火设施，应当包括消防水源，消防水泵房、室外消防给水和室外消火栓系统、室内消火栓系统和其他灭火设施等。

9. 供暖通风与空气调节，应当包括设置防排烟的区域及其方式，防排烟系统风量确定，防排烟系统及其设施配置，控制方式简述，以及暖通空调系统的防火措施，空调通风系统的防火、防爆措施等。

10. 热能动力，应当包括有关锅炉房、涉及可燃气体的站房及可燃气、液体的防火、防爆措施等。

（五）设计图纸，包括：

1. 总平面图，应当包括：场地道路红线、建构筑物控制线、用地红线等位置；场地四邻原有及规划道路的位置；建构筑物的位置、名称、层数、防火间距；消防车道或通道及高层建筑消防车登高操作场地的布置等。

2. 建筑和结构，应当包括：平面图，包括平面布置，房间或空间名称或编号，每层建构筑物面积、防火分区面积、防火分区分隔位置及安全出口位置示意，以及主要结构和建筑构配件等；立面图，包括立面外轮廓及主要结构和建筑构造部件的位置，建构筑物的总高度、层高和标高以及关键控制标高的标注等；剖面图，应标示内外空间比较复杂的部位（如中庭与邻近的楼层或者错层部位），并包括建筑室内地面和室外地面标高，屋面檐口、女儿墙顶等的标高，层间高度尺寸及其他必需的高度尺寸等。

3. 建筑电气，应当包括：电气火灾监控系统，消防设备电源监控系统，防火门监控系统，火灾自动报警系统，消防应急广播，以及消防应急照明和疏散指示系统等。

4. 消防给水和灭火设施，应当包括：消防给水总平面图，消防给水系统的系统图、平面布置图，消防水池和消防水泵房平面图，以及其他灭火系统的系统图及平面布置图等。

5. 供暖通风与空气调节，应当包括：防烟系统的系统图、平面布置图，排烟系统的系统图、平面布置图，供暖、通风和空气调节系统的系统图、平面图等。

6. 热能动力，应当包括：所包含的锅炉房设备平面布置图，其他动力站房平面布置图，以及各专业管道防火封堵措施等。

第八条 具有《暂行规定》第十七条情形之一的特殊建设工程，提交的特殊消防设计技术资料应当包括下列内容：

（一）特殊消防设计文件，包括：

1. 设计说明。属于《暂行规定》第十七条第一款第一项情形的，应当说明设计中涉及国家工程建设消防技术标准没有规定的内容和理由，必须采用国际标准或者境外工程建设消防技术标准进行设计的内容和理由，特殊消防设计方案说明以及对特殊消防设计方案的评估分析报告、试验验证报告或数值模拟分析验证报告等。

属于《暂行规定》第十七条第一款第二项情形的，应当说明设计不符合国家工程建设消防技术标准的内容和理由，必须采用不符合国家工程建设消防技术标准规定的新技术、新工艺、新材料的内容和理由，特殊消防设计方案说明以及对特殊消防设计方案的评估分析报告、试验验证报告或数值模拟分析验证报告等。

2. 设计图纸。涉及采用国际标准、境外工程建设消防技术标准，或者采用新技术、新工艺、新材料的消防设计图纸。

（二）属于《暂行规定》第十七条第一款第一项情形的，应提交设计采用的国际标准、境外工程建设消防技术标准的原文及中文翻译文本。

（三）属于《暂行规定》第十七条第一款第二项情形的，采用新技术、新工艺的，应提交新技术、新工艺的说明；采用新材料的，应提交产品说明，包括新材料的产品标准文本（包括性能参数等）。

（四）应用实例。属于《暂行规定》第十七条第一款第一项情形的，应提交两个以上、近年内采用国际标准或者境外工程建设消防技术标准在国内或国外类似工程应用情况的报告；属于《暂行规定》第十七条第一款第二项情形的，应提交采用新技术、新工艺、新材料在国内或国外类似工程应用情况的报告或中试（生产）试验研究情况报告等。

（五）属于《暂行规定》第十七条第一款情形的，建筑高度大于250米的建筑，除上述四项以外，还应当说明在符合国家工程建设消防技术标准的基础上，所采取的切实增强建筑火灾时自防自救能力的加强性消防设计措施。包括：建筑构件耐火性能、外部平面布局、内部平面布置、安全疏散和避难、防火构造、建筑保温和外墙装饰防火性能、自动消防设施及灭火救援设施的配置及其可靠性、消防给水、消防电源及配电、建筑电气防火等内容。

第九条 对开展特殊消防设计的特殊建设工程进行消防设计技术审查前，应按照相关规定组织特殊消防设计技术资料的专家评审，专家评审意见应作为技术审查的依据。

专家评审应当针对特殊消防设计技术资料进行讨论，评审专家应当独立出具评审意见。讨论应当包括下列内容：

（一）设计超出或者不符合国家工程建设消防技术标准的理由是否充分；

（二）设计必须采用国际标准或者境外工程建设消防技术标准，或者采用新技术、新工艺、新材料的理由是否充分，运用是否准确，是否具备应用可行性等；

（三）特殊消防设计是否不低于现行国家工程建设消防技术标准要求的同等消防安全水平，方案是否可行；

（四）属于《暂行规定》第十七条第一款情形的，建筑高度大于 250 米的建筑，讨论内容除上述三项以外，还应当讨论采取的加强性消防设计措施是否可行、可靠和合理。

第十条 专家评审意见应当包括下列内容：

（一）会议概况，包括会议时间、地点，组织机构，专家组的成员构成，参加会议的建设、设计、咨询、评估等单位；

（二）项目建设与设计概况；

（三）特殊消防设计评审内容；

（四）评审专家独立出具的评审意见，评审意见应有专家签字，明确为同意或不同意，不同意的应当说明理由；

（五）专家评审结论，评审结论应明确为同意或不同意，特殊消防设计技术资料经 3/4 以上评审专家同意即为评审通过，评审结论为同意；

（六）评审结论专家签字；

（七）会议记录。

第十一条 省、自治区、直辖市人民政府住房和城乡建设主管部门应当按照规定将专家评审意见装订成册，及时报国务院住房和城乡建设主管部门备案，并同时报送其电子文本。

第十二条 消防设计审查验收主管部门可以委托具备相应能力的技术服务机构开展特殊建设工程消防设计技术审查，并形成意见或者报告，作为出具特殊建设工程消防设计审查意见的依据。

提供消防设计技术审查的技术服务机构，应当将出具的意见或者报告及时反馈消防设计审查验收主管部门。意见或者报告的结论应清晰、明确。

第十三条 消防设计技术审查符合下列条件的，结论为合格；不符合下列任意一项的，结论为不合格：

（一）消防设计文件编制符合相应建设工程设计文件编制深度规定的要求；

（二）消防设计文件内容符合国家工程建设消防技术标准强制性条文规定；

（三）消防设计文件内容符合国家工程建设消防技术标准中带有"严禁""必须""应""不应""不得"要求的非强制性条文规定；

（四）具有《暂行规定》第十七条情形之一的特殊建设工程，特殊消防设计技术资料通过专家评审。

第三章　特殊建设工程的消防验收

第十四条 消防设计审查验收主管部门开展特殊建设工程消防验收，建设、设计、施工、工程监理、技术服务机构等相关单位应当予以配合。

第十五条 消防设计审查验收主管部门收到建设单位提交的特殊建设工程消防验收申请后，符合下列条件的，应当予以受理；不符合其中任意一项的，消防设计审查验收主管部门应当一次性告知需要补正的全部内容：

（一）特殊建设工程消防验收申请表信息齐全、完整；

（二）有符合相关规定的工程竣工验收报告，且竣工验收消防查验内容完整、符合要求；

（三）涉及消防的建设工程竣工图纸与经审查合格的消防设计

文件相符。

第十六条　建设单位编制工程竣工验收报告前，应开展竣工验收消防查验，查验合格后方可编制工程竣工验收报告。

第十七条　消防设计审查验收主管部门可以委托具备相应能力的技术服务机构开展特殊建设工程消防验收的消防设施检测、现场评定，并形成意见或者报告，作为出具特殊建设工程消防验收意见的依据。

提供消防设施检测、现场评定的技术服务机构，应当将出具的意见或者报告及时反馈消防设计审查验收主管部门，结论应清晰、明确。

现场评定技术服务应严格依据法律法规、国家工程建设消防技术标准和省、自治区、直辖市人民政府住房和城乡建设主管部门有关规定等开展，内容、依据、流程等应及时向社会公布公开。

第十八条　现场评定应当依据消防法律法规、国家工程建设消防技术标准和涉及消防的建设工程竣工图纸、消防设计审查意见，对建筑物防（灭）火设施的外观进行现场抽样查看；通过专业仪器设备对涉及距离、高度、宽度、长度、面积、厚度等可测量的指标进行现场抽样测量；对消防设施的功能进行抽样测试、联调联试消防设施的系统功能等。

现场评定具体项目包括：

（一）建筑类别与耐火等级；

（二）总平面布局，应当包括防火间距、消防车道、消防车登高面、消防车登高操作场地等项目；

（三）平面布置，应当包括消防控制室、消防水泵房等建设工程消防用房的布置，国家工程建设消防技术标准中有位置要求场所（如儿童活动场所、展览厅等）的设置位置等项目；

（四）建筑外墙、屋面保温和建筑外墙装饰；

（五）建筑内部装修防火，应当包括装修情况，纺织织物、木质材料、高分子合成材料、复合材料及其他材料的防火性能，用电装置发热情况和周围材料的燃烧性能和防火隔热、散热措施，对消防设施的影响，对疏散设施的影响等项目；

（六）防火分隔，应当包括防火分区，防火墙，防火门、窗，竖向管道井、其他有防火分隔要求的部位等项目；

（七）防爆，应当包括泄压设施，以及防静电、防积聚、防流散等措施；

（八）安全疏散，应当包括安全出口、疏散门、疏散走道、避难层（间）、消防应急照明和疏散指示标志等项目；

（九）消防电梯；

（十）消火栓系统，应当包括供水水源、消防水池、消防水泵、管网、室内外消火栓、系统功能等项目；

（十一）自动喷水灭火系统，应当包括供水水源、消防水池、消防水泵、报警阀组、喷头、系统功能等项目；

（十二）火灾自动报警系统，应当包括系统形式、火灾探测器的报警功能、系统功能以及火灾报警控制器、联动设备和消防控制室图形显示装置等项目；

（十三）防烟排烟系统及通风、空调系统防火，包括系统设置、排烟风机、管道、系统功能等项目；

（十四）消防电气，应当包括消防电源、柴油发电机房、变配电房、消防配电、用电设施等项目；

（十五）建筑灭火器，应当包括种类、数量、配置、布置等项目；

（十六）泡沫灭火系统，应当包括泡沫灭火系统防护区，以及泡沫比例混合、泡沫发生装置等项目；

（十七）气体灭火系统的系统功能；

（十八）其他国家工程建设消防技术标准强制性条文规定的项目，以及带有"严禁""必须""应""不应""不得"要求的非强制性条文规定的项目。

第十九条 现场抽样查看、测量、设施及系统功能测试应符合下列要求：

（一）每一项目的抽样数量不少于 2 处，当总数不大于 2 处时，全部检查；

（二）防火间距、消防车登高操作场地、消防车道的设置及安全出口的形式和数量应全部检查。

第二十条 消防验收现场评定符合下列条件的，结论为合格；不符合下列任意一项的，结论为不合格：

（一）现场评定内容符合经消防设计审查合格的消防设计文件。

（二）现场评定内容符合国家工程建设消防技术标准强制性条文规定的要求。

（三）有距离、高度、宽度、长度、面积、厚度等要求的内容，其与设计图纸标示的数值误差满足国家工程建设消防技术标准的要求；国家工程建设消防技术标准没有数值误差要求的，误差不超过 5%，且不影响正常使用功能和消防安全。

（四）现场评定内容为消防设施性能的，满足设计文件要求并能正常实现。

（五）现场评定内容为系统功能的，系统主要功能满足设计文件要求并能正常实现。

第四章　其他建设工程的消防验收备案与抽查

第二十一条　消防设计审查验收主管部门收到建设单位备案材料后，对符合下列条件的，应当出具备案凭证；不符合其中任意一项的，消防设计审查验收主管部门应当一次性告知需要补正的全部内容：

（一）消防验收备案表信息完整；

（二）具有工程竣工验收报告；

（三）具有涉及消防的建设工程竣工图纸。

第二十二条　消防设计审查验收主管部门应当对申请备案的火灾危险等级较高的其他建设工程适当提高抽取比例，具体由省、自治区、直辖市人民政府住房和城乡建设主管部门制定。

第二十三条　消防设计审查验收主管部门对被确定为检查对象的其他建设工程，应当按照建设工程消防验收有关规定，检查建设单位提交的工程竣工验收报告的编制是否符合相关规定，竣工验收消防查验内容是否完整、符合要求。

备案抽查的现场检查应当依据涉及消防的建设工程竣工图纸和建设工程消防验收现场评定有关规定进行。

第二十四条　消防设计审查验收主管部门对整改完成并申请复查的其他建设工程，应当按照建设工程消防验收有关规定进行复查，并出具复查意见。

第五章　档案管理

第二十五条　消防设计审查验收主管部门应当严格按照国家有

关档案管理的规定，做好建设工程消防设计审查、消防验收、备案和抽查的档案管理工作，建立档案信息化管理系统。

消防设计审查验收工作人员应当对所承办的消防设计审查、消防验收、备案和抽查的业务管理和业务技术资料及时收集、整理，确保案卷材料齐全完整、真实合法。

第二十六条　建设工程消防设计审查、消防验收、备案和抽查的档案内容较多时可立分册并集中存放，其中图纸可用电子档案的形式保存。建设工程消防设计审查、消防验收、备案和抽查的原始技术资料应长期保存。

建设工程消防设计审查、消防验收、备案和抽查文书式样

供各地开展建设工程消防设计审查验收工作参照、细化的文书式样共 10 份，包括：

1.《特殊建设工程消防设计审查申请表》

2.《特殊建设工程消防设计审查申请受理 / 不予受理凭证》

3.《特殊建设工程消防设计审查意见书》

4.《特殊建设工程消防验收申请表》

5.《特殊建设工程消防验收申请受理 / 不予受理凭证》

6.《特殊建设工程消防验收意见书》

7.《建设工程消防验收备案表》

8.《建设工程消防验收备案 / 不予备案凭证》

9.《建设工程消防验收备案抽查 / 复查结果通知书》

10.《建设工程消防验收备案抽查复查申请表》

另附填表说明。

特殊建设工程消防设计审查申请表

工程名称：　　　　　　　（印章）　　　　申请日期：　　年　　月　　日

建设单位		联系人		联系电话	
工程地址		类别		□新建　　□扩建 □改建（装饰装修、改变用途、建筑保温）	
建设工程规划许可的文件（依法需办理的）		临时性建筑批准文件（依法需办理的）			
特殊消防设计	□是　　□否	建筑高度大于250m的建筑采取加强性消防设计措施		□是　　□否	
工程投资额（万元）		总建筑面积（m²）			
特殊建设工程情形（详见背面）		□（一）　□（二）　□（三）　□（四） □（五）　□（六）　□（七）　□（八） □（九）　□（十）　□（十一）　□（十二）			

单位类别	单位名称	资质等级	法定代表人（身份证号）	项目负责人（身份证号）	联系电话（移动电话和座机）
建设单位					
设计单位					
技术服务机构					

建筑名称	结构类型	使用性质	耐火等级	层数		高度（m）	长度（m）	占地面积（m²）	建筑面积（m²）	
				地上	地下				地上	地下

□装饰装修	装修部位	□顶棚　　　□墙面　　　□地面　　　□隔断　　　□固定家具 □装饰织物　□其他			
	装修面积（m²）			装修所在层数	

续表

□改变用途	使用性质				原有用途	
□建筑保温	材料类别	□ A	□ B1	□ B2	保温所在层数	
	保温部位				保温材料	
消防设施及其他	□室内消火栓系统　　□室外消火栓系统　　□火灾自动报警系统 □自动喷水灭火系统　□气体灭火系统　　　□泡沫灭火系统 □其他灭火系统　　　□疏散指示标志　　　□消防应急照明 □防烟排烟系统　　　□消防电梯　　　　　□灭火器　　　　　□其他					
工程简要说明						

特殊建设工程情形：

（一）总建筑面积大于二万平方米的体育场馆、会堂，公共展览馆、博物馆的展示厅；

（二）总建筑面积大于一万五千平方米的民用机场航站楼、客运车站候车室、客运码头候船厅；

（三）总建筑面积大于一万平方米的宾馆、饭店、商场、市场；

（四）总建筑面积大于二千五百平方米的影剧院，公共图书馆的阅览室，营业性室内健身、休闲场馆，医院的门诊楼，大学的教学楼、图书馆、食堂，劳动密集型企业的生产加工车间，寺庙、教堂；

（五）总建筑面积大于一千平方米的托儿所、幼儿园的儿童用房，儿童游乐厅等室内儿童活动场所，养老院、福利院，医院、疗养院的病房楼，中小学校的教学楼、图书馆、食堂，学校的集体宿舍，劳动密集型企业的员工集体宿舍；

（六）总建筑面积大于五百平方米的歌舞厅、录像厅、放映厅、卡拉 OK 厅、夜总会、游艺厅、桑拿浴室、网吧、酒吧，具有娱乐功能的餐馆、茶馆、咖啡厅；

（七）国家工程建设消防技术标准规定的一类高层住宅建筑；

（八）城市轨道交通、隧道工程，大型发电、变配电工程；

（九）生产、储存、装卸易燃易爆危险物品的工厂、仓库和专用车站、码头，易燃易爆气体和液体的充装站、供应站、调压站；

（十）国家机关办公楼、电力调度楼、电信楼、邮政楼、防灾指挥调度楼、广播电视楼、档案楼；

（十一）设有本条第一项至第六项所列情形的建设工程；

（十二）本条第十项、第十一项规定以外的单体建筑面积大于四万平方米或者建筑高度超过五十米的公共建筑。

特殊建设工程消防设计审查申请受理／
不予受理凭证

（文号）

_____：

根据《中华人民共和国建筑法》《中华人民共和国消防法》《建设工程质量管理条例》《建设工程消防设计审查验收管理暂行规定》等有关规定，你单位于_____年___月___日申请_____建设工程（地址：_____；建筑面积：_____；建筑高度：_____；建筑层数：_____；使用性质：_____）消防设计审查，并提交了下列材料：

□1.消防设计审查申请表；

□2.消防设计文件；

□3.建设工程规划许可文件（依法需要办理的）；

□4.临时性建筑批准文件（依法需要办理的）；

□5.特殊消防设计技术资料（需进行特殊消防设计的特殊建设工程）。

□申请材料齐全、符合要求，予以受理。

□存在以下情形，不予受理：□1.依法不需要申请消防设计审查；□2.提交的上列第_____项材料不符合相关要求；□3.申请材料不齐全，需要补正上列第_____项材料。

（印章）

年　　月　　日

建设单位签收：　　　　　　　　　　　年　　月　　日

备注：本凭证一式两份，一份交建设单位，一份存档。

特殊建设工程消防设计审查意见书

（文号）

_____：

根据《中华人民共和国建筑法》《中华人民共和国消防法》《建设工程质量管理条例》《建设工程消防设计审查验收管理暂行规定》等有关规定，你单位于_____年___月___日申请_____建设工程（地址：_____；建筑面积：_____；建筑高度：_____；建筑层数：_____；使用性质：_____）消防设计审查（特殊建设工程消防设计审查申请受理凭证文号：_____）。经审查，结论如下：

□合格。

□不合格。

主要存在以下问题：……

如不服本决定，可以在收到本意见书之日起_____日内依法向_____申请行政复议，或者_____内依法向_____人民法院提起行政诉讼。

（印章）

年　　月　　日

建设单位签收：　　　　　　　　　　年　　月　　日

备注：1. 本意见书一式两份，一份交建设单位，一份存档。

2. 不得擅自修改经审查合格的建设工程消防设计，确需修改的，建设单位应当重新申报消防设计审查。

特殊建设工程消防验收申请表

工程名称：　　　　　（印章）　　　申请日期：　　年　　月　　日

建设单位		联系人		联系电话	
工程地址		类别		□新建　　□扩建 □改建（装饰装修、改变用途、建筑保温）	

工程投资额（万元）			总建筑面积（m²）		

单位类别	单位名称	资质等级	法定代表人（身份证号）	项目负责人（身份证号）	联系电话（移动电话和座机）
建设单位					
设计单位					
施工单位					
监理单位					
技术服务机构					

《特殊建设工程消防设计审查意见书》文号（审查意见为合格的）		审查合格日期	
建筑工程施工许可证号、批准开工报告编号或证明文件编号（依法需办理的）		制证日期	

建筑名称	结构类型	使用性质	耐火等级	层　数		高度（m）	长度（m）	占地面积（m²）	建筑面积（m²）	
				地上	地下				地上	地下

续表

□装饰装修	装修部位	□顶棚　　□墙面　　□地面　　□隔断　　□固定家具　　□装饰织物 □其他					
	装修面积 （m²）			装修所在层数			
□改变用途	使用性质			原有用途			
□建筑保温	材料类别	□ A　　　□ B1　　　□ B2		保温所在层数			
	保温部位			保温材料			

施工过程中消防设施检测情况（如有）
     　　　　　　　　　　　　　技术服务机构（印章）： 　　　　　　　　　　　　　项目负责人签名：　　　　年　　　月　　　日
建设工程竣工验收消防查验情况及意见
一、基本情况   　　　　　　　　　　　　　建设单位（印章）： 　　　　　　　　　　　　　项目负责人签名：　　　　年　　　月　　　日
二、经审查合格的消防设计文件实施情况   　　　　　　　　　　　　　设计单位（印章）： 　　　　　　　　　　　　　项目负责人签名：　　　　年　　　月　　　日

续表

三、工程监理情况
监理单位（印章）： 项目总监理工程师签名：　　　年　　月　　日
四、工程施工情况
消防施工专业分包单位（印章）：　　　　施工总承包单位（印章）： 项目负责人签名：　　年　　月　　日　项目经理签名：　　　　年　　月　　日
五、消防设施性能、系统功能联调联试情况
技术服务机构（印章）： 项目负责人签名：　　　年　　月　　日
备注：

特殊建设工程消防验收申请受理／不予受理凭证

（文号）

_____：

　　根据《中华人民共和国建筑法》《中华人民共和国消防法》《建设工程质量管理条例》《建设工程消防设计审查验收管理暂行规定》等有关规定，你单位于_____年___月___日申请_____建设工程（地址：_____；建筑面积：_____；建筑高度：_____；建筑层数：_____；使用性质：_____）消防验收，并提交了下列材料：

　　□1.消防验收申请表；

　　□2.工程竣工验收报告；

　　□3.涉及消防的建设工程竣工图纸。

　　□申请材料齐全、符合要求，予以受理。

　　□存在以下情形，不予受理：□1.依法不需要申请消防验收；□2.提交的上列第_____项材料不符合相关要求；□3.申请材料不齐全，需要补正上列第_____项材料。

（印章）

年　　　月　　　日

建设单位签收：　　　　　　　　　　　年　　　月　　　日

　　备注：本凭证一式两份，一份交建设单位，一份存档。

特殊建设工程消防验收意见书

（文号）

_____：

　　根据《中华人民共和国建筑法》《中华人民共和国消防法》《建设工程质量管理条例》《建设工程消防设计审查验收管理暂行规定》等有关规定，你单位于_____年___月___日申请_____建设工程（地址：_____；建筑面积：_____；建筑高度：_____；建筑层数：_____；使用性质：_____）消防验收（特殊建设工程消防验收申请受理凭证文号：_____）。按照国家工程建设消防技术标准和建设工程消防验收有关规定，根据申请材料及建设工程现场评定情况，结论如下：

　　□合格。

　　□不合格。

　　主要存在以下问题：……

　　如不服本决定，可以在收到本意见书之日起_____日内依法向_____申请行政复议，或者_____内依法向_____人民法院提起行政诉讼。

（印章）

年　　月　　日

建设单位签收：　　　　　　　　　　　　年　　月　　日

　　备注：本意见书一式两份，一份交建设单位，一份存档。

329

建设工程消防验收备案表

工程名称：　　　　　　（印章）　　编号：
　　　　　　　　　　　　　　　　　申请日期：　　年　　月　　日

建设单位		联系人		联系电话	
工程地址		类别		□新建　　□扩建 □改建（装饰装修、改变用途、建筑保温）	
工程投资额（万元）		总建筑面积（m²）			

单位类别	单位名称	资质等级	法定代表人（身份证号）	项目负责人（身份证号）	联系电话（移动电话和座机）
建设单位					
设计单位					
施工单位					
监理单位					
技术服务机构					

建筑工程施工许可证号、批准开工报告编号或证明文件编号（依法需办理的）			制证日期	

建筑名称	结构类型	使用性质	耐火等级	层数		高度（m）	长度（m）	占地面积（m²）	建筑面积（m²）	
				地上	地下				地上	地下

□装饰装修	装修部位	□顶棚 □墙面 □地面 □隔断 □固定家具 □装饰织物 □其他		
	装修面积（m²）		装修所在层数	
□改变用途	使用性质		原有用途	
□建筑保温	材料类别	□A □B1 □B2	保温所在层数	
	保温部位		保温材料	

施工过程中消防设施检测情况（如有）
       技术服务机构（印章）： 项目负责人签名：　　　　　　年　　月　　日
建设工程竣工验收消防查验情况及意见
一、基本情况   建设单位（印章）： 项目负责人签名：　　　　　　年　　月　　日
二、符合消防工程技术标准的设计文件实施情况   设计单位（印章）： 项目负责人签名：　　　　　　年　　月　　日

续表

三、工程监理情况
监理单位（印章）： 项目总监理工程师签名：　　　年　　月　　日

四、工程施工情况
消防施工专业分包单位（印章）：　　　　施工总承包单位（印章）： 项目负责人签名：　　　年　　月　　日　　　项目经理签名：　　　年　　月　　日

五、消防设施性能、系统功能联调联试情况
技术服务机构（印章）： 项目负责人签名：　　　年　　月　　日

备注：

建设工程消防验收备案 / 不予备案凭证

（文号）

_____ ：

根据《中华人民共和国建筑法》《中华人民共和国消防法》《建设工程质量管理条例》《建设工程消防设计审查验收管理暂行规定》等有关规定，你单位于_____年___月___日申请_____建设工程（地址：_____；建筑面积：_____；建筑高度：_____；建筑层数：_____；使用性质：_____）消防验收备案，备案申请表编号为_____，提交的下列备案材料：

□ 1. 消防验收备案表；

□ 2. 工程竣工验收报告；

□ 3. 涉及消防的建设工程竣工图纸。

□备案材料齐全，准予备案。

□该工程未被确定为检查对象。

□该工程被确定为检查对象，我单位将在十五个工作日内进行检查，请做好准备。

□存在以下情形，不予备案：□1. 依法不应办理消防验收备案；□2. 提交的上列第_____项材料不符合相关要求；□3. 申请材料不齐全，需要补正上列第_____项材料。

（印章）

年　　月　　日

建设单位签收：　　　　　　　　　　　年　　月　　日

备注：本意见书一式两份，一份交建设单位，一份存档。

建设工程消防验收备案抽查 / 复查结果通知书

（文号）

_____：

根据《中华人民共和国建筑法》《中华人民共和国消防法》《建设工程质量管理条例》《建设工程消防设计审查验收管理暂行规定》等有关规定，你单位申请消防验收备案的 _____ 建设工程（地址：_____；建筑面积：_____；建筑高度：_____；建筑层数：_____；使用性质：_____；备案申请表编号：_____；备案凭证文号：_____ ）被确定为检查对象。经检查：

□该工程符合建设工程消防验收有关规定。

□该工程不符合建设工程消防验收有关规定。主要存在以下问题：……

你单位应立即停止使用，并对上述问题组织整改。整改完成后，应申请复查，复查合格后方可使用 。

（印章）

年　　月　　日

建设单位签收：　　　　　　　　　年　　月　　日

备注：本通知书一式两份，一份交建设单位，一份存档。

建设工程消防验收备案抽查复查申请表

工程名称：　　　　　　（印章）　　　申请日期：　　年　　月　　日

工程地址				
建设单位联系人		联系电话（手机）		
备案表编号		备案凭证文号		
建设工程消防验收备案抽（复）查结果通知书文号				
存在问题整改情况				
其他需要说明的情况				
技术服务机构	设计单位	工程监理单位	施工单位	建设单位
项目负责人 （签名）： （印章） 年　月　日	项目负责人 （签名）： （印章） 年　月　日	项目负责人 （签名）： （印章） 年　月　日	项目负责人 （签名）： （印章） 年　月　日	项目负责人 （签名）： （印章） 年　月　日

填表说明

1. 填表前建设单位、设计单位、施工单位、监理单位、建设工程消防技术服务机构应仔细阅读《中华人民共和国建筑法》《中华人民共和国消防法》及《建设工程质量管理条例》《建设工程消防设计审查验收管理暂行规定》等有关规定。

2. 填表单位应如实填写各项内容，对提交材料的真实性、完整性负责，并承担相应的法律后果。

3. 填表单位应在申请表中注明"印章"处加盖单位公章，申请表涉及多页，需要加盖骑缝章，没有单位公章的，应由其法人或项目负责人签名（或手印）。

4. 填写应打印或使用钢笔和能够长期保持字迹的墨水，字迹清楚，文字规范、文面整洁，不得涂改。

5. 表格设定的栏目，应逐项填写；不需填写或无相关内容的，应划"\"。表格或文书中的"□"，表示可供选择，在选中内容前的"□"内画√。

6. 如行数和页数不够，可另加行／页（附行／页应按照文书所列项目要求制作）。

7. "特殊建设工程情形"对应勾选《建设工程消防设计审查验收管理暂行规定》中第十四条各款规定的特殊建设工程，如符合多个情形可多选。

8. 如需进行特殊消防设计专家评审，请提供以下材料：特殊消防设计文件，设计采用的国际标准、境外消防技术标准的原文及中文翻译文本，以及有关的应用实例、产品说明等资料。

9. 需提供的"许可文件""批准文件"可为复印件，加盖公章，申请人应注明原件存放处和日期并签名确认。

10. 建设单位如在施工过程中自行完成消防设施检测，或在建设工程竣工验收消防查验时自行完成消防设施性能、系统功能联调联试，《特殊建设工程消防验收申请表》和《建设工程消防验收备案表》中"技术服务机构"一栏可由建设单位填写。

11.《特殊建设工程消防设计审查申请表》中"工程简要说明"一栏所填内容可包括：（1）逐一填写各层使用功能，建筑的防火设计类别；（2）装修工程应注明装修场所的具体使用情况，是否改变所在建筑原防火设计类别的消防设计；（3）工程消防设计文件变更的，应注明具体情况；（4）城市隧道工程应注明隧道工程类型（如山体隧道、河底隧道等）；（5）除房屋建筑和市政基础设施建设工程以外的其他类建设工程，应注明行业主管部门的相关工程审批情况；（6）如该建设工程进行特殊消防设计，应注明设计采用的国际标准、境外消防技术标准的名称及中文翻译文本的名录；（7）建设工程涉及储罐、堆场的，详细阐述储罐的设置位置、总容量、设置形式、储存形式和储存物质名称，堆场的储量和储存物质名称等；（8）其他相关情况。

12.《特殊建设工程消防验收申请表》中"备注"一栏所填内容可包括：（1）工程是否跨行政区域等相关情况；（2）建设工程涉及储罐、堆场的，详细阐述储罐的设置位置、总容量、设置形式、储存形式和储存物质名称，堆场的储量和储存物质名称等；（3）如本次属于再次申请验收，以前验收的具体问题和整改情况；（4）其他相关情况。

13.《建设工程消防验收备案表》中"备注"一栏所填内容可包括：（1）建设工程涉及储罐、堆场的，详细阐述储罐的设置位置、总容量、设置形式、储存形式和储存物质名称，堆场的储量和储存物质名称等；（2）其他相关情况。

14.《建设工程消防验收备案抽查复查申请表》中"其他需要说明的情况"一栏所填内容可包括：（1）消防设计文件如有变更的，应注明变更情况；（2）应注明整改后消防设施性能、系统功能联调联试等检测合格情况；（3）其他相关情况。

15. 实行施工图设计文件联合审查的，审查意见一并出具。实行规划、土地、消防、人防、档案等事项联合验收的建设工程，消防验收意见由地方人民政府指定的部门统一出具。

应急管理部关于印发
《消防技术服务机构从业条件》的通知

应急〔2019〕88号

各省、自治区、直辖市应急管理厅（局）、消防救援总队，新疆生产建设兵团应急管理局：

为深入贯彻落实中共中央办公厅、国务院办公厅《关于深化消防执法改革的意见》，应急管理部制定了《消防技术服务机构从业条件》（以下简称《条件》），现印发给你们，并提出以下工作要求：

一、认真组织开展学习宣贯工作。制定《条件》是深化消防执法改革、优化营商环境的重要举措，各级消防救援机构要切实提高思想认识，组织消防监督人员认真学习，尽快理解、掌握《条件》的各项规定和相关要求。同时，要充分利用报刊、广播、电视、互联网等媒体，通过多种途径向社会广泛宣传《条件》，使消防技术服务机构及从业人员、社会单位和公众充分知晓有关内容和管理要求。

二、加强对消防技术服务活动的监督管理。各级消防救援机构应当结合日常消防监督检查工作，对消防技术服务机构的从业条件和服务质量实施监督抽查，在开展火灾事故调查时倒查消防技术服务机构责任，依法惩处不具备从业条件的机构，以及出具虚假或失实文件等违法违规行为，依据相关规定记入信用记录，协同相关部门实施联合惩处。

三、督促消防技术服务机构落实主体责任。要组织、指导消防技术服务机构应用全国统一的社会消防技术服务信息系统，按要求录入和更新相关信息，落实主体责任，规范从业行为，提高服务质量。

各地在执行《条件》过程中，可结合实际制定完善消防技术服务标准，促进提升消防技术服务质量。工作中遇到的问题请及时报部。

应急管理部

2019 年 8 月 29 日

消防技术服务机构从业条件

第一条 为了规范消防技术服务机构从业活动，提升消防技术服务质量，根据《中华人民共和国消防法》和有关规定，制定本从业条件。

第二条 消防技术服务机构是指从事消防设施维护保养检测、消防安全评估等社会消防技术服务活动的企业。

消防技术服务从业人员是指在消防技术服务机构中执业的注册消防工程师，以及取得消防设施操作员国家职业资格证书、在消防技术服务机构中从事消防技术服务活动的人员。

第三条 从事消防设施维护保养检测服务的消防技术服务机构，应当具备下列条件：

（一）企业法人资格；

（二）工作场所建筑面积不少于 200 平方米；

（三）消防技术服务基础设备和消防设施维护保养检测设备配备符合附表 1 和附表 2 的要求；

（四）注册消防工程师不少于 2 人，且企业技术负责人由一级注册消防工程师担任；

（五）取得消防设施操作员国家职业资格证书的人员不少于6人，其中中级技能等级以上的不少于2人；

（六）健全的质量管理体系。

第四条 从事消防安全评估服务的消防技术服务机构，应当具备下列条件：

（一）企业法人资格；

（二）工作场所建筑面积不少于100平方米；

（三）消防技术服务基础设备和消防安全评估设备配备符合附表1和附表3的要求；

（四）注册消防工程师不少于2人，且企业技术负责人由一级注册消防工程师担任；

（五）健全的消防安全评估过程控制体系。

第五条 同时从事消防设施维护保养检测、消防安全评估的消防技术服务机构，应当具备下列条件：

（一）企业法人资格；

（二）工作场所建筑面积不少于200平方米；

（三）消防技术服务基础设备和消防设施维护保养检测、消防安全评估设备配备符合附表1、附表2和附表3的要求；

（四）注册消防工程师不少于2人，且企业技术负责人由一级注册消防工程师担任；

（五）取得消防设施操作员国家职业资格证书的人员不少于6人，其中中级技能等级以上的不少于2人；

（六）健全的质量管理和消防安全评估过程控制体系。

第六条 注册消防工程师不得同时在2个（含本数）以上消防技术服务机构执业。在消防技术服务机构执业的注册消防工程师，不得在其他机关、团体、企业、事业单位兼职。

第七条　消防技术服务机构承接业务，应当明确项目负责人。项目负责人应当由注册消防工程师担任。

第八条　消防技术服务机构应当将机构和从业人员的基本信息，以及消防技术服务项目情况录入社会消防技术服务信息系统。

附表 1　消防技术服务基础设备配备要求

序号	设备名称	单位	配备数量	备注
1	计算机	套	3	每套中包括光盘刻录机、移动存储器各 1 个
2	打印机	台	1	激光打印机
3	传真机	台	1	适用普通纸
4	照相机	台	3	不低于 8000 万像素
5	录音录像设备	个	2	用于现场记录，记录时间不少于 10 h
6	对讲机	对	2	通话距离不小于 1000 m；含防爆型一对
7	消防技术服务专用车辆	台	2	满足装载相关专业设备和开展消防技术服务要求，并设置消防技术服务机构标识
8	个人防护和劳动保护装备	按照实际需要配备		
注：打印机、传真机等可配备同时满足相应要求的一体机。				

附表 2　消防设施维护保养检测设备配备要求

序号	设备名称	单位	配备数量	备注
1	秒表	个	3	量程不小于 15 min；精度：0.1 s
2	卷尺	个	4	量程不小于 30 m；精度：1 mm；2 个 量程不小于 5 m；精度：1 mm；2 个
3	游标卡尺	个	3	量程不小于 150 mm；精度：0.02mm

序号	设备名称	单位	配备数量	备注
4	钢直尺	个	3	量程不小于 50cm；精度：1mm
5	直角尺	个	3	主要用于对消防软管卷盘的检查
6	电子秤	个	1	量程不小于 30kg
7	测力计	个	1	量程：50N~500N；精度：±0.5%
8	强光手电	个	4	警用充电式，LED 冷光源
9	激光测距仪	个	3	量程不小于 50 m；精度：3mm
10	数字照度计	个	3	量程不小于 2000Lx；精度：±0.5%
11	数字声级计	个	3	量程：30dB~130dB；精度：1.5dB
12	数字风速计	个	3	量程：0m/s~45m/s；精度：±3%
13	数字微压计	个	1	量程：0Pa~3000Pa；精度：±3%，具有清零功能，并配有检测软管
14	数字温湿度计	个	1	用于环境温湿度检测
15	超声波流量计	个	1	测量管径范围：0mm~300mm；精度：±1%
16	数字坡度仪	个	1	量程：0°~±90°；精度：±0.1°
17	垂直度测定仪	个	1	量程：0mm~500mm；精度：±2μm
18	消火栓测压接头	套	3	压力表量程：0MPa~1.6MPa；精度：1.6 级
19	喷水末端试水接头	套	3	压力表量程：0MPa~0.6MPa；精度：1.6 级
20	接地电阻测量仪	个	2	量程：0Ω~1000Ω；精度：±2%
21	绝缘电阻测量仪	个	2	量程：1MΩ~2000MΩ；精度：±2%
22	数字万用表	个	3	可测量交直流电压、电流、电阻、电容等
23	感烟探测器功能试验器	个	3	检测杆高度不小于 2.5 m，加配聚烟罩，内置电源线，连续工作时间不低于 2 h
24	感温探测器功能试验器	个	3	检测杆高度不小于 2.5 m，内置电源线；连续工作时间不低于 2 h
25	线型光束感烟探测器滤光片	套	1	减光值分别为 0.4dB 和 10.0dB 各一片；具备手持功能
26	火焰探测器功能试验器	套	1	红外线波长大于或等于 850 nm，紫外线波长小于或等于 280 nm。检测杆高度不小于 2.5 m

续表

序号	设备名称	单位	配备数量	备注
27	漏电电流检测仪	个	1	量程：0A~2A；精度：0.1 mA
28	便携式可燃气体检测仪	个	1	可检测一氧化碳、氢气、氨气、液化石油气、甲烷等可燃气体浓度
29	数字压力表	个	1	量程：0MPa~20MPa；精度：0.4级；具有清零功能
30	细水雾末端试水装置	套	1	压力表量程：0MPa~20MPa；精度：0.4级
注：其他常用五金工具、电工工具等，按实际需要配备。				

附表3 消防安全评估设备配备要求

序号	设备名称	单位	配备数量	备注
1	计算机	套	2	满足评估业务需要
2	评估软件	套	2	满足评估业务需要〔评估需要的软件包括而不仅限于：人员疏散能力模拟分析软件、烟气流动模拟分析软件（CFD）、结构安全计算分析软件等〕
3	烟气分析仪	台	1	满足评估业务需要
4	烟密度仪	台	1	满足评估业务需要
5	辐射热通量计	台	1	满足评估业务需要

消防救援局关于进一步明确消防车通道管理若干措施的通知

应急消〔2019〕334号

各省、自治区、直辖市消防救援总队：

近期，辽宁省沈阳市浑南新区一高层商住楼发生火灾，由于消防车通道被停放车辆堵塞影响火灾扑救，引起舆论广泛关注。消防车通道是火灾发生时供消防车通行的道路，是实施灭火救援的"生命通道"，国家法律和消防技术标准对消防车通道的设置和管理有明确要求。但是，由于群众法律和安全意识不强、有关单位管理不到位等原因，各地堵塞消防车通道的现象屡禁不止，因此影响火灾救援甚至造成人员伤亡的情况时有发生。为了切实加强消防车通道管理，现就有关工作要求明确如下：

一、明确消防车通道的标识设置。 根据《中华人民共和国消防法》《中华人民共和国道路交通安全法》和国家标准《道路交通标志和标线》（GB 5768）的有关规定，对单位或者住宅区内的消防车通道沿途实行标志和标线标识管理。在消防车通道路侧缘石立面和顶面应当施划黄色禁止停车标线；无缘石的道路应当在路面上施划禁止停车标线，标线为黄色单实线，距路面边缘30厘米，线宽15厘米；消防车通道沿途每隔20米距离在路面中央施划黄色方框线，在方框内沿行车方向标注内容为"消防车道 禁止占用"的警示字样（示例见附件）。在单位或者住宅区的消防车通道出入口路面，按照消防车通道净宽施划禁停标线，标线为黄色网状实线，外边框线宽20厘米，内部网格线宽10厘米，内部网格线与外边框夹角45度，标线中央位置沿行车方向标注内容为"消防车道 禁止占用"的警示字样（示例见附件）；同时在消防车通道两侧设置醒目的警示标牌（示例见附件），提示严禁占用消防车道，违者将承担相应法律责任等内容。

二、明确消防车通道管理责任。消防救援机构要督促、指导建筑的管理使用单位或者住宅区的物业服务企业对管理区域内消防车通道落实以下维护管理职责：

（一）划设消防车通道标志标线，设置警示牌，并定期维护，确保鲜明醒目。

（二）指派人员开展巡查检查，采取安装摄像头等技防措施，保证管理区域内车辆只能在停车场、库或划线停车位内停放，不得占用消防车通道，并对违法占用行为进行公示。

（三）在管理区域内道路规划停车位，应当预留消防车通道宽度。消防车通道的净宽度和净空高度均不应小于 4 米，转弯半径应满足消防车转弯的要求。

（四）消防车通道上不得设置停车泊位、构筑物、固定隔离桩等障碍物，消防车道与建筑之间不得设置妨碍消防车举高操作的树木、架空管线、广告牌、装饰物等障碍物。

（五）采用封闭式管理的消防车通道出入口，应当落实在紧急情况下立即打开的保障措施，不影响消防车通行。

（六）定期向管理对象和居民开展宣传教育，提醒占用消防车通道的危害性和违法性，提高单位和群众法律和消防安全意识。

（七）发现占用、堵塞、封闭消防车通道的行为，应当及时进行制止和劝阻；对当事人拒不听从的，应当采取拍照摄像等方式固定证据，并立即向消防救援机构和公安机关报告。

三、明确行政处罚和强制措施。消防救援机构要严格执法，对占用、堵塞、封闭消防车通道，妨碍消防车通行的行为，依照《中华人民共和国消防法》第六十条第一款、第二款的规定，对单位责令改正，处五千元以上五万元以下罚款；对个人，处警告或者五百元以下罚款处罚；经责令改正拒不改正的，可以采取强制拆除、清除、拖离等代履行措施强制执行，所需费用由违法行为人承担。消防救援机构在执行灭火救援任务时，有权强制清理占用消防车通道的障碍物。对阻碍执行任务的消防车通行的，由公安机关依照《中华人民共和国治安管理处罚法》第五十条的规定给予罚款或者行政拘留处罚。

四、明确将违法行为纳入信用体系。消防救援机构对占用、堵塞、封闭消防车通道拒不改正的，或者给予罚款、拘留等行政处罚的，或者多次违法停车造成严重影响的单位和个人，要纳入消防安全严重失信行为，记入企业信用档案和个人诚信记录，推送至全国信用信息共享平台，实施联合惩戒措施。同时，建立健全单位和个人占用、堵塞、封闭消防车通道等严重失信行为披露、曝光制度，依托"信用中国"网站，依法向社会公开披露严重失信信息，充分发挥社会舆论监督作用，形成强大的震慑力。

消防救援局

2019 年 12 月 12 日

附件

消防车通道路侧禁停标线及路面警示标志示例

消防车通道出入口禁停标线及
路面警示标志示例

消防车通道禁止占用
警示牌示例

应急管理部、工业和信息化部、公安部、住房和城乡建设部、市场监管总局关于进一步加强电动自行车消防安全管理工作的通知

应急〔2019〕95 号

近年来，电动自行车以其经济、便捷等特点，成为群众出行的重要交通工具，全国保有量已突破 2.5 亿辆。与此同时，出于产品质量不过关、违规改装改造、停放充电不规范、安全意识不强等原因，电动自行车火灾呈多发频发趋势，且火灾致死率极高。2009 年以来，全国共发生一次死亡 3 人以上的电动自行车火灾事故 73 起，死亡 355 人，其中，2011 年北京市大兴区旧官镇"4·25"火灾造成 18 人死亡，2017 年浙江省台州市玉环市"9·25"火灾造成 11 人死亡，2018 年广东省清远市英德市"4·24"火灾造成 18 人死亡，给人民群众生命财产安全造成重大损失。为深刻吸取火灾教训，进一步加强电动自行车消防安全管理工作，现就有关事项通知如下：

一、加强电动自行车生产管理

《电动自行车安全技术规范》（GB 17661—2018）已于 2019 年 4 月 15 日正式实施。各地工业和信息化部门要加强对电动自行车生产企业的指导，市场监管部门要加强对电动自行车生产企业的监管，督促企业严格按照强制性国家标准要求进行生产，切实提升电动自行车本质消防安全水平。对存在安全隐患的电动自行车，加大缺陷产品调查力度，督促企业履行召回义务。要加强电动自行车强制性产品认证管理，严肃查处无证生产、超出强制性产品认证范围生产、不按标准或降低标准生产等行为。查证存在上述行为的，由认证机构依法对认证证书作出处

理直至撤销认证证书，由市场监管部门依法责令停止生产并予以罚款，没收违法所得；情节严重的，依法吊销营业执照；构成犯罪的，依法追究刑事责任。

二、加强电动自行车销售管理

各地市场监管部门及相关职能部门要强化对电动自行车批发市场、销售门店以及销售环节的监管，加大对电动自行车销售企业及经营场所的监督检查力度，规范电子商务平台销售电动自行车及配件的管理，重点打击销售无证或伪造认证证书、无厂名厂址等来源不明产品的违法行为。要大力整治电动自行车违规改装问题，严格依法查处违反法律法规规定或强制性国家标准要求擅自改装原厂配件、外设蓄电池托架、拆除限速器等关键性组件、私自更换大功率蓄电池、将回收车辆配件以旧充新再次出售等行为。对查处的销售领域的违法违规问题，及时发布警示信息，不断规范市场秩序。

三、加强电动自行车使用管理

各地应急管理部门、公安部门和消防救援机构要督促村（居）民委员会、建设管理单位、物业服务企业落实安全管理责任，及时发现和制止电动自行车在公共区域违规停放、充电等行为，劝导群众按照规定为电动自行车登记上牌、主动报废过渡期满的超标电动自行车。住房和城乡建设部门要推动建设电动自行车集中停放场所和充电设施，鼓励新建住宅小区同步设置具备定时充电、自动断电、故障报警等功能的智能安全充电设施，指导、督促物业服务企业按照合同约定做好住宅小区共用消防设施的维护管理工作。各地要充分发动乡镇、街道和村（居）民委员会、住宅小区管理单位等基层力量，加强防火检查巡查，重点整治电动自行车"进楼入户""人车同屋""飞线充电"等突出问题，督促外卖、快递企业站点设置集中充电场所，配置具有短路保护、自动报警等功能的安全充电装置。对发现电动自行车违规停放、充电，占用、堵塞疏散通道、安全出口的，依法清理搬离；对发生电动自行车火灾事故的，依法追究事故责任单位和人员责任，并严格倒查生产、销售等环节的责任。

四、加强消防宣传教育培训

各地要充分利用广播、电视、报刊等主流媒体和网站、新媒体以及户外视频、楼宇电视，高频次刊播电动自行车火灾预防类消防公益广告，利用居民住宅区的板报公示栏等传统宣传阵地，深入宣传电动自行车安全停放、充电知识，普及初起火灾扑救和逃生自救常识。要针对电动自行车火灾多发的城中村、城乡结合部、居民住宅区、出租屋集中区域等场所和快递、外卖企业及其配送人员，大力开展警示性宣传，曝光典型火灾案例，张贴发放标语图册，引导群众和快递、外卖企业购买并安全使用符合强制性国家标准、通过强制性产品认证的电动自行车产品。要指导村（居）民委员会、住宅小区管理单位和物业服务企业定期开展消防宣传教育，制定应急预案并组织应急演练，增强群众安全防范意识和逃生自救能力。

五、完善安全管理长效机制

各地应急管理、工业和信息化、公安、住房和城乡建设、市场监管等部门和消防救援机构要在当地党委、政府统一领导下，加强对电动自行车生产、销售、使用情况的调研，找准风险隐患和薄弱环节，推动制定加强电动自行车消防安全管理工作的地方性法规或政府规章。相关职能部门要进一步明确职责任务，加强沟通协调，落实监管责任，严格管控电动自行车生产、销售、使用等关键环节，加强快递、外卖企业电动自行车消防安全综合治理，有效减少火灾事故发生。要建立健全信息共享、情况通报、联合查处、案件移送机制，对发现的问题追根溯源、一查到底，加强全链条监管，实施协同监管，形成工作合力。

应急管理部

工业和信息化部

公安部

住房和城乡建设部

市场监管总局

2019 年 9 月 24 日

消防救援局关于贯彻实施国家职业技能标准《消防设施操作员》的通知

应急消〔2019〕154 号

各省、自治区、直辖市消防救援总队：

近期，人力资源社会保障部办公厅、应急管理部办公厅印发了国家职业技能标准《消防设施操作员》（职业编码：4-07-05-04，以下简称《标准》），替代《建（构）筑物消防员》（劳社厅发〔2008〕1 号），将于 2020 年 1 月 1 日起实施。现就贯彻落实《标准》提出如下要求：

一、认真组织学习，掌握《标准》内容。根据 2015 版《中华人民共和国职业分类大典》关于消防设施操作员是从事建（构）筑物消防设施运行、操作和维修、保养、监测等工作的人员的职业定义，新《标准》把握整体性、等级性、规范性、实用性和可操作原则，顺应消防技术发展和职业化需要，对原职业功能、工作内容和技能要求等进行了全面调整。一是设立了职业方向。根据本职业就业实际，设立了"消防设施监控操作"和"消防设施检测维修保养"两个职业方向（在职业资格证书上标明），前者可从事消防设施的监控、操作、日常保养和技术管理与培训等工作，从低到高分为初级（五级）到技师（二级）4 个职业等级；后者可从事消防设施的操作、保养、维修、检测和技术管理与培训等工作，从低到高分为中级（四级）到高级技师（一级）4 个职业等级。二是修改了职业功能。将职业功能拓展细化为"设施监控""设施操作""设施保养""设施维修""设施检测"和"技术管理和培训"6个模块，各职业方向按照不同等级，分别考核相应职业功能模块的内容。三是取消了培训要求。体现便民利民，按照《国家职业技能标准编制技术规程（2018版）》，取消对培训期限、培训师资、培训场地等要求，凡符合从业时间或学历要求，即可报名参加鉴定。四是增加了关键技能。将涉及核心职业能力的技能明确为关键技能，如考生在技能考核中违反操作规程或未达到该技能要求的，则考核成绩不合格。各级消防救援机构要认真组织学习《标准》内容，加强业务培训，确保相关人员熟练掌握和运用。同时，要广泛向社会宣传，督促指导社会单位落实《标准》有关要求。

二、准确把握要求，做好实施准备。《标准》实施后，依据原《建（构）筑物消防员》职业技能标准考核取得的国家职业资格证书依然有效，与同等级相应职业方向的《消防设施操作员》证书通用。持初级（五级）证书的人员可监控、操作不具备联动控制功能的区域火灾自动报警系统及其他消防设施；监控、操作设有联动控制设备的消防控制室和从事消防设施检测维修保养的人员，应持中级（四级）及以上等级证书。消防救援局将加快组织编制鉴定大纲、鉴定设施设备配备标准等，同步开发消防行业特有工种职业技能鉴定信息管理与应用系统。各地消防救援机构要指导本地区鉴定机构对照《标准》要求，健全完善鉴定工作机制，编制鉴定计划方案，升级鉴定设施设备，壮大考评员队伍，优化鉴定工作程序，做好《标准》实施准备。同时，积极采用信息化手段，在考生报名、理论考试、实操鉴定、成绩公布、证书制发等方面提供优质便利服务。

三、加强监督管理，提高职业能力。各地消防救援机构要针对近年来火灾事故暴露出的单位消防控制室值班操作人员无证上岗、职业能力不足、应对火灾临机处置不当等问题，结合"防风险保平安迎大庆"消防安全执法检查专项行动和建国70周年消防安保等工作，重点加强对单位消防控制室值班操作及相关从业人员的监督检查，核查消防控制室值班操作人员是否持证上岗、持证等级是否符合从业要求、实际操作技能水平是否满足岗位需要等。对不符合条件的单位和人员，要依法处罚，并督促单位调整具备岗位技能的人员上岗，确保消防设施正常运行，切实提高单位消防安全管理水平，维护消防安全形势稳定。

消防救援局

2019 年 6 月 26 日

消防设施操作员

（2019 年版）

说明

为规范从业者的从业行为，引导职业教育培训的方向，为职业技能鉴定提供依据，依据《中华人民共和国劳动法》，适应经济社会发展和科技进步的客观需要，立足培育工匠精神和精益求精的敬业风气，人力资源社会保障部联合应急管理部组织有关专家，制定了《消防设施操作员国家职业技能标准（2019 年版）》（以下简称《标准》）。

一、本《标准》以《中华人民共和国职业分类大典（2015 年版）》为依据，严格按照《国家职业技能标准编制技术规程（2018 年版）》有关要求，以"职业活动为导向、职业技能为核心"为指导思想，对消防设施操作员从业人员的职业活动内容进行规范细致描述，对各等级从业者的技能水平和理论知识水平进行了明确规定。

二、本《标准》在制定中广泛调研和分析国内外相关技术资料，结合我国消防工作的实际情况和经验，参考国家最新标准和规范，充分考虑与我国现行职业标准的衔接和配套，完善了职业等级划分。将本职业分为五级/初级工、四级/中级工、三级/高级工、二级/技师、一级/高级技师五个等级，包括职业概况、基本要求、工作要求和权重表四个方面的内容。在原《建（构）筑物消防员国家职业标准》基础上，主要做了以下修改和调整：

——调整了职业名称。由"建（构）筑物消防员"调整为"消防设施操作员"。

——修改了职业功能。原"建（构）筑物消防员"含有消防安全检查、消防控制室监控、建筑消防设施操作与维护、消防设施维护与评估、消防安全管理与培训5个职业功能；新"消防设施操作员"含有设施监控、设施操作、设施保养、设施维修、设施检测、技术管理和培训6个职业功能。

——取消了培训要求。按照《国家职业技能标准编制技术规程（2018年版）》要求，取消了培训期限、培训师资、培训场地等培训要求。

——增加了关键技能。本《标准》中标注"★"的为涉及安全生产或操作的关键技能，如考生在技能考核中违反操作规程或未达到该技能要求的，则技能考核成绩为不合格。

——设立了职业方向。本《标准》根据实际工作岗位需要，设立了"消防设施监控操作"和"消防设施检测维修保养"两个职业方向。

三、本《标准》由应急管理部消防救援局组织专家和实际工作者深入研究，共同努力完成。参加编写的主要人员有：司戈、周广连、李然、李国华、赵玉全、张国庆、段炼、张小忠、余威、胡安雄、于笛笛、王宝伟、张建国、赵新文、田锦林、贾冬梅。

四、本《标准》的审定工作由应急管理部消防救援局组织完成。主要审定人员有：季俊贤、王献忠、苏向明、景绒、高晓斌、王辉、赵庆平、马玉河、马学义、陈玉法、丁显孔。

五、本《标准》在制定过程中，得到了人力资源社会保障部等有关单位和王小兵、高瑱、朱纪銮等有关同志的大力支持，在此一并致谢。

六、本《标准》业经人力资源社会保障部、应急管理部批准❶，自 2020 年 1 月 1 日起施行。

消防设施操作员国家职业技能标准

（2019 年版）

1. 职业概况

1.1 职业名称

消防设施操作员

1.2 职业编码

4-07-05-04

---

❶ 2019 年 5 月 10 日，本《标准》以《人力资源社会保障部办公厅 应急管理部办公厅关于颁布消防设施操作员国家职业技能标准的通知》（人社厅发〔2019〕63 号）公布。

1.3 职业定义

从事建（构）筑物消防设施运行、操作和维修、保养、检测等工作的人员。

1.4 职业技能等级

本职业共设五个等级，其中消防设施监控操作职业方向分别为：五级/初级工、四级/中级工、三级/高级工、二级/技师；消防设施检测维修保养职业方向分别为：四级/中级工、三级/高级工、二级/技师、一级/高级技师。

1.5 职业环境条件

室内、外，常温。

1.6 职业能力特征

具有较好的观察、分析、判断、表达和计算能力，空间感、形体知觉、色觉、视觉、嗅觉、听觉正常，四肢健全，手指、手臂灵活，动作协调。

1.7 普通受教育程度

高中毕业（或同等学力）。

1.8 职业技能鉴定要求

1.8.1 申报条件

具备以下条件之一者，可申报五级/初级工：

（1）累计从事本职业或相关职业❶工作1年（含）以上。

---

❶ 相关职业：安全防范设计评估工程技术人员、消防工程技术人员、安全生产管理工程技术人员、安全评价工程技术人员、人民警察、保卫管理员、消防员、消防指挥员、消防装备管理员、消防安全管理员、消防监督检查员、森林消防员、森林火情瞭望观察员、应急救援员、物业管理员、保安员、智能楼宇管理员、安全防范系统安装维护员、机械设备安装工、电气设备安装工、管工、电工、安全员。

（2）本职业或相关职业学徒期满。

具备以下条件之一者，可申报四级/中级工：

（1）取得本职业或相关职业五级/初级工职业资格证书（技能等级证书）后，累计从事本职业或相关职业工作4年（含）以上。

（2）累计从事本职业或相关职业工作6年（含）以上。

（3）取得技工学校本专业或相关专业❶毕业证书（含尚未取得毕业证书的在校应届毕业生）；或取得经评估论证、以中级技能为培养目标的中等及以上职业学校本专业或相关专业❷毕业证书（含尚未取得毕业证书的在校应届毕业生）。

具备以下条件之一者，可申报三级/高级工：

（1）取得本职业或相关职业四级/中级工职业资格证书（技能等级证书）后，累计从事本职业或相关职业工作5年（含）以上。

（2）取得本职业或相关职业四级/中级工职业资格证书（技能等级证书），并具有高级技工学校、技师学院毕业证书（含尚未取得毕业证书的在校应届毕业生）；或取得本职业或相关职业四级/中级工职业资格证书（技能等级证书），并具有经评估论证、以高级技能为培养目标的高等职业学校本专业或相关专业毕业证书（含尚未取得毕业证书的在校应届毕业生）。

---

❶ 相关专业：电气自动化设备安装与维修、楼宇自动控制设备安装与维护、电子技术应用、计算机网络应用、计算机信息管理、网络安防系统安装与维护、物联网应用技术、物业管理、保安、建筑设备安装、消防工程技术、给排水施工与运行。

❷ 相关专业：建筑设备安装、楼宇智能化设备安装与运行、给排水工程施工与运行、机电技术应用、电气运行与控制、计算机应用、计算机网络技术、网络安防系统安装与维护、电子技术应用、保安、物业管理。

（3）具有大专及以上本专业或相关专业 ❶ 毕业证书，并取得本职业或相关职业四级/中级工职业资格证书（技能等级证书）后，累计从事本职业或相关职业工作2年（含）以上。

具备以下条件之一者，可申报二级/技师：

（1）取得本职业或相关职业三级/高级工职业资格证书（技能等级证书）后，累计从事本职业或相关职业工作4年（含）以上。

（2）取得本职业或相关职业三级/高级工职业资格证书（技能等级证书）的高级技工学校、技师学院毕业生，累计从事本职业或

---

❶ 相关专业（普通高等学校高等职业教育专科）：安全健康与环保、化工安全技术、救援技术、安全技术与管理、工程安全评价与监理、安全生产监测监控、供用电技术、电力系统自动化技术、城市信息化管理、建筑设备工程技术、建筑电气工程技术、建筑智能化工程技术、工业设备安装工程技术、消防工程技术、建设工程管理、建筑项目信息化管理、建设工程监理、给排水工程技术、物业管理、机械设计与制造、机电设备安装技术、机电设备维修与管理、机电一体化技术、电气自动化技术、电子信息工程技术、应用电子技术、智能产品开发、智能终端技术与应用、智能监控技术与应用、电子产品质量检测、电子测量技术与仪器、光电技术应用、物联网应用技术、计算机应用技术、计算机网络技术、计算机信息管理、计算机系统与维护、软件技术、软件与信息服务、嵌入式技术与应用、数字展示技术、数字媒体应用技术、信息安全与管理、移动应用开发、云计算技术与应用、电子商务技术、通信技术、移动通信技术、通信系统运行管理、通信工程设计与监理、电信服务与管理、光通信工程、物联网工程技术、防火管理、信息网络安全监察、公共安全管理、森林消防、通信指挥、消防指挥、参谋业务、抢险救援、安全防范技术、司法信息技术、司法信息安全、公共事务管理。

相关专业（普通高等学校本科）：安全工程、消防工程、消防指挥、安全防范工程、核生化消防、抢险救援指挥与技术、火灾勘查、自动化，电气工程及其自动化、电气工程与智能控制、信息工程、电子信息工程、信息管理与信息系统、建筑电气与智能化、给排水科学与工程、工程管理、土木工程、物业管理、机械工程、机械设计制造及其自动化、机械电子工程、过程装备与控制工程、电子科学与技术、通信工程、光电信息科学与工程、测控技术与仪器、物联网工程、计算机科学与技术、网络工程、数字媒体技术、电子商务、软件工程、网络安全与执法、公共事业管理、信息与计算科学、工业工程、智能科学与技术、电子与计算机工程。

相关职业工作 3 年（含）以上；或取得本职业或相关职业预备技师证书的技师学院毕业生，累计从事本职业或相关职业工作 2 年（含）以上。

具备以下条件者，可申报一级 / 高级技师：

取得本职业或相关职业二级 / 技师职业资格证书（技能等级证书）后，累计从事本职业或相关职业工作 4 年（含）以上。

1.8.2 鉴定方式

分为理论知识考试、技能考核以及综合评审。理论知识考试以笔试、机考等方式为主，主要考核从业人员从事本职业应掌握的基本要求和相关知识要求；技能考核主要采用现场操作、模拟操作等方式进行，主要考核从业人员从事本职业应具备的技能水平；综合评审主要针对技师和高级技师，通常采取审阅申报材料、答辩等方式进行全面评议和审查。

理论知识考试、技能考核和综合评审均实行百分制，成绩皆达 60 分（含）以上者为合格。职业标准中标注"★"的为涉及安全生产或操作的关键技能，如考生在技能考核中违反操作规程或未达到该技能要求的，则技能考核成绩为不合格。

1.8.3 监考人员、考评人员与考生配比

理论知识考试中的监考人员与考生配比为 1∶15，每个标准教室不少于 2 名监考人员，实行机考的应根据考试机位合理确定考评人员人数；技能考核考评人员与考生配比为 1∶5，每个考位不少于 2 人，且为 3 人（含）以上单数；综合评审委员为 5 人（含）以上单数。

1.8.4 鉴定时间

理论知识考试时间不少于 100min，如采用机考形式不少于

60min。技能考核时间：五级／初级工、四级／中级工不少于 30min，三级／高级工、二级／技师、一级／高级技师不少于 40min。综合评审时间不少于 30min。

1.8.5 鉴定场所设备

理论知识考试在标准教室（机房）进行；技能考核在满足技能操作鉴定条件的场所进行。鉴定场所应配备火灾自动报警系统、自动灭火系统、防烟排烟系统和其他消防设施器材等。上述鉴定场所应设置音频、视频实时监控设施，音频、视频资料应定期备份存档。

2. 基本要求

2.1 职业道德

2.1.1 职业道德基本知识

2.1.2 职业守则

（1）以人为本，生命至上。

（2）忠于职守，严守规程。

（3）钻研业务，精益求精。

（4）临危不乱，科学处置。

2.2 基础知识

2.2.1 消防工作概述

（1）消防工作的性质和任务。

（2）消防工作的方针和原则。

2.2.2 燃烧和火灾基本知识

（1）燃烧基础知识。

（2）火灾的定义和分类。

（3）火灾的发生和发展过程。

（4）防火和灭火的基本原理。

2.2.3 建筑防火基本知识

（1）建（构）筑物分类。

（2）建筑材料的燃烧性能。

（3）建筑构件的耐火极限。

（4）建筑物的耐火等级。

（5）建筑物的防火和防烟分区。

（6）建筑物的总平面布局和平面布置。

（7）安全疏散。

2.2.4 电气消防基本知识

（1）电工学基础知识。

（2）电气线路和设备防火常识。

2.2.5 消防设施基本知识

（1）火灾自动报警系统基本知识。

（2）自动灭火系统基本知识。

（3）其他消防设施基本知识。

2.2.6 初起火灾处置知识

（1）常用灭火剂灭火原理、灭火器使用方法。

（2）火灾报警。

（3）疏散逃生。

（4）火灾扑救。

（5）火灾现场保护。

2.2.7 计算机基础知识

（1）计算机系统的组成与功能。

（2）计算机基本操作。

（3）文字处理软件的功能和使用。

（4）电子表格软件的功能和使用。

（5）互联网的基本概念和应用。

2.2.8 相关法律、法规知识

（1）《中华人民共和国劳动法》《中华人民共和国消防法》相关知识。

（2）《火灾自动报警系统设计规范》（GB 50116）、《火灾自动报警系统施工及验收规范》（GB 50166）相关知识。

（3）《城市消防远程监控系统技术规范》（GB 50440）相关知识。

（4）《建筑灭火器配置设计规范》（GB 50140）、《建筑灭火器配置验收及检查规范》（GB 50444）相关知识。

（5）《建筑防烟排烟系统技术标准》（GB 51251）相关知识。

（6）《消防应急照明和疏散指示系统技术标准》（GB 51309）相关知识。

（7）《防火卷帘、防火门、防火窗施工及验收规范》（GB 50877）相关知识。

（8）《消防给水及消火栓系统技术规范》（GB 50974）相关知识。

（9）《自动喷水灭火系统设计规范》（GB 50084）、《自动喷水灭火系统施工及验收规范》（GB 50261）相关知识。

（10）《泡沫灭火系统设计规范》（GB 50151）、《泡沫灭火系统施工及验收规范》（GB 50281）相关知识。

（11）《自动跟踪定位射流灭火系统》（GB 25204）、《固定消防炮灭火系统设计规范》（GB 50338）、《固定消防炮灭火系统施工及验收规范》（GB 50498）相关知识。

（12）《气体灭火系统设计规范》（GB 50370）、《气体灭火系统施工及验收规范》（GB 50263）相关知识。

（13）《建筑消防设施的维护管理》（GB 25201）相关知识。

（14）其他消防设施设计、施工和验收、检测规范标准的相关知识。

3. 工作要求

本标准对五级／初级工、四级／中级工、三级／高级工、二级／技师、一级／高级技师的技能要求和相关知识要求依次递进，高级别涵盖低级别的要求。

3.1 五级／初级工

本等级适用于消防设施监控操作职业方向。

职业功能	工作内容	技能要求	相关知识要求
1. 设施监控	1.1 设施巡检	1.1.1 ★能识别区域火灾报警控制器 1.1.2 ★能判断区域火灾报警控制器工作状态 1.1.3 能判断区域火灾报警控制器主、备电源的工作状态 1.1.4 能完成区域火灾报警控制器自检 1.1.5 能判断灭火器的有效性 1.1.6 能判断消防自救呼吸器的有效性 1.1.7 能通过水位仪等判定消防水池、消防水箱的水位 1.1.8 能判断防火卷帘、防火门的工作状态 1.1.9 能判断消防水泵吸水管、出水管和消防供水管道上阀门的工作状态	1.1.1 区域火灾报警控制器的组成、功能和特征 1.1.2 区域火灾报警控制器工作状态的判断方法 1.1.3 区域火灾报警控制器主、备电源工作状态的判断方法 1.1.4 区域火灾报警控制器的自检方法 1.1.5 灭火器分类和有效性检查方法 1.1.6 消防自救呼吸器的检查方法 1.1.7 消防水池、消防水箱水位的判断方法 1.1.8 防火卷帘和防火门工作状态的判断方法 1.1.9 消防水泵吸水管、出水管和消防供水管道上阀门工作状态的判断方法
	1.2 报警信息处置	1.2.1 ★能区分区域火灾报警控制器的火警、监管、隔离和故障报警信号 1.2.2 ★能查看区域火灾报警控制器报警信息，确定报警部位 1.2.3 能核实报警信息 1.2.4 能处理火警误报、故障报警、监管报警信息	1.2.1 区域火灾报警控制器的报警功能和判断方法 1.2.2 区域火灾报警控制器的信息查询方法 1.2.3 报警信息的核实方法 1.2.4 火警误报、故障报警、监管报警的处理方法

职业功能	工作内容	技能要求	相关知识要求
1.设施监控	1.2报警信息处置	1.2.5 能通过拨打火警电话等方式报告火警信息	1.2.5 火警电话的拨打方法和内容
2.设施操作	2.1火灾自动报警系统操作	2.1.1★能切换区域火灾报警控制器工作状态 2.1.2 能模拟测试点型感烟、感温火灾探测器和手动火灾报警按钮的火警、故障报警功能 2.1.3 能使用区域火灾报警控制器进行消音、复位操作 2.1.4 能操作区域火灾报警控制器发出警报信号	2.1.1 区域火灾报警控制器工作状态切换方法 2.1.2 点型感烟、感温火灾探测器和手动火灾报警按钮的火警、故障报警功能的测试方法 2.1.3 区域火灾报警控制器消音、复位功能的操作方法 2.1.4 区域火灾报警控制器发出警报信号的操作方法
	2.2其他消防设施操作	2.2.1★能使用室外消火栓灭火 2.2.2★能使用室内消火栓、消防软管卷盘、轻便消防水龙灭火 2.2.3★能识别、切换消火栓泵组电气控制柜工作状态 2.2.4 能手动启/停消火栓泵组 2.2.5★能根据火灾类别选择灭火器灭火 2.2.6★能使用消防自救呼吸器	2.2.1 消火栓系统的分类、组成和工作原理 2.2.2 室内（外）消火栓、消防软管卷盘、轻便消防水龙的操作方法 2.2.3 消火栓泵组的操作方法 2.2.4 灭火器的选择和操作 2.2.5 消防自救呼吸器的使用方法
3.设施保养	3.1火灾自动报警系统保养	3.1.1 能清洁维护区域火灾报警控制器外表 3.1.2 能更换区域火灾报警控制器的打印纸 3.1.3 能保养点型感烟（温）火灾探测器、手动火灾报警按钮及火灾警报装置等 3.1.4 能更换区域火灾报警控制器的熔断器	3.1.1 区域火灾报警控制器的保养内容和方法 3.1.2 区域火灾报警控制器打印纸更换方法 3.1.3 点型感烟（温）火灾探测器、手动火灾报警按钮及火灾警报装置的保养方法 3.1.4 区域火灾报警控制器熔断器更换方法
	3.2其他消防设施保养	3.2.1 能清洁维护消防应急照明和疏散指示系统的应急灯具 3.2.2 能保养防火门的配件 3.2.3 能保养防火卷帘的配件	3.2.1 消防应急照明灯具的保养内容和方法 3.2.2 防火门的分类及保养内容和方法 3.2.3 防火卷帘的分类及保养内容和方法

职业功能	工作内容	技能要求	相关知识要求
3. 设施保养	3.2 其他消防设施保养	3.2.4 能保养消火栓系统的管道、阀门和消火栓箱体 3.2.5 能保养消防水枪、消防水带、消防软管卷盘和轻便消防水龙 3.2.6 能保养消防水泵接合器、消防水箱和消防水池 3.2.7 能清洁维护灭火器外表，更换保养灭火器挂钩、托架和灭火器箱	3.2.4 消火栓系统管道、阀门和消火栓箱体的保养内容和方法 3.2.5 消防水枪、消防水带、消防软管卷盘和轻便消防水龙的保养内容和方法 3.2.6 消防水泵接合器、消防水箱和消防水池的保养内容和方法 3.2.7 灭火器外表、挂钩、托架和灭火器箱的保养内容和方法

3.2 四级／中级工

消防设施监控操作职业方向考核第 1、2、3 项职业功能，消防设施检测维修保养职业方向考核第 2、3、4、5 项职业功能。

职业功能	工作内容	技能要求	相关知识要求
1. 设施监控	1.1 设施巡检	1.1.1 能区分集中火灾报警控制器、消防联动控制器和消防控制室图形显示装置 1.1.2★能判断火灾自动报警系统工作状态 1.1.3 能检查火灾自动报警系统控制器的电源工作状态 1.1.4★能判断自动喷水灭火系统工作状态 1.1.5★能判断防烟排烟系统工作状态 1.1.6 能判断电气火灾监控和可燃气体探测报警等预警系统工作状态 1.1.7★能判断消防设备末端配电装置工作状态	1.1.1 集中火灾报警控制器、消防联动控制器和消防控制室图形显示装置的组成和功能 1.1.2 火灾自动报警系统工作状态的判断方法 1.1.3 火灾自动报警系统控制器电源工作状态的检查方法 1.1.4 自动喷水灭火系统工作状态的判断方法 1.1.5 防烟排烟系统工作状态的判断方法 1.1.6 电气火灾监控和可燃气体探测报警等预警系统的组成、功能和运行状态的判断方法 1.1.7 消防设备末端配电装置的分类、工作原理和工作状态的检查方法

续表

职业功能	工作内容	技能要求	相关知识要求
1. 设施监控	1.2 报警信息处置	1.2.1 能区分集中火灾报警控制器的火警、联动、监管、隔离和故障报警信号 1.2.2★能通过集中火灾报警控制器、消防控制室图形显示装置查看报警信息，确定报警部位 1.2.3 能查看电气火灾监控器、可燃气体报警控制器报警信息，确定报警部位	1.2.1 集中火灾报警控制器的报警功能和判断方法 1.2.2 集中火灾报警控制器、消防控制室图形显示装置的信息查询方法 1.2.3 电气火灾监控器、可燃气体报警控制器报警记录的查询方法
2. 设施操作	2.1 火灾自动报警系统操作	2.1.1★能切换集中火灾报警控制器、消防联动控制器工作状态 2.1.2★能通过集中火灾报警控制器、消防联动控制器判别现场消防设备的工作状态 2.1.3 能通过集中火灾报警控制器、消防控制室图形显示装置查询历史信息 2.1.4★能通过总线式消防联动控制器启动警报装置，手动启动加压送风口、加压送风机排烟阀、排烟机，释放防火卷帘，关闭常开型防火门，切断非消防电源，迫降电梯 2.1.5★能通过消防联动控制器的直接手动控制单元启动消防泵组、防烟和排烟风机 2.1.6 能模拟测试线型感烟、感温火灾探测器的火警和故障报警功能 2.1.7 能手动检查火灾显示盘，模拟测试火灾显示盘的火警、故障报警、消音和复位功能	2.1.1 集中火灾报警控制器、消防联动控制器工作状态的调整方法 2.1.2 集中火灾报警控制器、消防联动控制器查看现场消防设备工作状态的方法 2.1.3 集中火灾报警控制器、消防控制室图形显示装置历史信息的查询方法 2.1.4 总线式消防联动控制器的手动操作方法 2.1.5 消防联动控制器直接手动控制单元的操作方法 2.1.6 线型感烟、感温火灾探测器火警和故障报警功能测试方法 2.1.7 火灾显示盘的分类和功能测试方法
	2.2 自动灭火系统操作	2.2.1 能区分自动喷水灭火系统的类型 2.2.2★能切换湿式、干式自动喷水灭火系统电气控制柜的工作状态，手动启/停泵组 2.2.3 能切换增（稳）压泵组电气控制柜的工作状态，手动启/停泵组	2.2.1 湿式、干式自动喷水灭火系统的分类、组成和工作原理 2.2.2 自动喷水灭火系统消防泵组的操作方法 2.2.3 消防增（稳）压设施的分类、组成和操作方法

职业功能	工作内容	技能要求	相关知识要求
2. 设施操作	2.3 其他消防设施操作	2.3.1 能使用消防电话总机、消防电话分机进行通话 2.3.2★能使用消防应急广播设备录制、播放疏散指令，能使用话筒广播紧急事项 2.3.3★能手动操作加压送风口，调整加压送风机的电气控制柜工作状态，手动启/停送风机 2.3.4★能手动操作挡烟垂壁、排烟窗、排烟阀、排烟口，调整排烟风机的电气控制柜工作状态，手动启/停排烟风机 2.3.5 能通过手动、机械方式释放防火卷帘 2.3.6 能调整防火门监控器的工作状态，手动关闭常开型防火门 2.3.7 能调整消防应急照明及疏散指示系统控制器的工作状态，手动操作使其进入应急工作状态 2.3.8 能操作"紧急迫降"按钮迫降电梯	2.3.1 消防电话总机、消防电话分机和消防电话插孔的使用方法 2.3.2 消防应急广播设备的操作方法 2.3.3 防烟系统的分类和正压送风口、送风机的操作方法 2.3.4 排烟系统的分类和挡烟垂壁、排烟窗、排烟阀、排烟口、排烟机的操作方法 2.3.5 防火卷帘的操作方法 2.3.6 防火门监控器的操作方法 2.3.7 消防应急照明及疏散指示系统的分类和操作方法 2.3.8 电梯迫降的操作方法
3. 设施保养	3.1 火灾自动报警系统保养	3.1.1 能保养集中火灾报警控制器、消防联动控制器、消防控制室图形显示装置和火灾显示盘 3.1.2 能保养线型感烟、感温火灾探测器 3.1.3 能保养电气火灾监控器和可燃气体报警控制器	3.1.1 集中火灾报警控制器、消防联动控制器、消防控制室图形显示装置和火灾显示盘的保养内容和方法 3.1.2 线型感烟、感温火灾探测器的保养内容和方法 3.1.3 电气火灾监控器、可燃气体报警控制器的保养内容和方法
	3.2 自动灭火系统保养	3.2.1 能保养湿式、干式自动喷水灭火系统的阀门、管道、水流指示器、报警阀组和试验装置等 3.2.2 能保养消防泵组电气控制柜	3.2.1 湿式、干式自动喷水灭火系统的保养内容和方法 3.2.2 消防泵组电气控制柜的保养内容和方法

续表

职业功能	工作内容	技能要求	相关知识要求
3.设施保养	3.3 其他消防设施保养	3.3.1 能保养消防设备末端配电装置 3.3.2 能保养消防电话总机、消防电话分机、消防电话插孔 3.3.3 能保养消防应急广播设备和扬声器 3.3.4 能保养消防电梯挡水、排水设施 3.3.5 能保养消防应急照明和疏散指示系统的控制器 3.3.6 能保养防烟排烟系统各组件 3.3.7 能保养消防增（稳）压设施	3.3.1 消防设备末端配电装置的保养内容和方法 3.3.2 消防电话总机、消防电话分机、消防电话插孔的保养内容和方法 3.3.3 消防应急广播设备和扬声器的保养内容和方法 3.3.4 消防电梯挡水、排水设施的保养内容和方法 3.3.5 消防应急照明和疏散指示系统控制器的保养内容和方法 3.3.6 防烟排烟系统各组件的保养内容和方法 3.3.7 消防增（稳）压设施的保养内容和方法
4.设施维修	4.1 火灾自动报警系统维修	4.1.1 能更换点型、线型感烟火灾探测器和点型感温火灾探测器 4.1.2 能更换手动火灾报警按钮、消火栓按钮 4.1.3 能更换火灾警报装置 4.1.4 能更换总线短路隔离器和模块	4.1.1 点型、线型感烟火灾探测器和点型感温火灾探测器的更换方法 4.1.2 手动火灾报警按钮、消火栓按钮及易损元件的更换方法 4.1.3 火灾警报装置的分类和更换方法 4.1.4 总线短路隔离器和模块的更换方法
	4.2 自动灭火系统维修	4.2.1 能更换湿式、干式自动喷水灭火系统的喷头、报警阀组、阀门、末端试水装置、水流指示器、管道等组件 4.2.2 能更换消防增（稳）压设施组件 4.2.3 能更换消防水泵接合器、消防水池、消防水箱组件	4.2.1 喷头的识别方法 4.2.2 湿式、干式自动喷水灭火系统的常见故障和维修方法 4.2.3 消防增（稳）压设施的常见故障和维修方法 4.2.4 消防水泵接合器、消防水池、消防水箱的常见故障和维修方法
	4.3 其他消防设施维修	4.3.1 能更换消防电话模块、消防电话分机和消防电话插孔 4.3.2 能更换消防应急广播模块和扬声器 4.3.3 能更换消防应急灯具	4.3.1 消防电话系统的常见故障和维修方法 4.3.2 消防应急广播系统的常见故障和维修方法 4.3.3 消防应急照明和疏散指示系统的常见故障和维修方法

续表

职业功能	工作内容	技能要求	相关知识要求
4.设施维修	4.3 其他消防设施维修	4.3.4 能更换防火卷帘和防火门组件 4.3.5 能更换消火栓箱组件，绑扎消防水带 4.3.6 能维修水基型灭火器、干粉型灭火器 4.3.7 能更换防烟排烟系统组件	4.3.4 防火卷帘和防火门的常见故障和维修方法 4.3.5 消火栓系统的常见故障和维修方法 4.3.6 水基型灭火器、干粉型灭火器的常见故障和维修方法 4.3.7 防烟排烟系统的常见故障和维修方法
5.设施检测	5.1 火灾自动报警系统检测	5.1.1 能检查火灾自动报警系统各组件的安装位置、数量、规格和型号 5.1.2 能测试点（线）型感烟（温）火灾探测器、手动火灾报警按钮和火灾警报装置等火灾自动报警系统组件功能 5.1.3★能测试火灾自动报警系统联动功能 5.1.4 能测试火灾自动报警系统接地电阻	5.1.1 火灾自动报警系统各组件的设置和安装要求 5.1.2 火灾自动报警系统各组件的功能测试方法 5.1.3 火灾自动报警系统联动功能测试方法 5.1.4 火灾自动报警系统接地电阻测试方法
	5.2 自动灭火系统检测	5.2.1 能检查湿式、干式自动喷水灭火系统各组件的安装位置、数量、规格和型号 5.2.2 能测试湿式、干式报警阀组的报警功能，能测试末端试水装置的试验功能，能测试气压维持装置的补气功能 5.2.3★能测试湿式、干式自动喷水灭火系统的工作压力和流量 5.2.4★能测试湿式、干式自动喷水灭火系统的连锁控制和联动控制功能	5.2.1 湿式、干式自动喷水灭火系统各组件的设置和安装要求 5.2.2 湿式、干式报警阀组报警功能、末端试水装置的测试方法 5.2.3 湿式、干式自动喷水灭火系统工作压力和流量的测试方法 5.2.4 湿式、干式自动喷水灭火系统连锁控制和联动控制功能的测试方法
	5.3 其他消防设施检测	5.3.1★能检查消防设备末端配电装置的安装位置、数量、规格和型号，测试供电功能 5.3.2★能检查消防应急广播系统各组件的安装质量，测试应急广播系统的广播和联动控制功能	5.3.1 消防设备末端配电装置的设置要求和功能测试方法 5.3.2 消防应急广播系统的检查、测试方法

续表

职业功能	工作内容	技能要求	相关知识要求
5. 设施检测	5.3其他消防设施检测	5.3.3★能检查消防电话系统各组件的安装质量，测试消防电话系统的通话功能 5.3.4★能检查消防电梯的设置情况，测试消防电梯的控制功能、安全设施、防水措施和运行时间 5.3.5★能检查消防应急照明和疏散指示系统各组件的安装质量，测试应急照明灯具的照度和应急转换功能、应急转换和持续照明时间 5.3.6★能检查防火门、防火卷帘等防火分隔设施的安装质量，测试防火门、防火卷帘的联动控制、手动控制功能 5.3.7★能检查消防水泵接合器、消防水箱、消防水池、消防增（稳）压设施的安装情况，测试消防水箱、消防水池的供水功能 5.3.8★能检查消火栓系统的安装质量，测试消火栓系统工作压力、消火栓栓口静压和系统联动控制功能 5.3.9★能检查防烟排烟系统各组件的安装质量，测试防烟排烟系统的连锁控制和联动功能，测量送风口、排烟阀（口）风速，测量加压送风部位的余压值	5.3.3 消防电话系统的检查、测试方法 5.3.4 消防电梯的设置要求和功能测试方法 5.3.5 消防应急照明和疏散指示系统的检查、测试方法 5.3.6 防火门、防火卷帘等防火分隔设施的检查、测试方法 5.3.7 消防水泵接合器、消防水箱、消防水池和消防增（稳）压设施的检查、测试方法 5.3.8 消火栓系统的检查、测试方法 5.3.9 防烟排烟系统的检查、测试方法

3.3 三级/高级工

消防设施监控操作职业方向考核第1、2、3、6项职业功能，消防设施检测维修保养职业方向考核第2、3、4、5、6项职业功能。

职业功能	工作内容	技能要求	相关知识要求
1.设施监控	1.1设施巡检	1.1.1★能判断火灾报警控制器与火灾报警传输设备的通信状态 1.1.2★能判断火灾报警控制器与消防联动控制器的通信状态 1.1.3★能判断火灾报警控制器与消防控制室图形显示装置的通信状态 1.1.4能判断电气火灾监控器、可燃气体报警控制器与消防控制室图形显示装置的通信状态 1.1.5能判断集中火灾报警控制器与区域火灾报警控制器的通信状态 1.1.6能判断主消防控制室内集中火灾报警控制器与分消防控制室内火灾报警控制器的通信状态 1.1.7能判断消防设备电源状态监控器的工作状态	1.1.1火灾报警控制器与火灾报警传输设备的通信功能及其检查方法 1.1.2火灾报警控制器与消防联动控制器的通信功能及其检查方法 1.1.3消防控制室图形显示装置与火灾报警控制器、电气火灾监控器、可燃气体报警控制器的通信功能及其检查方法 1.1.4集中火灾报警控制器与区域火灾报警控制器的通信功能及其检查方法 1.1.5消防设备电源状态监控器的检查方法
	1.2报警信息处置	1.2.1能暂时屏蔽（隔离）故障设施、设备 1.2.2能使用集中火灾报警控制器查询区域火灾报警控制器的状态信息 1.2.3能使用主消防控制室内集中火灾报警控制器查询分消防控制室内消防设备的状态信息，控制共同使用的重要消防设备 1.2.4能使用火灾报警传输设备手动向城市消防远程监控系统报警	1.2.1火灾自动报警系统故障设施、设备的屏蔽（隔离）方法 1.2.2使用集中火灾报警控制器查询区域火灾报警控制器状态信息的方法 1.2.3使用主消防控制室内集中火灾报警控制器查询分消防控制室内消防设备的状态信息和控制共同使用的重要消防设备的方法 1.2.4使用火灾报警传输设备手动向城市消防远程监控系统报警的方法
2.设施操作	2.1火灾自动报警系统操作	2.1.1★能模拟测试并实际操作火灾报警控制器的火警、故障、监管报警功能和屏蔽、隔离功能 2.1.2★能使用火灾报警控制器设置联动控制系统的工作状态，设置和修改用户密码 2.1.3能按照防火分区、报警回路模拟测试火灾自动报警系统的报警和联动控制功能	2.1.1火灾报警控制器的火警、故障、监管报警功能和屏蔽、隔离功能的测试方法 2.1.2火灾报警控制器手动/自动模式的调整方法、用户密码设置和修改的操作方法 2.1.3火灾探测报警系统按防火分区、报警回路测试报警和联动控制功能的方法

续表

职业功能	工作内容	技能要求	相关知识要求
2. 设施操作	2.1 火灾自动报警系统操作	2.1.4 能使用火灾报警控制器、消防联动控制器核查火灾探测器等系统组件的编码和位置提示信息，核查联动控制逻辑命令 2.1.5 能模拟测试吸气式火灾探测器、火焰探测器和图像型火灾探测器等的火警、故障报警功能 2.1.6 能进行火灾探测器编码操作，调整点（线）型感烟火灾探测器、点型感温火灾探测器、手动火灾报警按钮、模块的设置位置等	2.1.4 火灾自动报警系统各组件的编码、位置提示信息和联动控制逻辑命令的核查方法 2.1.5 吸气式火灾探测器、火焰探测器和图像型火灾探测器等的火警、故障报警功能的测试方法 2.1.6 火灾探测器的编码方法
	2.2 自动灭火系统操作	2.2.1 能手动启/停柴油机消防泵组 2.2.2 能通过机械方式启/停电动消防泵组 2.2.3 能切换气体灭火控制器工作状态，手动启/停气体灭火系统 2.2.4 能切换预作用、雨淋自动喷水灭火系统电气控制柜工作状态，手动启/停阀组、泵组 2.2.5 能切换泡沫灭火控制器工作状态，手动启/停泡沫灭火系统 2.2.6 能切换自动跟踪定位射流灭火系统控制装置工作状态，手动启/停消防组 2.2.7 能切换固定消防炮灭火系统控制装置工作状态，手动启/停消防泵组 2.2.8 能切换水喷雾灭火系统控制装置工作状态，手动启/停系统 2.2.9 能切换细水雾灭火系统控制装置工作状态，手动启/停系统 2.2.10 能切换干粉灭火系统控制装置工作状态，手动启/停系统	2.2.1 手动启/停柴油机消防泵组的方法 2.2.2 机械方式启/停电动消防泵组的方法 2.2.3 气体灭火控制器的操作方法 2.2.4 预作用、雨淋自动喷水灭火系统的工作原理和操作方法 2.2.5 泡沫灭火系统的分类、工作原理和组件操作方法 2.2.6 自动跟踪定位射流灭火系统的分类、工作原理和组件操作方法 2.2.7 固定消防炮灭火系统的分类、工作原理和组件操作方法 2.2.8 水喷雾灭火系统的工作原理和操作方法 2.2.9 细水雾灭火系统的工作原理和操作方法 2.2.10 干粉灭火系统的工作原理和操作方法
	2.3 其他消防设施操作	2.3.1 能手动启/停柴油发电机组并完成供电操作 2.3.2 能操作水幕自动喷水系统的控制装置 2.3.3 能测试防火门监控器的报警、显示功能，测试防火门监控器的主、备电源切换功能	2.3.1 柴油发电机组的操作方法 2.3.2 水幕自动喷水系统的工作原理和操作方法 2.3.3 防火门监控器报警和显示功能的测试方法

职业功能	工作内容	技能要求	相关知识要求
2.设施操作	2.3其他消防设施操作	2.3.4 能设置消防设备末端配电装置工作模式，能切换主、备电源 2.3.5 能测试消防设备电源状态监控器的报警功能 2.3.6 能测试消防应急电源的故障报警和保护功能 2.3.7 能模拟测试电气火灾监控系统、可燃气体探测报警系统的报警、显示功能	2.3.4 消防设备末端配电装置的操作方法 2.3.5 消防设备电源状态监控器报警和显示功能的测试方法 2.3.6 消防应急电源故障报警和过充、过放保护功能的测试方法 2.3.7 电气火灾监控系统、可燃气体探测报警系统报警和显示功能的模拟测试方法
3.设施保养	3.1火灾自动报警系统保养	3.1.1 能清洁消防控制室设备机柜内部 3.1.2 能清洁火灾报警控制器、消防联动控制器和消防控制室图形显示装置电路板 3.1.3 能测试火灾报警控制器、消防联动控制器蓄电池的充放电功能，更换蓄电池 3.1.4 能清洁吸气式火灾探测器各组件 3.1.5 能保养火焰探测器和图像型火灾探测器	3.1.1 消防控制室设备机柜内部的清洁方法 3.1.2 火灾报警控制器、消防联动控制器和消防控制室图形显示装置电路板积灰的清除方法 3.1.3 蓄电池的维护保养内容和更换方法 3.1.4 吸气式火灾探测器的维护保养内容和方法 3.1.5 火焰探测器和图像型火灾探测器的维护保养内容和方法
	3.2自动灭火系统保养	3.2.1 能保养泡沫产生装置、泡沫比例混合装置、供泡沫液消防泵等 3.2.2 能保养预作用报警阀装置、雨淋报警阀、空气维持装置、排气装置等 3.2.3 能保养气体灭火系统的灭火剂储存、启动、控制和防护区泄压等装置 3.2.4 能保养自动跟踪定位射流装置及其控制装置 3.2.5 能保养固定消防炮及其控制装置 3.2.6 能保养水喷雾灭火系统组件 3.2.7 能保养细水雾灭火系统组件 3.2.8 能保养干粉灭火系统组件	3.2.1 泡沫灭火系统的维护保养内容和方法 3.2.2 预作用、雨淋自动喷水灭火系统的维护保养内容和方法 3.2.3 气体灭火系统的维护保养内容和方法 3.2.4 自动跟踪定位射流灭火系统的维护保养内容和方法 3.2.5 固定消防炮灭火系统的维护保养内容和方法 3.2.6 水喷雾灭火系统的维护保养内容和方法 3.2.7 细水雾灭火系统的维护保养内容和方法 3.2.8 干粉灭火系统的维护保养内容和方法

续表

职业功能	工作内容	技能要求	相关知识要求
3. 设施保养	3.3 其他消防设施保养	3.3.1 能保养柴油发电机组储油箱、充放电装置、通风排气管路等 3.3.2 能保养电气火灾监控设备、剩余电流式电气火灾监控探测器、测温式电气火灾监控探测器、故障电弧探测器等 3.3.3 能保养可燃气体报警控制器、可燃气体探测器等 3.3.4 能保养消防设备电源监控系统组件 3.3.5 能保养防火门监控系统组件 3.3.6 能保养水幕自动喷水系统组件	3.3.1 柴油发电机组的维护保养内容和方法 3.3.2 电气火灾监控系统的维护保养内容和方法 3.3.3 可燃气体探测报警系统的维护保养内容和方法 3.3.4 消防设备电源监控系统的维护保养内容和方法 3.3.5 防火门监控系统的维护保养内容和方法 3.3.6 水幕自动喷水系统的维护保养内容和方法
4. 设施维修	4.1 火灾自动报警系统维修	4.1.1 能判断火灾探测报警线路故障类型并修复 4.1.2 能判断消防联动控制线路故障类型并修复 4.1.3 能更换吸气式火灾探测器、火焰探测器和图像型火灾探测器	4.1.1 火灾探测报警系统的线路故障类别和维修方法 4.1.2 消防联动控制系统的线路故障类别和维修方法 4.1.3 吸气式火灾探测器、火焰探测器和图像型火灾探测器的更换方法
	4.2 自动灭火系统维修	4.2.1 能更换泡沫灭火系统组件 4.4.2 能更换预作用、雨淋自动喷水灭火系统组件 4.2.3 能修复气体灭火系统气密性不符合要求的启动管路、灭火剂喷洒管路，更换气体灭火系统组件 4.2.4 能更换自动跟踪定位射流灭火系统组件 4.2.5 能更换固定消防炮灭火系统组件	4.2.1 泡沫灭火系统的常见故障和维修方法 4.2.2 预作用、雨淋自动喷水灭火系统的常见故障和维修方法 4.2.3 气体灭火系统的常见故障和维修方法 4.2.4 自动跟踪定位射流灭火系统的常见故障和维修方法 4.2.5 固定消防炮灭火系统的常见故障和维修方法
	4.3 其他消防设施维修	4.3.1 能判断并修复消防应急广播系统的线路故障，更换组件 4.3.2 能判断并修复消防电话系统的线路故障，更换组件 4.3.3 能判断并修复电气火灾监控系统的线路故障，更换组件 4.3.4 能判断并修复可燃气体探测报警系统的线路故障，更换组件	4.3.1 消防应急广播系统的线路故障判断、修复方法 4.3.2 消防电话系统的线路故障判断、修复方法 4.3.3 电气火灾监控系统的线路故障判断、修复方法 4.3.4 可燃气体探测报警系统的线路故障判断、修复方法

职业功能	工作内容	技能要求	相关知识要求
4.设施维修	4.3 其他消防设施维修	4.3.5 能维修二氧化碳灭火器、洁净气体灭火器 4.3.6 能判断并修复消防应急照明及疏散指示系统线路故障，更换组件	4.3.5 二氧化碳灭火器、洁净气体灭火器的常见故障和维修方法 4.3.6 消防应急照明及疏散指示系统线路故障判断、修复方法
5.设施检测	5.1 火灾自动报警系统检测	5.1.1 能检查吸气式火灾探测器、火焰探测器和图像型火灾探测器的安装位置、数量、规格和型号 5.1.2 能测试吸气式火灾探测器、火焰探测器和图像型火灾探测器的火警、故障报警功能	5.1.1 吸气式火灾探测器、火焰探测器和图像型火灾探测器的设置要求 5.1.2 吸气式火灾探测器、火焰探测器和图像型火灾探测器火警、故障报警功能的测试方法
	5.2 自动灭火系统检测	5.2.1 能检查泡沫灭火系统的安装质量，测试系统的联动控制功能 5.2.2 能检查气体灭火系统的安装质量，测试系统的联动控制功能 5.2.3 能检查预作用、雨淋自动喷水灭火系统的安装质量，测试系统的工作压力、流量和联动控制功能 5.2.4 能检查自动跟踪定位射流灭火系统的安装质量，测试系统的工作压力、流量和联动控制功能 5.2.5 能检查固定消防炮灭火系统的安装质量，测试系统的工作压力、流量和联动控制功能	5.2.1 泡沫灭火系统施工验收要求 5.2.2 气体灭火系统施工验收要求 5.2.3 预作用、雨淋自动喷水灭火系统施工验收要求 5.2.4 自动跟踪定位射流灭火系统施工验收要求 5.2.5 固定消防炮灭火系统施工验收要求
	5.3 其他消防设施检测	5.3.1 能检查电气火灾监控系统的安装质量，测试系统的探测报警功能 5.3.2 能检查可燃气体探测报警系统的安装质量，测试系统的探测报警功能	5.3.1 电气火灾监控系统的检查、测试方法 5.3.2 可燃气体探测报警系统的检查、测试方法
6.技术管理和培训	6.1 管理消防控制室	6.1.1 能编制和组织实施消防控制室的应急操作预案 6.1.2 能建立、更新消防控制室台账和档案 6.1.3 能使用消防控制室图形显示装置上传消防安全管理信息	6.1.1 消防控制室应急操作预案的编制和组织实施方法 6.1.2 消防控制室台账的分类和整理方法 6.1.3 消防控制室图形显示装置上传消防安全管理信息的操作方法
	6.2 开展消防培训	6.2.1 能对四级/中级工及以下级别人员进行理论知识培训 6.2.2 能对四级/中级工及以下级别人员进行操作技能培训	6.2.1 本职业四级/中级工及以下级别人员理论知识培训的内容和方法 6.2.2 本职业四级/中级工及以下级别人员操作技能培训的内容和方法

3.4 二级 / 技师

消防设施监控操作职业方向考核第 1、2、5 项职业功能，消防设施检测维修保养职业方向考核第 1、2、3、4、5 项职业功能。

职业功能	工作内容	技能要求	相关知识要求
1. 设施操作	1.1 自动灭火系统操作	1.1.1 能手动操作油浸变压器排油注氮灭火装置的控制器 1.1.2 能手动操作探火管式灭火装置 1.1.3 能手动操作其他灭火系统或装置	1.1.1 油浸变压器排油注氮灭火装置的工作原理和操作方法 1.1.2 探火管式灭火装置的工作原理和操作方法 1.1.3 其他灭火系统或装置的工作原理和操作方法
	1.2 其他消防设施操作	1.2.1 能根据火灾处置情况手动停止消防设备末端配电装置的供电功能 1.2.2 能操作注氮控氧防火装置	1.2.1 消防设备末端配电装置的工作原理和操作方法 1.2.2 注氮控氧防火装置的工作原理和操作方法
2. 设施保养	2.1 火灾自动报警系统保养	2.1.1 能编制火灾探测报警系统的维护保养计划、方案和报告 2.1.2 能编制消防联动控制系统的维护保养计划、方案和报告	2.1.1 火灾探测报警系统维护保养计划和报告的编制方法 2.1.2 消防联动控制系统维护保养计划和报告的编制方法
	2.2 自动灭火系统保养	2.2.1 能编制自动喷水灭火系统的维护保养计划、方案和报告 2.2.2 能编制泡沫、气体等灭火系统的维护保养计划、方案和报告 2.2.3 能编制水喷雾、细水雾、干粉灭火系统的维护保养计划、方案和报告 2.2.4 能编制自动跟踪定位射流灭火系统、固定消防炮灭火系统的维护保养计划、方案和报告 2.2.5 能维护油浸变压器排油注氮灭火装置、探火管式灭火装置、其他灭火系统或装置的组件，编制维护保养计划、方案和报告	2.2.1 自动喷水灭火系统维护保养计划和报告的编制方法 2.2.2 泡沫、气体等灭火系统维护保养计划和报告的编制方法 2.2.3 水喷雾、细水雾、干粉灭火系统维护保养计划和报告的编制方法 2.2.4 自动跟踪定位射流灭火系统、固定消防炮灭火系统维护保养计划和报告的编制方法 2.2.5 油浸变压器排油注氮灭火装置、探火管式灭火装置、其他灭火系统或装置组件的清洁维护方法，维护保养计划和报告的编制方法

职业功能	工作内容	技能要求	相关知识要求
2.设施保养	2.3 其他消防设施保养	2.3.1 能编制防烟排烟系统的维护保养计划、方案和报告 2.3.2 能编制消火栓系统的维护保养计划、方案和报告 2.3.3 能维护消防设备末端配电装置，编制维护保养计划、方案和报告 2.3.4 能编制电气火灾监控系统的维护保养计划、方案和报告 2.3.5 能编制可燃气体探测报警系统的维护保养计划、方案和报告 2.3.6 能保养注氮控氧防火装置 2.3.7 能编制消防应急照明及疏散指示系统、消防应急广播系统、消防电话系统、防火门、防火卷帘、消防设备电源监控系统的维护保养计划、方案和报告	2.3.1 防烟排烟系统维护保养计划和报告的编制方法 2.3.2 消火栓系统维护保养计划和报告的编制方法 2.3.3 消防设备末端配电装置的清洁维护方法，维护保养计划和报告的编制方法 2.3.4 电气火灾监控系统维护保养计划和报告的编制方法 2.3.5 可燃气体探测报警系统维护保养计划和报告的编制方法 2.3.6 注氮控氧防火装置的维护保养内容和方法 2.3.7 消防应急照明及疏散指示系统、消防应急广播系统、消防电话系统、防火门、防火卷帘、消防设备电源监控系统的维护保养计划和报告的编制方法
3.设施维修	3.1 火灾自动报警系统维修	3.1.1 能更换火灾报警控制器、火灾显示盘 3.1.2 能更换消防联动控制器 3.1.3 能更换消防控制室图形显示装置	3.1.1 火灾报警控制器、火灾显示盘的工作原理和安装调试方法 3.1.2 消防联动控制器的工作原理和安装调试方法 3.1.3 消防控制室图形显示装置的工作原理和安装调试方法
	3.2 自动灭火系统维修	3.2.1 能更换水喷雾灭火系统组件 3.2.2 能更换细水雾灭火系统组件 3.2.3 能更换干粉灭火系统组件	3.2.1 水喷雾灭火系统的常见故障和维修方法 3.2.2 细水雾灭火系统的常见故障和维修方法 3.2.3 干粉灭火系统的常见故障和维修方法
	3.3 其他消防设施维修	3.3.1 能判断并修复消防设备电源监控系统的线路故障，更换组件 3.3.2 能判断并修复防火门监控系统的线路故障，更换组件 3.3.3 能判断水幕自动喷水系统的控制故障，更换组件	3.3.1 消防设备电源监控系统的常见故障和维修方法 3.3.2 防火门监控系统的常见故障和维修方法 3.3.3 水幕自动喷水系统的常见故障和维修方法

续表

职业功能	工作内容	技能要求	相关知识要求
4. 设施检测	4.1 自动灭火系统检测	4.1.1 能检查水喷雾灭火系统的安装质量，测试系统的工作压力、流量和联动控制功能 4.1.2 能检查细水雾灭火系统的安装质量，测试系统的工作压力、流量和联动控制功能 4.1.3 能检查干粉灭火系统的安装质量，测试系统的联动控制功能	4.1.1 水喷雾灭火系统施工和验收要求 4.1.2 细水雾灭火系统施工和验收要求 4.1.3 干粉灭火系统施工和验收要求
4. 设施检测	4.2 其他消防设施检测	4.2.1 能检查消防设备电源监控系统的安装质量，测试系统报警功能 4.2.2 能检查水幕自动喷水系统的安装质量，测试系统的工作压力、流量和联动控制功能	4.2.1 消防设备电源监控系统的检查、测试方法 4.2.2 水幕自动喷水系统的检查、测试方法
5. 技术管理和培训	5.1 管理消防控制室	5.1.1 能制订火灾自动报警系统的报废和更新计划 5.1.2 能制订消防控制室内其他消防设备报废和更新计划	5.1.1 火灾探测报警产品的维修保养与报废制度 5.1.2 建筑消防设施的维护管理规范
5. 技术管理和培训	5.2 开展消防培训	5.2.1 能对三级/高级工及以下级别人员进行理论知识培训 5.2.2 能对三级/高级工及以下级别人员进行操作技能培训 5.2.3 能编制本职业的教学方案和教学计划 5.2.4 能开展建筑火灾逃生避难器材使用方法的培训	5.2.1 本职业三级/高级工及以下级别人员理论知识培训的内容和方法 5.2.2 本职业三级/高级工及以下级别人员操作技能培训的内容和方法 5.2.3 本职业教学方案和教学计划的编制方法 5.2.4 建筑火灾逃生避难器材的使用方法

3.5 一级/高级技师

本等级适用于消防设施检测维修保养职业方向。

职业功能	工作内容	技能要求	相关知识要求
1. 设施维修	1.1 火灾自动报警系统维修	1.1.1 能编制火灾探测报警系统的维修方案、操作规程 1.1.2 能编制消防联动控制系统的维修方案、操作规程	1.1.1 火灾探测报警系统维修方案、操作规程的编制方法 1.1.2 消防联动控制系统维修方案、操作规程的编制方法

续表

职业功能	工作内容	技能要求	相关知识要求
1. 设施 维修	1.2 自动灭火系统维修	1.2.1 能编制自动喷水灭火系统的维修方案、操作规程 1.2.2 能编制泡沫、气体等灭火系统的维修方案、操作规程 1.2.3 能编制自动跟踪定位射流灭火系统、固定消防炮灭火系统的维修方案、操作规程 1.2.4 能编制水喷雾、细水雾、干粉灭火系统的维修方案、操作规程 1.2.5 能更换油浸变压器排油注氮灭火装置、探火管式灭火装置、其他灭火系统或装置的组件，编制维修方案、操作规程	1.2.1 自动喷水灭火系统维修方案、操作规程的编制方法 1.2.2 泡沫、气体等灭火系统维修方案、操作规程的编制方法 1.2.3 自动跟踪定位射流灭火系统、固定消防炮灭火系统维修方案、操作规程的编制方法 1.2.4 水喷雾、细水雾、干粉灭火系统维修方案、操作规程的编制方法 1.2.5 油浸变压器排油注氮灭火装置、探火管式灭火装置、其他灭火系统或装置组件的维修方法，维修方案、操作规程的编制方法
	1.3 其他消防设施维修	1.3.1 能编制防烟排烟系统的维修方案、操作规程 1.3.2 能编制消火栓系统的维修方案、操作规程 1.3.3 能编制消防应急照明及疏散指示系统、消防应急广播系统、消防电话系统、防火门、防火卷帘、消防电梯、消防设备电源监控系统、柴油发电机组、消防应急电源等的维修方案、操作规程 1.3.4 能更换消防设备末端配电装置，编制维修方案、操作规程 1.3.5 能更换注氮控氧防火装置组件，编制维修方案、操作规程	1.3.1 防烟排烟系统维修方案、操作规程的编制方法 1.3.2 消火栓系统维修方案、操作规程的编制方法 1.3.3 消防应急照明及疏散指示系统、消防应急广播系统、消防电话系统、防火门、防火卷帘、消防电梯、消防设备电源监控系统、柴油发电机组、消防应急电源等维修方案、操作规程的编制方法 1.3.4 消防设备末端配电装置的维修方法，维修方案、操作规程的编制方法 1.3.5 注氮控氧防火装置的维修方法，维修方案、操作规程的编制方法
2. 设施 检测	2.1 火灾自动报警系统检测	2.1.1 能编制火灾自动报警系统检测计划和方案 2.1.2 能编制火灾自动报警系统检测报告	2.1.1 火灾自动报警系统检测规程 2.1.2 火灾自动报警系统检测报告编制要求
	2.2 自动灭火系统检测	2.2.1 能编制自动喷水灭火系统的检测计划、方案和报告 2.2.2 能编制泡沫、气体等灭火系统的检测计划、方案和报告	2.2.1 自动喷水灭火系统检测规程和检测报告的编制方法 2.2.2 泡沫、气体等灭火系统检测规程和检测报告的编制方法

续表

职业功能	工作内容	技能要求	相关知识要求
2. 设施 检测	2.2 自动灭 火系统 检测	2.2.3 能编制自动跟踪定位射流灭火系统、固定消防炮灭火系统的检测计划、方案和报告 2.2.4 能编制水喷雾、细水雾、干粉灭火系统的检测计划、方案和报告 2.2.5 能编制油浸变压器排油注氮灭火装置、探火管式灭火装置、其他灭火系统或装置的检测计划、方案和报告	2.2.3 自动跟踪定位射流灭火系统、固定消防炮灭火系统检测规程和检测报告的编制方法 2.2.4 水喷雾、细水雾、干粉灭火系统检测规程和检测报告的编制方法 2.2.5 油浸变压器排油注氮灭火装置、探火管式灭火装置、其他灭火系统或装置检测规程和检测报告的编制方法
	2.3 其他消 防设施 检测	2.3.1 能编制防烟排烟系统的检测计划、方案和报告 2.3.2 能编制消火栓系统的检测计划、方案和报告 2.3.3 能编制消防应急照明及疏散指示系统、消防应急广播系统、消防电话系统、防火门、防火卷帘、消防电梯、消防设备电源监控系统、柴油发电机组、消应急电源等的检测计划、方案和报告 2.3.4 能编制消防设备末端配电装置的检测计划、方案和报告 2.3.5 能编制注氮控氧防火装置的检测计划、方案和报告	2.3.1 防烟排烟系统检测规程和检测报告的编制方法 2.3.2 消火栓系统检测规程和检测报告的编制方法 2.3.3 消防应急照明及疏散指示系统、消防应急广播系统、消防电话系统、防火门、防火卷帘、消防电梯、消防设备电源监控系统、柴油发电机组、消防应急电源等检测规程和检测报告的编制方法 2.3.4 消防设备末端配电装置检测规程和检测报告的编制方法 2.3.5 注氮控氧防火装置检测规程和检测报告的编制方法
3. 技术 管理 与培 训	3.1 开展消 防培训	3.1.1 能组织开展单位消防安全知识培训 3.1.2 能对二级 / 技师及以下级别人员进行操作技能培训	3.1.1 单位消防安全知识培训的内容和方法 3.1.2 本职业二级 / 技师及以下级别人员操作技能培训的内容和方法
	3.2 优化 创新	3.2.1 能提出消防设施监控、操作、检测、维修、保养的优化和创新方案 3.2.2 能组织实施消防设施监控、操作、检测、维修、保养的优化和创新工作	3.2.1 消防设施监控、操作、检测、维修、保养的优化和创新方法 3.2.2 消防设施监控、操作、检测、维修、保养优化和创新方法的组织实施

4. 权重表

4.1 理论知识权重表

技能等级 项目		五级/初级工（%）		四级/中级工（%）		三级/高级工（%）		二级/技师（%）		一级/高级技师（%）	
		消防设施监控操作	消防设施检测维修保养	消防设施监控操作	消防设施检测维修保养	消防设施监控操作	消防设施检测维修保养	消防设施监控操作	消防设施检测维修保养	消防设施监控操作	消防设施检测维修保养
基本要求	职业道德	5	—	5	5	5	5	5	5	—	5
	基础知识	35	—	35	35	15	15	15	15	—	15
相关知识要求	设施监控	25	—	25	—	20	—	—	—	—	—
	设施操作	25	—	25	25	35	10	40	10	—	—
	设施保养	10	—	10	5	10	10	25	10	—	—
	设施维修	—	—	—	5	—	20	—	20	—	30
	设施检测	—	—	—	25	—	25	—	25	—	30
	技术管理和培训	—	—	—	—	15	15	15	15	—	20
合计		100	—	100	100	100	100	100	100	—	100

4.2 技能要求权重表

技能等级 项目		五级/初级工（%）		四级/中级工（%）		三级/高级工（%）		二级/技师（%）		一级/高级技师（%）	
		消防设施监控操作	消防设施检测维修保养	消防设施监控操作	消防设施检测维修保养	消防设施监控操作	消防设施检测维修保养	消防设施监控操作	消防设施检测维修保养	消防设施监控操作	消防设施检测维修保养
技能要求	设施监控	50	—	40	—	40	—	—	—	—	—
	设施操作	40	—	50	25	35	15	60	20	—	—
	设施保养	10	—	10	15	10	15	20	10	—	—
	设施维修	—	—	—	30	—	25	—	40	—	45

续表

	技能等级 项目	五级／初级工（％）		四级／中级工（％）		三级／高级工（％）		二级／技师（％）		一级／高级技师（％）	
		消防设施监控操作	消防设施检测维修保养	消防设施监控操作	消防设施检测维修保养	消防设施监控操作	消防设施检测维修保养	消防设施监控操作	消防设施检测维修保养	消防设施监控操作	消防设施检测维修保养
技能要求	设施检测	—	—	—	30	—	30	—	20	—	35
	技术管理和培训	—	—	—	—	15	15	20	10	—	20
合计		100	—	100	100	100	100	100	100	—	100

附　录

国家消防法律法规及规章文件清单

序号	文号/规章制度编号	名称	发布/修订（修正）日期	施行日期
国家法律				
1	中华人民共和国主席令第八十一号	中华人民共和国消防法	2021-4-29	2021-4-29
行政法规				
2	中华人民共和国国务院令第541号	森林防火条例	2008-12-1	2009-1-1
3	中华人民共和国国务院令第542号	草原防火条例	2008-11-29	2009-1-1
4	中华人民共和国国务院令第645号	危险化学品安全管理条例	2013-12-7	2013-12-7
部门/机构规章				
5	国办发〔2017〕87号	消防安全责任制实施办法	2017-10-29	2017-10-29
6	中华人民共和国公安部令第61号	机关、团体、企业、事业单位消防安全管理规定	2001-11-14	2002-5-1
7	中华人民共和国应急管理部令第5号	高层民用建筑消防安全管理规定	2021-6-21	2021-8-1
8	中华人民共和国应急管理部令第7号	社会消防技术服务管理规定	2021-9-13	2021-11-9
9	中华人民共和国公安部令第6号	仓库防火安全管理规则	1990-4-10	1990-4-10
10	中华人民共和国公安部令第39号	公共娱乐场所消防安全管理规定	1999-5-25	1999-5-25
11	中华人民共和国公安部令第120号	消防监督检查规定	2012-7-17	2012-11-1
12	中华人民共和国公安部令第121号	火灾事故调查规定	2012-7-17	2012-11-1

续表

序号	文号/规章制度编号	名称	发布/修订（修正）日期	施行日期
13	中华人民共和国公安部令第143号	注册消防工程师管理规定	2017-3-16	2017-10-1
14	中华人民共和国公安部、中华人民共和国教育部、中华人民共和国民政部、中华人民共和国人力资源和社会保障部、中华人民共和国住房和城乡建设部、中华人民共和国文化部、国家广播电影电视总局、国家安全生产监督管理总局、国家旅游局令第109号	社会消防安全教育培训规定	2009-4-13	2009-6-1
15	中华人民共和国公安部、国家工商行政管理总局、国家质量监督检验检疫总局令第122号	消防产品监督管理规定	2012-8-13	2013-1-1
16	中华人民共和国教育部、中华人民共和国公安部令第28号	高等学校消防安全管理规定	2009-10-19	2010-1-1
17	中华人民共和国住房和城乡建设部令第58号	建设工程消防设计审查验收管理暂行规定	2023-8-21	2023-10-23
18	消防〔2023〕72号	租赁厂房和仓库消防安全管理办法（试行）	2023-7-14	2023-7-14
规范性文件				
19	国发〔2011〕46号	国务院关于加强和改进消防工作的意见	2011-12-30	2011-12-30
20	厅字〔2019〕34号	关于深化消防执法改革的意见	2019-5-30	2019-5-30
21	中办发〔2022〕60号	关于全面加强新形势下森林草原防灭火工作的意见	2022-10-14	2022-10-14
22	公消〔2007〕234号	关于调整火灾等级标准的通知	2007-6-26	2007-6-1

序号	文号/规章制度编号	名称	发布/修订（修正）日期	施行日期
23	公消〔2013〕94号	关于建立建设工程消防质量终身负责制的指导意见	2013-4-9	2013-4-9
24	公消〔2015〕301号	消防安全重点单位微型消防站建设标准（试行）	2015-11-11	2015-11-11
25	公消〔2017〕297号	关于全面推进"智慧消防"建设的指导意见	2017-10-10	2017-10-10
26	建科规〔2020〕5号	建设工程消防设计审查验收工作细则	2020-6-16	2020-6-16
27	建科规〔2020〕5号	建设工程消防设计审查、消防验收、备案和抽查文书式样	2020-6-16	2020-6-16
28	应急〔2019〕88号	应急管理部关于印发《消防技术服务机构从业条件》的通知	2019-8-29	2019-8-29
29	应急消〔2019〕334号	消防救援局关于进一步明确消防车通道管理若干措施的通知	2019-12-12	2019-12-12
30	应急消〔2019〕95号	应急管理部、工业和信息化部、公安部、住房和城乡建设部、市场监管总局关于进一步加强电动自行车消防安全管理工作的通知	2019-9-24	2019-9-24
31	应急消〔2019〕154号	消防救援局关于贯彻实施国家职业技能标准《消防设施操作员》的通知	2019-6-26	2019-6-26